The Innovation
of Primary-level
Social Governance
in
China

基层社会治理创新的
中国案例

赵万林　陈安娜　主编

社会科学文献出版社
SOCIAL SCIENCES ACADEMIC PRESS (CHINA)

本书出版获华中师范大学政治学一流学科建设
经费支持

主编简介

赵万林 湖北巴东人，北京大学社会学博士，华中师范大学社会学院讲师、硕士生导师。主要研究方向为社会工作专业伦理、社会工作理论与社会工作督导。相关研究获得国家资助博士后研究人员计划（C 档）与博士后第 74 批面上项目资助，主持湖北省社科基金后期资助项目 1 项，入选 2023 年湖北省博士后尖端人才引进计划。研究成果发表于《社会学研究》《社会建设》《广东社会科学》等期刊，其中 5 篇论文被人大复印报刊资料全文转载，1 篇被《新华文摘》摘编。

陈安娜 湖北武汉人，香港中文大学社会福利哲学博士，华中师范大学社会学院社会工作系副教授、硕士生导师。主要研究方向为性别与社会工作、发展型社会工作与社会工作专业化。主持国家社科基金青年项目 1 项、教育部产学研协同育人课题 1 项与湖北省社科基金后期资助项目 1 项，参编学术著作 4 部。在《社会学研究》、《妇女研究论丛》、《社会工作》、The British Journal of Social Work 等中英文期刊发表论文 20 多篇，其中 5 篇被人大复印报刊资料全文转载、1 篇被《文化纵横》全文转载。

序　言

　　习近平总书记在主持十九届中央政治局第三十次集体学习时强调，"讲好中国故事，传播好中国声音，展示真实、立体、全面的中国，是加强我国国际传播能力建设的重要任务"。进入新时代以来，从脱贫攻坚到乡村振兴，从综合性的社区治理、社区建设到面向特定人群的社会服务，我国开展了轰轰烈烈的基层社会治理创新实践。基层社会治理实践中涌现出的中国经验，既为人文社会科学提供了经验素材与灵感源泉，也向人文社会科学发出了讲好基层社会治理的中国故事的召唤。为鼓励学生贴近基层、从实求知，从鲜活的现实经验中生发问题意识，将自身所学与社会所需有机结合起来，华中师范大学社会学院、华中师范大学政治学部、共青团华中师范大学委员会于2023年面向本校在读全日制本科生与研究生举办了"基层社会治理创新的中国案例"大赛。本书的案例即为从此次大赛中遴选出来的部分作品。

　　本书包括"基层治理中的民主协商""社会力量参与基层治理""基层治理与乡村振兴""基层治理的数字化转型"四个部分的内容。

　　第一部分的三个案例聚焦于社区居民的协商自治实践。其中，汪亲然和宋宣楼基于Y市两个试点社区组建妇女议事会的制度创新案例，呈现了妇联组织结合社区禀赋推动妇女参与基层治理的实践经验；张一鸣和吴佳文通过对湖北省X村"四步议事法"的分析，揭示了村级议事协商在乡村振兴中的重要作用；张卉介绍了一个无物业小区的协商治理实践，并围绕"明确需求与问题""居民的自主与自治的回归""协商议事中的资源整合"三个方面对该小区的实践经验进行了总结。

　　第二部分的四个案例呈现了社会工作和志愿服务组织等社会力量参与

基层治理的基本经验。黄金霞与梅若介绍了专业社会工作基于生理—心理—社会医学模式下的整合视角为家政工提供健康服务的实务案例，该案例的一个特色在于作者对行动研究的方法的自觉应用；刘静雯和罗杏娟对社区志愿服务队伍参与基层治理的经验进行了分析，并介绍了社区工作者的"八步工作法"，具有一定的实践意义；与多数研究关注志愿服务组织参与社会治理的路径和策略不同，秦娜转而关注志愿服务组织本身，她以一个高校志愿服务社团为例，呈现了该社团在 20 余年发展历程中如何形成并强化了自身的组织韧性；路忻昀、陈玉晗和许梦颖三人以"行为改变轮"为框架，分别从宏观、中观和微观三个层面呈现了促使老年退役军人群体实现社区参与的关键要素。

第三部分的两个案例关注的议题是"能人治村"和"产业振兴"。张玺语基于在广西富村的实地调查，揭示了返乡的经济精英治村的各种策略，并对这些策略何以有效的社会文化基础进行了较为深入的分析，同时也对"能人治村"的隐忧和局限性展开了反思；宋书宇、胡星宇、黄亚停、杨凯雯和李孜涵以河南新村打造"三院七坊"的实践为案例，呈现了高校和村庄合作盘活村内特色资源的实践经验，并对实践过程中社区逻辑、专业逻辑与市场逻辑的耦合进行了分析。

第四部分的两个案例反映了基层治理的数字化转型。魏玉欣、马康与郭睿晗以宁波市江北区"整体智治"理念下的"一件事"改革为案例，展示了技术赋能与制度创新相结合的改革路径，为促进技术与组织的协调适配以提升基层治理效能提供了一种可能的解答；张孙吉典、武紫月与黄梦洋基于武汉 D 社区智慧养老的案例，以服务链理论构建分析框架，探究了社区智慧养老的构建模式及优化路径，对提升我国社区智慧养老服务效能具有一定的借鉴意义。

本书中的案例都是本科生和研究生基于较为扎实的实地调查产出的成果，而非从书本到书本、从理论到理论、从概念到概念的推断和演绎。这些案例反映了中国基层治理实践的创新实践及其现实困境，在一定程度上为我们描绘了基层治理的实际样貌。虽然他们在文字表达上略显稚嫩，在逻辑论证上也可能还存在欠缺，但透过他们的书写，我们可以了解到当代大学生对于社会现实的观察与思考。

　　本书的出版得益于多方的帮助。无论是案例大赛的举办还是案例集的整理出版，都离不开符平院长的精心策划、悉心指导和大力支持，没有这些支持和指导，就没有这次案例大赛和这本案例集。在开展案例大赛的过程中，社会学院的洪佩老师、王欧老师与魏海涛老师等贡献了宝贵的选题建议，校团委胡凌风老师在宣传动员和具体组织等方面付出了巨大的心力，政治学部陈军亚教授为获奖案例作者颁发奖状并勉励大家对案例认真地做进一步的修改。同时，本书的所有案例之所以能够成文，离不开各位指导老师的辛勤付出。在编辑出版过程中，社科文献出版社的孙瑜老师围绕案例的论述逻辑提供了宝贵的建议，并对各种规范性、细节性问题做了具体的修订。本书的出版得到了华中师范大学政治学一流学科建设经费的慷慨资助。

　　编者谨对以上领导、老师、作者和组织致以诚挚的谢意。

编　者

目　录

第一部分
基层治理中的民主协商

第二部分
社会力量参与基层治理

第三部分
基层治理与乡村振兴

第四部分
基层治理的数字化转型

第一部分

基层治理中的民主协商

基层社会治理创新何以"落地"

——对两个妇女议事会的观察

作者：汪亲然　宋宣楼[*]

指导教师：陈安娜[**]

摘　要： 妇女议事会的落地关系到妇联作为一个政治社会团体能否促进国家和基层妇女之间的联系。研究选取了中部地区 Y 市中两个"共同缔造"样板试点社区妇女议事会来进行案例分析，以强制型和带动型两种国家法团主义类型为理论框架，深入探究妇联组织、社区居委会、社区各类组织与社区妇女在妇女议事会设立与运行中的动态关系。进而从两个妇女议事会的动员策略、介入方式、合作筹码、利益诉求、保障措施五个方面进行分析，发现妇女议事会在实践中呈现不完全的国家强制型法团主义特征，其作为政治任务层层下压的同时却没有提供应有的资源保障，组织运作高度依赖社区居委会，从而阻碍了其制度的落地；同时，妇女议事会通过居委会依靠熟人关系带动姐妹共建社区的动员策略，呈现国家带动型法团主义的特征。妇女议事会若要落地生根，成为基层社会治理中具有持续性的制度创新，未来还需要与专业社会组织合作以提升基层妇女的议事能力，建立起更广泛的妇女合作平台和更多元的妇女议事利益诉求机制。

---

[*]　汪亲然，华中师范大学社会学院 2021 级本科生，现为中国人民大学社会学院 2025 级研究生；宋宣楼，华中师范大学社会学院 2022 级本科生。

[**]　陈安娜，华中师范大学社会学院副教授，研究方向为妇女社会工作、家庭暴力干预与发展型社会工作。

关键词： 国家法团主义　妇联　妇女议事会　基层社会治理　民主协商

党的十八大以来，以习近平同志为核心的党中央高度重视妇女发展的相关事项，始终强调妇女要为中国式现代化建设贡献巾帼智慧和力量。然而，由于社会文化中长期存在"男主外、女主内"思想，妇女在基层社会参与中遭受着多方阻力。妇联组织原本是加强党和妇女群众联系的中介群团平台，但在改革开放的实践浪潮中，随着它与党政深度结合，该组织迎来了行政化与官僚化的制度困境。从最初顶层设计中"党政代言人"和"群众代言人"的双重角色逐步转向单向党政化，对妇女群众虽然保持着对话的姿态，但不是真正地向下链接民意资源，制度上亟须创新。而社会主义协商民主制度为推动多元主体参与基层社会治理创新提供了制度空间，以基层妇女参政议政为主体的妇女议事会自治模式成为协商民主制度发展下的妇联改革新方向。基于对中部地区 Y 市两个社区妇女议事会的实地调研，本研究发现基层妇女虽力图从社区中挖掘内生性资源以推动制度落地，但该制度却在实践中呈现悬浮状态。本研究想要回答，基层社会治理创新制度其落地何以可能？本文将从国家法团主义的理论视角出发，以其两种类型即强制型与带动型为分析框架，以妇女议事会这一制度创新为切入点，尝试通过分析社区妇女议事会的运作逻辑与落实情况，厘清制度创新落地到基层的机制过程与挑战，最终寻求破解顶层设计与实践过程落差之法。

一　文献回顾

（一）基层社会治理创新实施与落地的影响因素

学术界关于基层社会治理创新制度落地的影响因素的探讨主要存在制度结构论和主体行动论两个分析视角。

第一，制度结构论。政府整体的制度架构为基层社会治理创新制度的落地提供了重要动力。从绩效制度来看，基层社会治理的创新能效性为基层官员提供了政治激励，刺激他们围绕绩效指标竞争性地行动（周黎安，2008），这在很大程度上影响着他们的晋升机遇。从资源制度来看，基层组织能否持续落实创新制度，与上级政府给予的政策倾斜与资源支持密不可分（冷向明、郭淑云，2022）。资源是否充足影响着基层社区阵地建设的完成度与其活动主题的广度。

第二，主体行动论。基层领导人、大众群体和社区组织等角色的个体能动性也会对基层社会治理创新制度的落地产生重要影响。从基层领导人来看，随着基层官僚队伍不断年轻化、知识化，他们面对基层社会的弊病与老百姓的困境拥有一种职务带来的使命感与社会责任感（李景鹏，2007）。他们在处理基层事务的互动过程中与该地区建立了情感联系，这种情感能量也影响着制度的落实情况。从大众群体来看，自下而上的群众支持能以社会动员的方式加速促进制度落地，同时群众认同也能培养一种社区的公共性，加强社会与制度的良性互动（刘成良，2016）。从社区组织来看，我国基层社区治理主体从政府这一元主体逐步转向多元主体，社区自治组织、社区非政府组织以及社区居民成为参与社区事务治理的主要力量（魏娜，2003），多元主体的治理推动着制度创新的实施与落地。

制度落地往往面对着社区治理的多元复杂情境，单一的制度结构论与主体行动论无法深入阐释制度创新在社区落地的实践逻辑。两种视角的结合，关注制度结构与主体行动的互动，方为解释制度落地的应有之义。

（二）妇联组织促进妇女参与基层社会治理的角色与挑战

新中国成立以来，随着我国男女平等基本国策的贯彻实施和女性自身素质的不断提高，中国妇女在政治、经济、文化等方面的权益不断得到保障，主人翁意识不断增强。在基层社区内部，随着打工经济的兴起，男性大多外出打工，原本由男性主导的社区治理模式为女性参与社区公共事务留出了空间，基层治理模式和方式的转变成为妇女参与基层治理的正向推动力（侯秋宇、唐有财，2017）。

有关妇女参与意识和妇女参与优势，学术界有两种代表性的观点：第一，性别气质论。女性自身所特有的性别禀赋即亲和力、建立关系能力和沟通能力使她们在社区网络建构中具有天然优势（袁彦鹏、方晴，2021）。第二，性别区隔论。妇女凭借其柔性气质按照性别的预期行为参与到特定的社区文娱活动、志愿服务、培训等非正式活动中，成为基层权力运行的重要组成部分（Loe，1996）。妇女参与基层治理可能会面临社会历史惯性的思想束缚（刘维芳，2010），在政治参与领域可能会遭受歧视，但基层治理实际上需要妇女参与并发挥优势功能。

妇联组织作为妇女利益的代表，正是推动并实现女性参与社会治理的关键所在（高丽、徐选国，2020）。学界主要是从其"党政代言人"和"群众代言人"的双重角色（任大鹏、尹翠娟、刘岩，2022）、服务输送者的纽带角色（李鹏飞、王晶，2020）、官民二重性的中间群体（杨柯、唐文玉，2022）等方面来分析其联系群众，并撬动基层治理资源的组织优势。但由于全国妇联与省、市、县（区）、镇（乡）、村各级妇联共同构成了纵向层级结构，机关部门通过由上及下的指令性要求开展相关工作，在财政、行政职级、管理体制等方面也基本参照政府公务员体系，其运作模式呈现明显的科层制色彩（陆春萍，2014）。这类科层化的组织架构一方面使得妇联的组织网络能够联通政府，获得资源支撑，政策倡导渠道通畅；可另一方面，也容易使妇联组织滋生行政化、官僚化的弊病，最终导致其组织本身的角色定位被忽略（马焱，2009）。

因此，为了使妇联组织能更好地密切联系群众，祛除科层制的弊病，发挥群团组织的社会性功能，它进行了多次治理改革但改革成效却不尽如人意。一方面由于其长期镶嵌于科层制体系当中，经常被视为"准政府组织"，出现"亲体制内疏体制外"的倾向，这导致其去行政化改革一直都收效甚微（金一虹，2000；孔静珂，2009）；另一方面妇联依托政府资源，自身资源有限，所以在大多数情况下会出现选择党政机关还是妇女群众的钟摆性行为（毛丹、陈桂俊，2017）。当改革强调妇联组织要发挥政治的先进性时，其重点就偏向包揽党政机关的任务，强化自身的行政取向；当改革强调妇联要向枢纽型社会组织转型时，其又重拾社会属性，强调和妇女群众间的联系（毛丹、陈桂俊，2017）。以上都表明妇联组织正在处于社会性和国家性的撕扯当中，号召力、动员力、影响力大大降低，出现了脱离妇女群众的危险倾向而无法发挥出代表妇女利益的组织作用（李源潮，2014；沈跃跃，2015），难以促进妇女参与社会治理和社会建设，发挥其撬动妇女民意资源的作用。因此为了补足妇联组织因行政化带来的议题缺漏，妇女议事会这一崭新制度形式便从基层自主产生并最终被国家确立为正式制度。

（三）妇女议事会：基层社会治理制度创新

截至 2019 年底，全国各省、市、自治区和新疆生产建设兵团都已经全部开展了妇女议事活动，妇女议事会数量达到 26 万多个，共开展议事活动 70 多万次（曲相霏，2020）。虽然妇女议事会在实践过程中取得了较大成效，但学界对其的研究却较少，主要形成了以下三条研究路径。

第一，妇女议事会的建设经验。杨宝强、钟曼丽（2020）详细论证了鄂北桥村是如何以广场舞为基础来构建妇女议事会的具体过程，并从该点出发探讨了妇女在乡村公共空间中由边缘到中心的地位变化。李华胤、吴苑（2023）则基于对龟山镇的田野观察总结出该镇妇女议事会的一系列建设经验，如利用村社两级组织、活用议事空间、搭建村社互动机制、建立积分激励机制与优化议事流程等方面，比较生动地阐明了发挥妇女治理"半边天"作用的具体建设过程。

第二，妇女议事会的运作机制。彭善民教授团队基于上海妇女议事会的运作情况展开了较为深刻的研究，对本文启发较大。彭善民与张易为（2022）首先基于情与理的动态平衡视角分析了议事会制度规范与成员个体情感的互动过程，总结出妇女议事会"情理互动"的运作模式。接着，彭善民、陈晓丽与张易为（2023）又从社会治理的视域分析了基层妇女议事会的四大过程机制，即多源议题征集机制、平等协商对话的议题讨论机制、议行合一的议事落实机制和多主体架构的议事保障机制，最终较清晰地厘清了妇女议事会的实践模式。

第三，妇女议事会的运行成效。曲相霏（2020）从基层民主自治与法治社会建设的实践视角分析了妇女议事会的独特作用，强调它不仅有助于保障妇女儿童权益和促进女性发展，还对丰富协商民主、发展群众自治、建设法治社会和推动《宪法》实施具有独特价值。

综上，既有研究从建设经验、运作机制和运行成效三个方向阐明了妇女议事会的相关情况，丰富了妇女议事会的研究成果，但既有研究存在两大不足。一是大多只基于单案例进行细致分析，未能在中观层面上审视不同社区妇女议事会的组织差异，以观察微观层面上妇女议事会内部的组织结构与实践逻辑。二是所选案例基本依靠上级妇联或区镇政府的资源投入，鲜见研究案例是基于社区的禀赋条件自主挖掘资源进而实现妇女议事会的落地。因此，本文通过对妇女议事会的落地历程进行案例比较研究，分析不同社区的资源禀赋条件如何为妇女议事会提供支持，以及妇女议事会对基层社会治理发挥的作用，从而发掘更具内生性的妇女议事会实践机制，以推进妇女议事会制度落地的政策实践研究。

二　理论基础

妇女议事会如何从顶层设计落实到基层并成功运转，事实上体现的是社会科学领域根源层次的母命题，即国家与社会的关系问题。该问题可以放在法团主义的理论视角下加以解读。

（一）法团主义

面对顶层设计落实到基层存在"治理失灵"的困境，寻求和吸纳国家之外的社会治理资源是提升国家治理能力的应有之义（张兆曙、方劲，2014）。法团主义作为一种国家和社会间的互动合作方式和制度体系无疑提供了一种新型的治理思路。在社会领域，存在着广泛的治理资源，如社会组织、利益团体等，但若没有特定的体制将这些吸纳进国家治理体系中，它们会一直处于沉睡状态。

法团主义起源于近代北欧权威主义政体，学界引用最为广泛的是施密特学者对法团主义的定义：其作用是将公民社会中的组织化利益结合到国家的决策结构当中去。而这个利益代表系统由一些组织化的功能单位所构成，它们被组合进一个有明确责任（义务）的、数量限定的、非竞争性的、有层级秩序的、功能分化的结构安排之中。它得到国家的认可（如果不是由国家建立的话），并被授权给予本领域内的绝对代表地位。作为交换，它们在需求、领袖选择、组织支持等方面受到国家的相对控制

（Schmitter，1974）。施密特将法团主义分为国家法团主义和社会法团主义两种类型，前者强调国家对社会自上而下的控制，国家的合法性建立在各种代表性的社团活动上，后者强调社会对国家自下而上的参与，社会具有主导性作用（顾昕、王旭，2005）。

（二）国家法团主义的两种类型：强制型与带动型

国家法团主义与中国的社会具有多方面的契合性，如群团组织与国家之间的捆绑式合作、科层化运作，因而被广泛适用于中国国家与社会二者的关系研究中（陈家建，2010），但仍然有学者质疑，认为国家法团主义并不适用于对二者的关系进行概括（吴建平，2012）。但从国家治理能力的角度来看，中国国家与社会的关系在内容上契合于国家法团主义的内在逻辑，即在国家主导下，吸纳社会各主体的利益诉求，将其整合进国家的决策系统中，与此同时充分利用社会各主体的资源和能力，提升国家治理能力。因此，从这个角度而言，国家法团主义能够为分析群团组织运作提供有益启发（张兆曙、方劲，2014）。同时我们也需要注意到中国妇联组织不同于西方语境下的利益集团。中国群团组织的根本目标在于辅助国家治理新出现的社会问题，为了避免出现外在于国家、自主性、对抗性的社会空间，因而试图构建国家与社会间的由国家主导的中介组织。尽管中国群团组织与国家之间的关系，呈现与西方理论的相似之处，但依然存在着本质逻辑上的不同。因此我们需要深入思考的问题不是国家法团主义是否契合中国实际，而是国家法团主义能否发展出具有中国特色的新形态。

从中国改革开放的经验出发，国家主导不能仅是传统意义上强制性的国家法团主义形象，"政府主导、市场运作和社会参与"的地方经验展现了不同于国家强制性主导的新型发展模式，即"国家带动型法团主义"（张兆曙、方劲，2014）。在基层的治理实践中，国家的权力仅能延伸到行政末梢，作为低治理权的社区场域，其治理更多需要的是基层民众自治（陈家建、赵阳，2019）。可见，基层社会治理创新的应有之义是国家发挥带动作用，从而吸纳各社会主体共同参与社会治理。

张兆曙和方劲（2014）基于20世纪90年代乡镇企业改革中政府与企

业的关系变化，构建出国家法团主义两种类型的分析框架即"国家强制型法团主义"与"国家带动型法团主义"，具体区分如表 1 所示（张兆曙、方劲，2014）。通过基于中国实践的国家法团主义形态划分，可以有效避免照搬照套西方理论解释中国问题的困境。同时运用国家法团主义新形态对中国实际进行研究，对当前中国国家与社会关系进行具有理论性的现实描述。

从表 1 可以看出两种国家法团主义逻辑的差异。在动员策略方面，国家带动型法团主义是指自下而上通过某种社会舆论辅以媒体渲染作用，构建起公共责任或公共议题来达成集体动员的效果，而国家强制型法团主义则强调自上而下的权力下压，作为一种政治任务进行集体动员。在介入方式方面，国家带动型法团主义强调通过功能补强和维持独立法人地位两种方式进行国家和社会的双向增能，而国家强制型法团主义则是构建出科层化的组织架构，形成一种行政性依附。在合作筹码方面，国家带动型法团主义主要是通过构建合作平台，提供合作诱因，从而激励社会主体参与合作，而国家强制型法团主义则是直接给予资金、技术、政策等资源支持。在利益诉求方面，国家带动型法团主义中政府表达利益诉求的方式是隐蔽的，追求的是长远利益，而国家强制型法团主义则是直截了当地抽取现实利益。在保障措施方面，国家带动型法团主义主要强调通过制定一定的规则和程序，其余空间皆自由裁决，来确保合作畅通，而国家强制型法团主义则是通过行政操作将其捆绑在一起，形成捆绑式的合作关系（张兆曙、方劲，2014）。

表 1　两种类型的国家法团主义

	国家带动型法团主义	国家强制型法团主义
动员策略	构建公共责任或公共议题	作为政治任务层层下压
介入方式	功能补强，维持独立法人地位	功能替代，科层化的组织架构
合作筹码	提供合作诱因，建立发展平台，承担合作成本	筹集资金、技术供给、行政减税
利益诉求	让渡当下利益，追求长远利益	抽取直接的、现实的利益
保障措施	通过制定"进出规则"确保合作畅通	借助行政操作建立捆绑式合作

资料来源：根据相关研究（张兆曙、方劲，2014）整理。

这一关于国家法团主义类型的分析框架对本文研究群团组织是如何推动基层妇女议事制度创新落到实处，并切实发挥其作用具有重要启示意义。一是能够更好地理解自上而下强制推行的妇女议事会制度为何在基层难以运转。二是能深入思考国家和社会各主体建构怎样的互动关系，从而推进妇女议事会这一基层社会治理创新制度落地。

三 研究设计

本次调研地点位于中部地区湖北省副省级城市 Y 市 X 区的 A、B 两个社区。Y 市共 527.6 万人，GDP 达 5827.8 亿元，其中 X 区 92.8 万人，GDP 达 900.2 亿元。A 社区是由原 W 铁路局 Y 市职工家属区改制而成，属于单位制背景下的熟人社区，其妇女议事会成立于 2020 年 6 月。B 社区是在破产企业 B 化工公司基础上组建的企改居社区，除部分还建房外，其余均为新建商品房小区，属于混合型的陌生小区，该社区于 2020 年 8 月正式成立妇女议事会。

A、B 社区妇女议事会是 X 区妇联推荐的典型建设案例。因此本团队以 A 社区与 B 社区的妇女议事会为案例研究对象，通过访谈法，以妇女议事会中的会长和副会长、妇女议事会中的女社区骨干、非议事会成员但参加议事会活动的成员、受益的妇女群众这四类人群为大样本框，每个社区抽取 6 位访谈对象进行访谈，总计共 12 位访谈对象。访谈对象编码如表 2 所示。

表 2　A、B 社区访谈对象编码

社区	编号	议事会内身份	社会身份	年龄（岁）（截至 2023 年）
A	A-My-01	妇女议事会负责人	妇联主席	30
	A-Zj-02	妇女议事会成员	两委（创卫）	46
	A-Lx-03	妇女议事会成员	两委（综治）	44
	A-Xm-04	妇女议事会成员	小组长	37
	A-Hy-05	非议事会成员但参与议事	普通居民	65
	A-Cj-06	妇女议事会成员	两委（党委、创文）	53

社区	编号	议事会内身份	社会身份	年龄（岁）（截至 2023 年）
B	B-Wc-07	妇女议事会负责人	妇联主席	37
	B-Zf-08	妇女议事会成员	物业人员	36
	B-Wj-09	妇女议事会成员	居委会副主任（创文、创卫）	29
	B-Xw-10	妇女议事会成员	两委（宣传）	35
	B-Lz-11	非议事会成员但参与议事	街道社工站工作人员	26
	B-Zh-12	妇女议事会成员	普通居民	53

同时本团队以国家强制型法团主义和国家带动型法团主义两种不同类型为分析框架，尝试从动员策略、介入方式、合作筹码、利益诉求、保障措施五个方面厘清妇女议事会制度创新落地的复杂过程与困境，探究出 A、B 两个社区妇女议事会在制度落地的过程是如何将不完全的国家强制型法团主义向国家带动型法团主义方向转化，并指出要实现妇女议事会制度的落地应该更好地以国家带动型法团主义为引领，构建出国家与社会的合作框架，将各方主体诉求整合进国家决策体系中，并通过国家资源带动和吸纳社会服务，培育出基层妇女议事会内生性资源，最终落实基层社会治理的制度创新。

四 案例描述：两个社区妇女议事会的落地过程

（一）A 社区妇女议事会案例

A 社区筹建于 2015 年 10 月，成立时间较晚，属于新兴社区。它是由原 W 铁路局 Y 市职工家属区改制而成，属于单位制背景下的熟人社区。2015 年 10 月，A 社区设立了妇女代表大会。2017 年 11 月根据上级群团改革要求，A 社区妇联进行换届，完成会改联工作，配备了主席、专职副主席和兼职副主席各一名，妇联执委四名。目前，辖区各类妇女群团组织十余个。

不像商品房社区中不存在涵盖所有人的熟人圈（熊万胜、刘慧，2021），单位制小区的特质是人和人的信任关系较强，熟悉度较高。这一方面使得社区内部的整体向心凝聚力较强烈，另一方面也使得议事会中当地成员与群众关系较近。两家妇女议事会具有"N+X"的议事主体结构。其中，"N"代表相对固定的基本议事成员，"X"则代表依据不同种类议题加入的利益相关方或女性专业人员。在 A 社区妇女议事会，N 结构中大部分是来本社区工作的妇女，但 X 结构中全是本社区当地妇女。

成员里面很多都是小区居民，所以说她们比较亲近，比较了解。（A 社区妇女议事会负责人，妇联主席，A-My-01）

1. 成立：政策与搭班子

A 社区妇女议事会成立于 2020 年 6 月，因上级政策指示，由该社区居委会和妇联组织联合推动成立。

成员的话就是我们社区的工作人员，网格员，还有就是小区居民里边比如擅长调解或者擅长文化跳舞这一块儿的，我们把这些有才能的人都聚集起来。（A 社区妇女议事会负责人，妇联主席，A-My-01）

议事会共有 11 人，主要负责人是威望资历最老的社区妇联主席柴书记和社区妇联副主席陆书记，同时也涵盖了社区两委、社区网格员以及女性群众代表，在 N 的人员构成结构上具有一定的规范性。但在 2020 年 8 月的首次消防安全议题讨论时，X 结构的人员却在会议记录中缺失，没有利益方妇女进行参与讨论，制度设计里的结构并没有落实完整。

2. 节点：换届与 X 结构的加入

2021 年，A 社区妇联进行换届选举，年轻且具有本科学历的马同志成功当选为妇联主席。之后，马主席也成为新一届妇女议事会负责人。

这个成员的选拔，当然也是通过妇女她们自己来推举，推举以后我们唱票，然后看前 11 名是谁再确定。［A 社区妇女议事会成员，两委（党委、创文），A-Cj-06］

成员选拔方面，不同于其他社区人员连 N 结构都组建困难的局面，A社区妇女议事会的参与人数较多，需要通过民主唱票来确定前 11 名。究其原因是 A 社区为铁路职工家属院，且退休人员较多，社区居民彼此之间十分熟悉，对社区的认同感也较高。当社区进行妇女议事会组织宣传时，社区工作人员可以利用自身社会关系网络进行动员，撬动资源时十分有效。

2021 年 8 月，马主席首次主持妇女议事会，其议题是如何做好疫苗接种清零工作。不同于以往四次会议记录的无 X 结构情况，此次终于有了其他代表 3 人，包括社区内部居住的医生和护士。A 社区妇女议事会在实践过程中意识到 X 结构的合理性，社区内部资源被撬动，提高了成员们的医护知识。

就是有涉及我们社区内医生和护士的，有需要他们都会抽时间参加，比如业余的时间过来。因为毕竟我们虽然是搞这方面工作的，但是不够专业。[A 社区妇女议事会成员，两委（创卫），A–Zj–02]

3. 基层妇女自发形成的议题：小广场改造

2021 年 11 月，妇女议事会就社区内小广场改造议题展开讨论。以往的议题筛选尚未形成多源议题征集机制，主要依靠自上而下的议题征集机制，即议题征集高度依赖社区行政性事务，少数依靠议事会成员发掘的公共性需求，没有妇女群众自下而上表达的意见和建议。小广场改造议题是首次由基层妇女自发形成的议题。

当时有居民过来反映情况，下雨那个彩砖就容易有水渗出来，还有就是活动场地不够多，希望我们把小广场改造之后可利用的空间更多一些，然后就来找我们协调。我们就开会，讨论她们的事，后面就对这个小广场进行了一些改造，大家反响都挺好的。（A 社区妇女议事会负责人，妇联主席，A–My–01）

在国家法团主义的理论框架下，妇女议事会的主要职能是促进妇女参与基层治理并撬动社区的治理资源，同时在议事过程中也能提高妇女参与的能力与素养。该议题的诞生、讨论与成功，真正使得该制度链接到了民意资源。妇女议事会从最初作为政治任务层层下压，带有些许国家强制型法团主义的色彩，在此刻具备了国家带动型法团主义的雏形。

4. 样板点的激励：协作、创新与落地

2022 年，"共同缔造"社区主题活动在湖北省范围内开展。省妇联组织依托该主题创立了"姐妹共建·幸福家园"的妇女参与活动，要求样板社区依托"一家一会一队"，即妇女之家、妇女议事会、巾帼志愿服务队，以提高基层妇女参与的热情与素养。A 社区因前两年的妇女议事会先行先试被区妇联选定为妇女议事会的制度样板点。

在"共同缔造"的政策契机下，A 社区妇女议事会迎来新的发展。它结合"铁娘子军""花儿""巧媳妇"等妇女志愿服务队、柔力球广场舞舞蹈队等社区文化志愿队和社区社工站进行资源联动，在治理资源较枯竭的地方想方设法整合多方利益，在一定程度上实现基层社会治理创新制度的落地。

> 因为有一些柔力球舞蹈团队，还有太极拳团队，组织开展一些活动的时候，她们也会积极参与，帮我们社区解决了一些问题。有的活动也由她们来带动社区居民一起参与。跟社会组织也有合作，就是那个社工站。如果有活动的话，我们都会邀请她们跟我们一起开展。（A 社区妇女议事会成员，小组长，A-Xm-04）

> 清风园就有一个"巧媳妇"志愿团队，都是比较能干一点的，然后事啊也干得比较多，有矛盾她们都会解决。[A 社区妇女议事会成员，两委（创卫），A-Zj-02]

（二）B 社区妇女议事会案例

B 社区居委会成立于 2009 年 12 月，其管辖面积达 0.9 平方公里。B 社区居委会是在破产企业 B 化工公司基础上组建的，是企改居社区，社区总共现有 4174 套房子。社区中有三个新建商品房小区，一个是还建房小区，主要是 B 社区老化工厂的职工，商品房住户与还建房住户的比例是六比一。整个社区工作人员的男女性别比例为五比八，社区内目前共有 13 支志愿服务队。

1. 艰难组建：一套人马，两块牌子

由于商品房小区在 B 社区占比较大，居民之间的熟悉度不高，他们参与社区治理的积极性较低。B 社区于 2020 年 8 月应上级要求正式成立妇女议事会，但受人力资源的影响，其成立之后仅有 7 名成员，且均为社区内工作人员，难以吸纳撬动社区内其他治理资源。此时的妇女议事会与社区工作人员是"一套人马，两块牌子"，有名无实。妇女议事会的筹办事项、会议记录等工作与社区居委会的工作高度重合，导致了"一份活动两份记录"。社区也没有精力和人手去专门做妇女议事会应该承担的任务。

> 我们最开始的成员比较少，只有 7 个，全是我们社区内工作人员自己组建起来的。刚开始筹备的时候，也不知道具体从哪方面入手，居民参与度也不高。（B 社区妇女议事会负责人，妇联主席，B-Wc-07）

2. 吸纳物业：以工作交接为吸纳手段

2020 年 2 月，为了缓解居民因疫情封控在家的心理焦虑，首次"TF 夜话"活动被推出，即通过线上腾讯会议的方式邀请居民与知名心理咨询师对话，缓解压力。对于首次活动，居民们的反响十分热烈。受到本次活动的鼓舞，B 社区有了更大胆的想法，即将"TF 夜话"转化为可持续性的服务平台，将关注点转向居民最关心最需要解决的矛盾上，收集居民的"问题清单"，再与社区内的资源对接从而形成"服务清单"。在本社区内有一些商品房小区存在显著历史遗留问题，即少数开发商走人弃盘，形成了较大的管理与服务隐患。在转化的过程中，居委会发现任务量较大，比如房产证办理、物业管理等问题，仅靠社区居委会或者党员的力量难以解决，必须和物业、居民不断协商。在与物业公司的持续互动过程中，居委会发现，对于物业来说他们也需要了解居民的需求，进行协调性工作，要有官方认可的合法性身份去收集社区内的事务议题。而妇女议事会恰巧可以提供一个类似的归属性平台，赋予妇女议事会成员正当性身份，从而让物业人员来参与议事，与居民进行对话，共享发展成果。因此妇联逐步与物业公司达成合作，吸纳了三名物业人员加入妇女议事会。

> 平时我们作为物业主要在前线接触得比较多，就认识了，然后就是问他们（社区）参加议事会竞选怎么样，他们说可以，搞这个事也可以的，希望就推荐一下嘛。像社区主要就是小区里面的一些问题，联结得比较多，像业主讨论一些什么违建啊，某个地方需要建一些什么充电桩，或者是哪个地方车停放，这些都是共同协作来完成这件事。（B社区妇女议事会成员，物业人员，B-Zf-08）

3. 吸纳还建房居民：发动熟人关系网络

在妇女议事会撬动社区治理资源的过程中，最后一步才是发掘居民骨干。2022年，共同缔造的样板试点开始实行，吸纳居民骨干的契机到来。B社区被选为Y市的样板点社区，政府要求其积极推动关于促进居民参与的工作。而此时一家社工机构也在该社区进行社工站试点，帮助其培育社区社会组织，构建志愿服务管理体系，协助举办各项社区活动。在这段时期，妇女议事会积极抓住社区发展机遇，将社工机构原本制定的志愿服务激励方法用作妇女议事会的激励方法，吸纳专业社工力量，链接社工站的专业资源帮助其进行活动的讨论与策划。同时在举办活动的过程中展示其妇女议事会成员身份，与居民建立熟人关系，从而在过程中结识了不少社区活动积极分子，构建了初具规模的居民熟人网络。

> 我们平常在做活动的时候就会认识一些很热心的人，其实现在有很多居民，还是很热心做一些事的。[B社区妇女议事会成员，两委（宣传），B-Xw-10]

在社工站和湖北省部署"共同缔造"的双重赋能下，妇女议事会吸纳了4名还建房居民。之所以如此，除了上述因素外，还因为还建房的居民大多为化工厂的老职工，相对于商品房小区来说其熟悉度更高，社区认同感也更强。在成功吸纳居民后，妇女议事会形成了"基层妇女+物业+社工站+社区"四方协同的发展格局，积极促进妇女参与。

> 我就觉得，每个人都说出了自己的想法，发挥了自己的特长，而且也拿出了自己的资源来讨论，共同讨论这些事情挺好的。[B社区妇女议事会成员，居委会副主任（创文、创卫），B-Wj-09]

4. 迈过起步阶段，进入议事

发展至今，B社区妇女议事会似乎慢慢克服了人员构成的问题，实现了"基层妇女+物业+社工站+社区"的四方协同过程，完成了妇女议事会的起步。但随之而来的下一个难题是妇女议事会的议事过程。首先的困境就是议题征集机制的不健全，议题高度依赖于社区行政性事务，少数依靠议事会成员发掘的公共性需求和妇女群众自下而上表达的意见和建议。

其次是议题讨论机制不健全，议事会成员和普通妇女群众的议事能力不足。B社区妇女议事会在吸纳基层妇女成员方面存在一定难度，于是就规定只要是热心想参与的人均可以加入，对于其议事能力并不看重。妇女议事会作为一种以协商民主为核心的治理实践，理应成为普通妇女群众进行理性论辩与平等协商的平台，然而，目前妇女参与基层民主协商的经验不足、意识不高、能力不强，议事会成员和普通妇女群众很少得到关于议事会规章制度、讨论能力等专项培训。面对此种情景，B社区的妇女议事会提出"在过程中培养能力"，即在居民参与议事的过程中构建起平等协商氛围，由专业社工或者是社区工作人员在前期进行主导和示范，引导居民表达自身想法。

> 其实我们在参与过程中，学习到了别人的一些该怎么谈话的技巧等，然后我也敢于发言，给出自己的意见。（B社区妇女议事会成员，普通居民，B-Zh-12）

5. 议行合一：以点带面撬动多方资源落实议事

B社区妇女议事会并不局限在只议事的阶段，强调的是议行合一的成果落实机制。在社区晾晒区不足问题的解决上，首先是通过居民反映问题，再由妇女议事会召集大家进行协商讨论，接着由社区工作人员协调两委进行资金筹集，物业进行选址，最后实现多方协作成功解决自发议题。在进行宫颈癌筛查工作时，妇女议事会经过多轮讨论实践了按照成员职业、居住楼栋进行区别化任务分配的想法，以点带面，发挥了成员们在宣传动员方面的协调优势。

B 社区妇女议事会的议行合一优势首先在于其"议"的层面，即通过妇女议事会这个民意共建平台，将基层妇女群体的利益诉求整合到社区决策系统当中去；其次在于其"行"的层面，即将基层妇女群众的利益诉求落实到各个环节，妇女议事会的成员即议即行，同时发动其社会资源网络实现多方协同参与，向群众展示社区治理的效力和成果，与群众保持密切联系。

五 案例分析

本文从动员策略、介入方式、合作筹码、利益诉求、保障措施这五个方面对 A、B 两个社区的妇女议事会进行案例分析，发现两个社区妇女议事会的建立过程体现的是一种不完全的国家强制型法团主义，但在实践中发展出了国家带动型法团主义的雏形。在动员策略方面，妇女议事会制度的落地靠的是行政任务的层层下压，但在组建过程中又发展出了以熟人网络为基础吸纳资源，并因地制宜链接各方主体共同参与治理的带动型法团主义倾向。在介入方式方面，依靠科层化组织架构。在合作筹码方面，国家议事资金与议事技术的不完全供给造成了妇女议事会议题高度依赖社区行政性事务。在利益诉求方面，妇女议事会目前强调解决妇女关心问题的现实利益，而不是"议事"带来的妇女能力提升的长远利益。在保障措施方面，妇女议事会更大程度上是坚持着行政化捆绑，同时其对议事成员的进入要求过高，这也限制了普通妇女的参与。A、B 社区妇女议事会在国家法团主义各维度的案例分析发现如表 3 所示。

表 3 国家法团主义视角下的 A、B 社区妇女议事会比较分析

	A 社区	B 社区
动员策略	利用现有熟人社区网络+组织合作	构建熟人关系+组织合作

续表

	A 社区	B 社区
介入方式	科层化组织架构	
合作筹码	资金与技术的不完全供给	
利益诉求	重视解决问题，强调现实利益	
保障措施	行政化捆绑	

（一）动员策略：熟人关系与组织赋能

妇女议事会的建设体现的是一种不完全的国家强制型法团主义。在动员策略方面主要表现为其强制性动员能力的发挥只能延续到基层行政末梢，即通过行政命令的方式要求各村（社区）建立妇女议事会，但是没有办法通过行政命令的方式要求村（社区）妇女群众参加妇女议事会。因此造成的普遍现象是村（社区）妇女议事会覆盖率高，但均存在于字面上，是没有妇女群众参与的"空壳组织"，很难发挥议事动员的作用。但不可否认的是仍然有部分妇女议事会发挥了其议事动员的作用。基于此，本团队需要思考的是在不完全的国家强制型法团主义的困境下，该通过何种方式来进行集体动员，从而落实妇女议事会制度呢？在 A、B 社区妇女议事会的实践中，本团队发现了其从国家强制型法团主义到国家带动型法团主义的转向，其主要表现在利用并扩大熟人关系网络，增强其动员能力，以组织合作赋能妇女联合治理，最终达到撬动妇女民意资源的效果。

1. 利用并扩大熟人关系网络，增强动员能力

妇女议事会的建设过程体现出熟人关系的重要性。熟人社会治理由近及远从身边人入手，村（社区）干部通过拟亲化策略将身边人吸纳进社会治理，再通过不断扩大社会关系网络，借此来完成国家任务（贺雪峰、刘锐，2009）。无论是 A 社区还是 B 社区吸纳妇女议事会成员的手段都是通过其熟人关系网络进行宣传和动员。二者的区别在于 A 社区为单位制社区，社区内部人员相互之间较熟悉，参与社区事务的积极性也较高，因此 A 社区是利用社区熟人关系进行人员的吸纳，对于妇女议事会成员有明确的选拔标准，有详细的竞选投票环节。

我们就是选那些有才艺的、有能力的，因为有才艺在社区就有威望。（A社区妇女议事会负责人，妇联主席，A-My-01）

那肯定是要有能力才能加入妇女议事会，如果你是普通妇女群众没有什么能力和威望，加入进来也没办法给社区做贡献，我们把你吸纳进来干什么呢？[A社区妇女议事会成员，两委（党委、创文），A-Cj-06]

而B社区是以商品房小区为主的混合社区，彼此间熟悉度不高，居民的参与热情低，妇联难以通过直接动员鼓励大家参与。因此妇联先通过身边资源吸纳社区的工作人员参与，再通过工作的交接和物业建立了良好合作关系，将物业吸纳进来，最后通过为群众做实事，与群众不断接触，建立彼此之间的信任关系，以此吸纳居民参与。

由于两个社区吸纳人员的难度不同，妇女议事会成员的选拔标准也大相径庭。A社区重点关注的是"社区威望"即其社会关系网络，而B社区则只有一条选拔标准，即"热心参与社区事务"。

而在维系熟人关系的做法上，两个社区都采取非正式化的动员手法，即每次以"邀请"而非"通知"的方式召开会议或进行任务分配。两个社区都没有对应的妇女议事会微信群，每次召开会议均是通过一对一的电话传达和沟通，体现对每一位成员的尊重和认可。

因为我们正常有什么工作的话，我们社区人员都会知道的，但是对那些居民如果需要参会的话，我们就会打电话沟通，其实这样也是很尊重人家的。毕竟微信沟通到底是什么样，你直接一通知就感觉有点那个。现在其实我们中国人还是讲究一些传统的，有重要的事情给人家打电话，是尊重人家，您请人家过来，然后去参加这个会议。[B社区妇女议事会成员，居委会副主任（创文、创卫），B-Wj-09]

在利用熟人关系解决问题方面，A社区的妇女议事会显得更有优势。因为A社区的妇女议事会人员都是社区威望较高的人员，比如"舞蹈队队长""退休教师""业委会成员""退休党员"等。通过妇女议事会这一个点可以撬动一整个面的治理资源，达到以点带面的动员效果。在矛盾调解方面，解决基层矛盾最需要的就是让与矛盾双方都熟悉的人来进行调解，用人情解决冲突，因此广泛的熟人网络构建就成为妇女议事会的显著优势。在宣传动员方面，如宫颈癌筛查的宣传动员，舞蹈队队长带动整个舞蹈队进行动员和宣传，业委会成员也带动业委会进行动员，其组织优势也十分明显。

2. 以组织合作赋能妇女联合治理

除了链接妇女群众的民意资源，妇女议事会还积极建立"妇女议事会+基层治理组织"的合作机制。如实现"妇女议事会+区妇联+社区党委+社区居委会"的联动模式，加强妇女议事会成员和妇联的联系，让妇女群众成为妇联的传声筒，既将议事结果传递到基层群众，又将议事决定报告相关部门。同时坚持"党建带妇建"，将其决议提交给社区党委，得到社区党委的支持和组织资源协调，再分派给志愿服务队和社工组织等共同完成，形成集体合力。而"妇女议事会+社区网格化治理"又为基层妇女参政议政提供了向网格员随时反映问题的沟通渠道。

其他还有诸如"妇女议事会+志愿服务队""妇女议事会+物业/业委会""妇女议事会+社会组织""妇女议事会+家庭矛盾调解室"等多种形式，这些组织联动为妇女议事会的发展注入了多方共议的资源活力。其中，B社区社工站为其妇女议事会深度赋能：妇女议事会依靠的志愿者队伍由社工站培育，妇女议事会成员的积分兑换由社工站运营，妇女议事会相关活动由社工站策划实施和成效评估，妇女议事会的议题也由社工站收集，促使妇女议事会与基层妇联执委的功能分离，大大提高了妇女议事会的工作效率。妇女议事会还通过联动民营企业、物业公司、巾帼志愿服务队、社区文化志愿队等组织，发动妇女参与社区公共事务，为社区治理补充人力、减轻负担，提升了妇女在家庭中的话语权。

A社区与B社区均组建了家庭调解室，并与心理咨询师合作，将妇女群众关注的妇女权益问题、家庭教育难题纳入议事主题，对维护妇女权益和提升妇女福祉起到重要作用。通过创新妇女议事形式，夯实了妇联组织基础，促进了妇联职能的发挥。一是建成妇女群体向上表达的即时渠道。根据确定的议事主题，由妇联组织议事人员定期入户调研，通过主动对接、上门走访、沟通交流等形式,把妇女群众关切的现实问题收集上来,把脉问题实质,寻求解决之策。二是实现矛盾纠纷成功调解在一线。妇女群体依托妇联下沉组织,入户开展矛盾调解工作,通过"以礼说理"的方式,运用妇女亲和、柔性、耐心的特质,将矛盾及时化解在家,继而从微观层面稳定国家治理。

(二)介入方式:科层化组织架构

在介入方式层面,目前妇女议事会仍保持着国家强制型法团主义的形态,属于科层化的组织架构,主要表现为其议事会议题选定和议事流程上行政化色彩浓厚。两个社区妇女议事会的议题选定(见表4)主要来自社区行政性事务议题、议事会成员发掘的公共性议题和妇女群众自下而上的自发议题三个方面。但事实上,却是社区行政性事务议题占了上风,而且议事会成员发掘的公共性议题很多也是为了贯彻基层政府的意志。以下经验材料显示,目前国家提高基层治理能力还是以强制型的行政发包制为主体(周黎安,2014),即基层政府将以任务下达和指标分解为特征的行政事务层层发包给各社区居委会,而这一情况又延续到妇女议事会制度中来。由此,妇女议事会制度在实践中很大程度上成了辅助社区完成指标的制度设置而不是以居民自发议题为主的理想类型。

表4 A、B社区妇女议事会议题

类型	社区	议题内容
社区行政性事务议题	A	两癌筛查、反诈宣传、三八妇女节活动、建党一百周年活动、消防安全筛查、疫苗接种宣传
	B	两癌筛查、反诈宣传、红色驿站建设、节日活动举办
议事会成员发掘的公共性议题	A	最美家庭评选、相关讲座
	B	组织线上评最美志愿队、评最美楼栋、评最美居民、法律讲座
妇女群众自下而上的自发议题	A	小广场改造
	B	建设"三车"生态停放区、解决晾晒区问题

在议事流程上,议事会决议要交由社区"两委"领导决策或社区党员大会上讨论,涉及资金量较大的议题,要报给街道办决策。基层党政部门

的支持又与领导是否重视、上级政策及公共财政支持状况有关，对党政部门的资源依赖使得妇女议事会通常只提有较大概率获得上级支持的议题，回避和搁置不确定性较大的议题，局限了妇女议事会将自下而上的需求发展为议事主题的能力。

资源的依赖使得妇女议事会的自主性与独立性较弱，被迫以完成行政任务的方式换取资源。妇女议事会的议题筛选通常由村（社区）妇联主席、妇联执委提出，少数是本村（社区）妇女反映的妇女群众关心的问题。目前议题征集机制不健全，尚未形成多源议题征集机制，主要依靠自上而下的议题征集机制，议题征集高度依赖社区行政性事务、由议事会成员发掘的公共性需求，鲜见妇女群众自下而上表达的意见和建议。

（议题主要是）平常一些街道上面，我们上级对下面，一些街道里头针对这个妇女议事会的一些要求，或者妇女议事会最近这段时间所关注的点。[B社区妇女议事会成员，两委（宣传），B-Xw-10]

（三）合作筹码：资源的不完全供给

在国家法团主义的视角下，合作筹码是指政府要以怎样的支持手段来促进制度发展。在妇女议事会的建设过程中，合作筹码体现的同样是一种不完全的国家强制型法团主义。主要表现在国家并未给予妇女议事会专项的资金、技术支持，妇女议事会的资源需要进行多方协调筹措。由于妇女议事会并无专项的资金、阵地等，两个社区的妇女议事会负责人都渴望政府资源的支持。

资源很少这些问题是客观事实存在的，现在大环境是这样子，没办法，社区能给予的很少。但还是希望政府可以多支援点。[B社区妇女议事会成员，居委会副主任（创文、创卫），B-Wj-09]

开展活动资金好多还是依赖于我们社区，没有专项资金。[A社区妇女议事会成员，两委（综治），A-Lx-03]

A、B两个社区的相关妇女议事会成员强烈要求政府提供相应的阵地建设与专业专家资源培训等。可见，不完全的国家强制型法团主义导致基层妇女议事会的建设陷入了资源困境。但同时，A社区在资源缺位的情况下摸索出一条新路径，即利用并扩大单位制的熟人社区网络，形成"妇女议事会+巾帼志愿服务队+社区文化志愿队+党建+居委会"的组织合作形式，从熟人网络中获取资源。B社区则先动员物业人员参与来扩大议事会影响力，又与社工站进行深度合作赋能，借助社工站的项目资金弥补了其资源不足。

> 我们和社工站除了共同举办活动，还有其他的关系，就比如说是走访慰问、询问低保落实情况，这都是我们一起来做的。（B社区妇女议事会负责人，妇联主席，B-Wc-07）

两个社区妇女议事会的基层实践体现了国家带动型法团主义的雏形，即能够建构起具有自身社区特色的合作平台，却由于发展的不成熟，仍然停留在依靠行政力量的阶段，没有培育出内生性资源。

（四）利益诉求：当下做事，而非议事

从当下现实利益与长远利益的角度出发，结合妇女议事会为分析切入点，妇女议事会首先要发挥的是"议事"职能，而不是"做事"职能。国家带动型法团主义的理想型是让更多妇女参与，事情没干成不要紧，主要是提升基层妇女的能力素养，在协商的过程中潜移默化地为妇女参与赋能。

从人员参与和素质培养方面，妇女议事会体现的是一种国家带动型法团主义发展方向。人员参与上，两个社区妇女议事会实现从"N"到"N+X"结构的突破，扩大了妇女参与对象。素质培养上，两个社区妇女议事会有一定的能力提供讲座，并且议事会成员都提到自身的能力在议事会的讨论中得到了提升，体现出妇女议事会在一定程度上都在为基层社区妇女参与进行赋能。

改变了不少，以前我这人不爱说话，现在我见到了各方面打招呼什么的帮个忙，都主动去了。这些都是我们参与议事会的体会。我们开会就是和大家一起讨论，融入她们，所以变得更爱说话，也更敢说话，懂了很多知识。（B社区妇女议事会成员，普通居民，B-Zh-12）

但妇女议事会目前更多看重的是解决问题的效力，对议事职能反而相对忽视，更加强调解决问题的现实利益，却忽视议事过程中对妇女能力培养的长远利益。从利益诉求层面上属于不完全形态的国家强制型法团主义。虽然在过程中会有针对妇女素质提升和妇女参与范围的具体措施，但这些措施都未充分体现议事本质，还未有明显的国家带动型法团主义色彩。

（五）保障措施：行政化捆绑合作

在妇女议事会成立初期，基本呈现"一套人马，两块牌子"的特征，基层妇联执委和议事会成员高度重合，导致了一种重合性的行政化捆绑合作。但官方要求是"N+X"的人员结构，规定需要基层妇女参与，而不仅仅局限于妇联人员，可由于初期人力资源不充分，其形成了不完全的国家强制型法团主义形态。

随着A社区妇女议事会利用单位制的社区优势寻找热心基层妇女，B社区妇女议事会深植于物业和社工站积极构建合作格局的实践进程展开，两个社区妇女议事会都因地制宜地制定了进出规则。但在实践过程中，A社区妇女议事会对妇女议事会的准入规则做了明确的规定，即需要有社区威望。A社区内的妇女议事会居民成员是老党员、舞蹈队队长，乃至社区医生，这些妇女在基层妇女群体中都具有一定的威望，可以说是群体里的精英，一方面这确实提高了议事会的专业性，另一方面却在无形中限制了其他普通妇女的参与。虽然两个社区的妇女议事会逐渐吸纳普通居民，开始挣脱行政化捆绑式集体合作，但其议事会成员准入门槛较高，只倾向于基层相对精英的妇女，因此其仅具有国家带动型法团主义的倾向，却未能实现真正的转向。

六 结论与启示

妇女议事会的建立是女性参与基层社会治理的有益尝试，然而不完全的国家强制型法团主义形态阻碍了其发展，导致大多数的妇女议事会事实上处于空壳状态。本文基于对 A、B 两个社区妇女议事会的探究与分析，总结出要朝着国家带动型法团主义转变的经验，即先建构熟人网络随后进行组织合作赋能，提供赋权增能专项资金进而自主加强阵地建设，改变骨干进出规则现状实现注重议事而非做事这三大方法。在文章的最后，本文讨论妇女议事会这一基层社会治理创新制度的落地会给国家与社会关系带来哪些可能的影响。

（一）迈向国家带动型法团主义的妇女议事会制度

本文的研究表明，妇女议事会的建设体现了一种不完全的国家强制型法团主义，其不完全性体现在资源受限、行政依附，难以真正发挥作用。同时，基层妇女议事会的实践过程却呈现国家带动型法团主义的雏形。在动员策略和筹措资源层面，妇女议事会制度的建立是国家层层下压的任务，但社区妇女议事会通过因地制宜利用和扩大熟人网络、借助社区组织为自身赋能等方式较成功地实现了集体动员，呈现明显的带动型法团主义倾向。在介入方式层面，国家强制型法团主义中科层制的组织方式虽然赋予了妇女议事会政治身份的合法性，但是随即带来了自上而下的大量行政化议题，未能聚焦于妇女议题，难以凸显妇女议事会的不可替代性。在合作筹码层面，由于国家并未给予充足的资源，妇女议事会呈现不完全的国家强制型法团主义，发展受限。在基层实践中，A、B 社区妇女议事会都尝试构建起具有自身社区特色的合作平台以破解难题。在利益诉求层面，妇女议事会的建设目前更强调其解决问题的效率，注重发挥成员优势，而忽略"议事"的长远利益。实际上妇女议事会的理想型应该是让更多妇女参与，事情没干成不要紧，主要是提升基层妇女的能力素养。在保障措施层面，妇女议事会要求由基层妇联人员参与和负责，同时妇女议事会因无专项资金和场地，需要通过依附居委会等组织的方式获取资源，呈现明显的捆绑式集体合作的倾向。但 B 社区跳脱出捆绑式合作的要求，转向社区组织寻求治理资源，与社工站建立合作，并不断吸纳社区内的居民，呈现国家带动型法团主义的倾向。

妇女议事会制度设计的理想状态是以国家带动型法团主义的形式来撬动基层治理资源，从而培育出内生性的资源发展模式。但在落地实施的过程中因为强制型法团主义的不完全性造成了妇女议事会的发展困境，因此要实现妇女议事会制度的真正落地应该是更好地以国家带动型法团主义为引领，在借鉴其他已取得良好成效的妇女议事会的经验基础上因地制宜地吸纳社区独特性资源，最终带动基层妇女，提高妇女参与的素质与能力，发挥好其"议事"功能。

（二）政策建议与出路

顶层设计与制度落实之间往往会有各种偏差与困境出现，妇女议事会这一基层社会治理的创新制度在 Y 市两个社区的落地过程中出现了一系列相关问题，即如何动员基层妇女参与，如何建立合作筹码从而实现资源内生性培育，如何改变进出规则从而提高保障措施的有效性这三大难题。本团队结合既有的研究与分析，提出了破解以上难题的政策与建议，冀求寻找为妇女议事会深度赋能、全面提升基层妇女参与能力的出路。

1. 建构熟人网络，组织合作赋能

基于两个社区妇女议事会的动员经验，基层妇女议事会的落地首先要利用并扩大熟人关系网络，增强其动员能力，从具有社区威望且热心的基层妇女群众入手，邀请其加入妇女议事会，同时大力宣传其所能起到的传声筒的作用，让该制度深入人心，充分发挥该制度链接民意资源的独特作用。继而以点带面，唤醒沉睡的基层妇女民意资源，带动更多妇女参与议事，建构起一个成熟的熟人网络。

建构熟人网络之后，还要进行组织合作层面的深度赋能，搭建起"妇女议事会+其他社会组织"的合作机制，形成广泛的公共议题动员领域。深度结合妇女志愿服务队、文化志愿队，链接物业和社工站的专业资源，在活动实践中逐步激发协作优势。最后，结合居委会、业委会、党组织进行多方议事，链接民意资源，在具有强制型色彩的落地过程中实现国家带动型法团主义形态的策略转向。

2. 提供赋权增能专项资金，自主加强阵地建设

基层妇女议事会可向正式的社会工作机构购买市场化项目，选取若干社区作为基层社区妇女议事会试点，对基层妇女议事会加强能力建设，引导妇女有序参与基层民主自治实践。同时，将合作筹码从强制型转向带动型，建立起具有持续发展性的议题平台，减少对政府的高度依赖。妇联从负责人角色转向指导者和评估者的角色，发包妇女议事会项目给社会组织负责，明确议事会的服务方向，促进项目有效运作。社会组织与专家提供专业督导，对妇女议事会运作中出现的议题不清晰、引导能力欠缺、讨论过程草率等问题进行专题培训，全面完善妇女议事会的运作规范和机制建设。通过可持续的项目发包，最终建立一批"能议事、善议事、议成事"的基层妇女议事会。

湖北省的政策文件中一直强调"一家一会一队"的合作重要性，要通过上述的赋能专项资金打造并加大"妇女之家"阵地建设。推动社区妇女自组织建设和服务实践，打造集居民议事、儿童托管、矛盾调解、志愿服务、心理咨询于一体的"妇女之家"，培育多元化的女性社会组织，让妇女群体享受到更多实惠。通过购买专业社会工作服务，将议事地点从会议室延伸到田间地头、街头巷尾、公园广场。以日常协商、日常服务的形式提升妇女群体的参与感和归属感，让议事会的工作覆盖到城乡流动妇女、基层女工、老年妇女、家庭妇女、留守妇女、残障妇女等多元化的妇女群体，形成妇女合力，从而更好地解决生活实际问题，提供为村（社区）发展建言献策的重要渠道。健全围绕妇女共性需求的议事征集与落实机制，做到妇女群众想法建议有人听、涉及妇女权益事宜有人管，让普通妇女群众认为向议事会提出需求是有用的，增强表达意愿，愿意多为议事会建言献策，形成女性自治参与的空间和自治氛围。

3. 改变骨干进出规则，注重议事而非做事

基层妇女议事会现在的进出规则过于精英化，一般都是社区内具有较大声望同时热衷于参加公共事务的妇女骨干、具有较高专业度的职业女性，在无形中限制了那些想参与妇女议事会，想给基层提建议，想为妇女深度发展建言献策但专业程度相对较低的基层妇女。

妇女议事会注重议事职能，而非做事职能，需要让更广泛层次上的基层妇女都参与进来，而不是让少数社区精英去解决基层事务，妇女议事会最重要的职能是提高基层妇女参与的素质与能力，同时凝聚出最大公约数的妇女议题合力，形成高度概括性的、对妇女群体发展具有重大意义的总括性议题。

（三）探寻妇女议事会这一基层社会治理创新制度的深远意义

妇女议事会是在妇联组织推动下倡导妇女参与基层社会治理的创新举措，有助于调动妇女参与社区公共事务的积极性，解决长期以来妇女参与不足导致的女性话语权缺失问题。在议题筛选上，通过民意自发形成议题，展示了妇女参与的直接现实意义，即直接帮助社区解决当前的不满问题。在议事过程中，较大程度上推动了妇女参与的能力和素质，基层妇女在平等协商的过程中潜移默化地增进了对社区的感情，建立起情感纽带。在议事成果转化上，基层妇女通过保障成果、见证成果、共享成果、评估成果等一系列举措，增强了集体荣誉感，形成了妇女参与的互动良性反馈。从长远角度来看，妇女议事会不仅仅是保障妇女权益的制度创新，还是通过解决妇女问题来稳定基层社区问题的有益办法，更具有发展基层协商民主以促进共同缔造，以全过程人民民主赋能国家治理现代化的实现的作用。

参考文献

陈家建，2010，《法团主义与当代中国社会》，《社会学研究》第 2 期。

陈家建、赵阳，2019，《"低治理权"与基层购买公共服务困境研究》，《社会学研究》第 1 期。

高丽、徐选国，2020，《中央群团改革视域下地方妇联购买服务的实践逻辑及其理论扩展——基于对上海 H 区的经验观察》，《妇女研究论丛》第 2 期。

顾昕、王旭，2005，《从国家主义到法团主义——中国市场转型过程中国家与专业团体关系的演变》，《社会学研究》第 2 期。

贺雪峰、刘锐，2009，《熟人社会的治理——以贵州湄潭县聚合村调查为例》，《中国农业大学学报》（社会科学版）第 2 期。

侯秋宇、唐有财，2017，《社会性别视角下的城市社区治理——基于上海市徐汇区社区
　　社会组织"绿主妇"的个案研究》，《中华女子学院学报》第 4 期。

金一虹，2000，《妇联组织：挑战与未来》，《妇女研究论丛》第 2 期。

孔静珣，2009，《论妇联组织参与社会管理和公共服务的机遇和障碍》，《妇女研究论
　　丛》第 2 期。

冷向明、郭淑云，2022，《基层治理创新何以"落地"？——基于制度企业家视角的比
　　较研究》，《中国行政管理》第 5 期。

李华胤、吴苑，2023，《如何让妇女群体在乡域治理中发挥"半边天"作用——基于麻
　　城市龟山镇新垸村"妇女议事会"的调查》，收录于《华中师范大学政治学部
　　"以共同缔造推进乡域治理现代化"麻城市龟山镇探索专题调研报告》。

李景鹏，2007，《地方政府创新与政府体制改革》，《北京行政学院学报》第 3 期。

李鹏飞、王晶，2020，《新时代基层妇联组织角色与工作机制创新思考》，《湖北社会科
　　学》第 3 期。

李源潮，2014，《坚定不移走中国特色社会主义妇女发展道路》，《妇女研究论丛》第
　　1 期。

刘成良，2016，《行政动员与社会动员：基层社会治理的双层动员结构——基于南京市
　　社区治理创新的实证研究》，《南京农业大学学报》（社会科学版）第 3 期。

刘维芳，2010，《新中国妇女地位的历史巨变》，《当代中国史研究》第 5 期。

陆春萍，2014，《妇联组织横向合作网络的建构》，《甘肃社会科学》第 3 期。

马焱，2009，《妇联组织职能定位及其功能的演变轨迹——基于对全国妇联一届至十届
　　章程的分析》，《妇女研究论丛》第 5 期。

毛丹、陈佳俊，2017，《制度、行动者与行动选择——L 市妇联改革观察》，《社会学研
　　究》第 5 期。

彭善民、陈晓丽、张易为，2023，《社会治理视域下的基层妇女议事会运作》，《妇女研
　　究论丛》第 4 期。

彭善民、张易为，2022，《情理之间：社区治理中的女性参与——以基层妇女议事会为
　　例》，《妇女研究论丛》第 4 期。

曲相霏，2020，《妇女议事会：基层民主自治与法治社会建设的实践探索》，《人权》
　　第 5 期。

任大鹏、尹翠娟、刘岩，2022，《粘性与弹性：妇联组织参与基层社会治理的路径研
　　究》，《中州学刊》第 3 期。

沈跃跃，2015，《深入学习贯彻中央党的群团工作会议精神　扎实做好中国妇女研究工作》，《妇女研究论丛》第 5 期。

魏娜，2003，《我国城市社区治理模式：发展演变与制度创新》，《中国人民大学学报》第 1 期。

吴建平，2012，《理解法团主义——兼论其在中国国家与社会关系研究中的适用性》，《社会学研究》第 2 期。

熊万胜、刘慧，2021，《社区折叠：打造熟人社区的梦想为何难以实现》，《探索与争鸣》第 12 期。

杨宝强、钟曼丽，2020，《乡村公共空间中妇女的参与、话语与权力——基于鄂北桥村的跟踪调查》，《西北人口》第 1 期。

杨柯、唐文玉，2022，《路径依赖、目标替代与群团改革内卷化——以 A 市妇联改革为例》，《华中师范大学学报》（人文社会科学版）第 3 期。

袁彦鹏、方晴，2021，《城市社区治理演进与女性参与——社区治理共同体的视角》，《学术交流》第 11 期。

张兆曙、方劲，2014，《国家带动型法团主义与国家治理现代化》，《社会学评论》第 4 期。

周黎安，2014，《行政发包制》，《社会》第 6 期。

周黎安，2008，《转型中的地方政府——官员激励与治理》，上海：格致出版社。

Loe. M. 1996. "Working for Men：At the Intersection of Power", *Gender, and Sexuality Sociological Inquiry* 4.

Schmitter, P. C. 1974. "Still the Century of Corporatism". *The Review of Politics* 1.

探索村级议事协商新模式：以湖北省 S 县 X 村为例

作者：张一鸣　吴佳文 *

指导教师：郑广怀 **

摘　要： 在当前实施乡村振兴战略的背景下，许多地方都在努力探索提升政治参与绩效的协商民主新形式。村级议事协商制度建设是我国基层协商民主的重要内容，是推动新时代乡村振兴战略的重要举措。通过以民政部发布的"全国村级议事协商创新试验"试点单位 X 村为案例，探究该村协商民主的"四步议事法"，即民主提事、民主议事、民主理事和民主监事，研究发现，这套协商民主流程实现了村民利益诉求的有效表达，提升了乡村的治理能力。"四步议事法"的经验启示在于：充分尊重村民主体地位，培育协商意识；议题内容聚合公共利益，贴近村民生活；健全村级协商议事监督体系，保障议事成果；议事代表队伍多元化，实现协同治理；地方立项标准本土化，减少资源闲置。

关键词： 协商民主　议事协商委员会　乡村治理

---

　*　张一鸣、吴佳文，华中师范大学社会学院 2023 级硕士研究生。

**　郑广怀，原为华中师范大学社会学院教授，现为南开大学社会学院教授，研究方向为数字社会与劳动、基层社会治理、社会工作与公益慈善。

一 问题提出与文献综述

（一）研究背景

党的二十大报告中指出，协商民主是实践全过程人民民主的重要形式。党的十八大以来，中国特色社会主义进入新时代，党中央提出要健全社会主义协商民主制度。2015 年中共中央办公厅、国务院办公厅印发《关于加强城乡社区协商的意见》强调发展基层民主，畅通民主渠道，开展形式多样的基层协商，推进城乡社区协商制度化、规范化和程序化。党的十九大强调，发挥社会主义协商民主重要作用，明确了新时代社会主义协商民主建设的战略任务和基本路径。2021 年，中共中央、国务院印发《关于加强基层治理体系和治理能力现代化建设的意见》，强调基层治理是国家治理的基石，统筹推进乡镇（街道）和城乡社区治理，是实现国家治理体系和治理能力现代化的基础工程。同年，民政部为落实党中央有关决策部署，进一步丰富村民议事协商形式，将 497 个单位确认为"全国村级议事协商创新试验"试点单位，明确了议事协商的工作目标、主要内容和具体要求。由此可见，中共中央高度重视发展社会主义民主协商制度，以此来扩大人民对于政治的参与度，保障人民当家作主。而城乡社区协商是社会主义协商民主的重要一部分，城乡社区是社会治理的基本单元。我国作为农业大国，基层的重点在农村。村级议事协商构成了基层协商的重要组成部分。

此外，农村基层民主与乡村振兴也密不可分。党的十八大报告首次提出"社会主义协商民主"的概念，并作出了"社会主义协商民主是我国人民民主的重要形式"的论断。自 2018 年以来，每年中央一号文件都会提及乡村治理。2018 年要求形成民事民议、民事民办、民事民管议事协商格局。到 2023 年提出全面推进乡村振兴，突出抓基层的鲜明导向。

当前，我国处于建设中国特色社会主义的关键时期，脱贫攻坚全面完成，乡村振兴持续推进，农民的民主意识增强，要求参与乡村议事的愿望越来越迫切。但是，当前除了农村本身"人情社会"之下"清官难断家务事"的矛盾外，乡村的民主议事还面临很多复杂现状，如农村社会的封建保守思想、官治传统导致农民对民主政治的认可与接纳依然受到制约、民主意识淡薄（高佳红，2019）；参与议事积极性不高、议事复杂与执行精准之间存在矛盾（唐毓首、韦少雄，2023）；农村基层协商民主缺乏明确的法律保障和成熟的制度保障（李书省，2022）等困境。从纵向来看，这些复杂问题反映了基层农村难以落实中央自上而下要求的协商民主政策以及很难实现基层自下而上的意见传递。从横向来看，反映了农村议事中不同主体之间复杂交织的矛盾关系。因此，在全面发展协商民主的当下，本文旨在通过案例研究，一方面为村民议事能力提高、让村民参与解决自己的事贡献力量。另一方面，希望能探索村级议事协商模式，为基层党组织和村级自治组织提供可以借鉴的农村议事协商方法，帮助基层干部优化议事流程，促进干群信息沟通，让治理满足大众需求，加快推进乡村振兴和共建共治共享社会治理格局形成。

（二）文献综述与理论框架

本文的研究综述主要包括乡村协商民主的缘起与演进以及协商民主在全国各地的嬗变和创新应用，大体分为协商民主的实践探索和理论探讨两个方面，其中实践探索方面对协商民主的主体创新、形式创新和组织创新展开文献回顾和梳理，理论探讨方面对近年来学者根据本土性案例所衍生的理论进行述评和总结。

进入 21 世纪以来，为了突破村民自治的发展瓶颈、探索乡村社会的有效治理路径，一些地方较早地开展了乡村协商民主的各种创新实践，创造性地将协商民主引入乡村治理实践，协商民主的中国实践最早始于浙江温岭的"民主恳谈"。这种具有协商民主性质的"民主恳谈"是一种原创性的民主载体，被公认为中国基层协商民主的样板。在持续的制度扩散、重组与巩固的演进过程中，它也一直是学界关注和研究的焦点（王国勤、陶正玄，2018）。一些学者通过跟进调查与研究，也对"民主恳谈"给予了较高评价，认为其可以弥补村民自治制度在乡村治理中的局限。此后，"民主恳谈"的协商民主经验被一些地区借鉴并应用到乡村治理实践中（张国献，2015）。

协商民主从实践探索和理论探讨两个层面都受到了较多的关注，其中包括对协商的主体、形式和组织的创新与应用。从实践探索来看，一些受到关注的实践探索大多被冠以"模式"之名，体现了地方政府治理创新的政绩诉求。有学者认为这种政府着力打造的"模式"创新，往往也体现着另类的政绩诉求，其推广性往往并不是很强（黄辉祥、付慧媛，2020）。就具体的案例而言，对于协商主体的创新，曾令辉等人以乡村为样本，认为培育农民协商能力，要从增强农民社会资源和整体实力、完善农村社会组织和协商精神、健全机制和搭建平台等三方面入手（曾令辉、陈敏，2016）。张大维等人构建了协商能力的阶梯框架，认为农民的协商能力对农村协商系统质量至关重要（张大维、张航，2021），提出社区协商系统高质量发展需要同时关注参与主体和回应主体的协商能力（张大维、赵益晨，2022）。另外，从问题意识看，陈吉利等人聚焦于女性的协商能力问题，认为应从改革协商规则入手，进而改变女性的相对弱势地位（陈吉利、江雁飞，2018）。从协商的形式来看，"四议两公开"工作法、"一组两会"、"乡约议事"（黄敏、施嘉盈、许艳霞，2023）的基层协商民主实践就是其中的典型代表。对于协商民主的组织创新，我国乡村本土衍生了议事会、村民代表会、民主听证会、"代委会"（张思军、周嘉文，2018）等为载体的多样化协商民主实践形式，这些新探索不仅对农村持续发展具有里程碑意义，而且为协商民主理论的研究提供了有力的实践支持。

从理论探讨来看，学界的研究旨趣也丰富多样，如聚合性治理范式，将居民日常生活的"细事"作为社区自治开展的实践空间，将居民个体利益视为参与公共事务的动力起点，解决了既有居民社区参与激励不足的难题（杨威威、郭圣莉，2021）。张航等人提出了"回应前置"的概念，揭示了天长市"农村社区治理实验区"通过制度的吸纳和前置，在协商议题、协商代表和协商规则这三个环节中对农民协商需求的回应（张大维、张航，2021）。还有学者通过对协商代表的弹性机制进行研究，解释了乡村协商民主的回应逻辑及形成机制（侣传振，2023）。

通过以上文献梳理不难发现，协商民主的"嵌入"确实起到了弥补村民自治制度局限的积极作用，然而，对于经济发展状况一般、政策支持有限以及本土资源特色不足的农村，以上文献中提到的村级协商民主的可推广性有待商榷。国内相关研究更多聚焦于乡村治理已经取得突出成效的地区，例如浙江、广州等沿海发达地区。对于中部地区特定县和乡村的研究少之又少。为此，笔者选取了一个中部地区经济社会发展水平一般的县下辖的村庄，开展乡村协商民主实践的观察和研究，力图为境况相似的乡村提供协商民主新思路。

二　研究设计

（一）案例选择与基本情况

S 县位于湖北省北部，位于全国中部地区，与多省交界，是湖北省对外交流的"北大门"。S 县距今已有 2000 多年的历史，也是目前湖北省最年轻的县，挂牌成立不足 20 年。作为新生的县，S 县以农村为主，村民多样化、思想上开放并包，是典型的居住型社区，因此面临的治理需求和治理问题也较为多样和复杂。在发展之初就遇上中国经济加速发展、人民民主权利意识不断增强。在发展的过程中，S 县不断探索基层农村治理创新路径，旨在通过体制创新，在基层落实人民意愿，以化解矛盾、团结群众，拉近政府与群众距离，促进 S 县加快发展。其中，X 村远离县城，交通相对闭塞，属于经济发展一般的典型村落。

S 县 X 村 2021 年被选为 497 个"全国村级议事协商创新试验"试点单位之一，是 S 县所在市的唯一一个试点村。X 村结合在长期实践探索中逐渐形成的议事协商经验，围绕党建引领村级议事协商，助力乡村振兴和农村社区治理能力现代化，探索打造村民说事室，实施"四步工作法"，规范制定 13 条议事协商规则，切实做到民事民提、民事民议、民事民决、民事民办、民事民评。从结果看，这一创新产生了良好的效果，在经济建设方面，X 村获得了湖北省集体经济先进单位和脱贫攻坚先进集体等荣誉称号，先后成立了食用菌菇专业合作社和乡村旅游合作公司，带动贫困户和农户共同致富；在基础设施方面，新建党群服务中心、改造废旧仓库、整修村域道路和漫水桥，进一步提升群众服务水平；在乡风文明建设方面，该村曾获得过湖北省省级文明村荣誉，挖掘本土优秀文化资源，推进乡村移风易俗；在生态文明建设方面，X 村是国家森林乡村，立足村落自然资源打造了美丽乡村建设点，建设生态广场，鼓励村民自发布置家庭围墙，实现内外环境改善和提升的完美统一。在村级议事协商创新试验中充分发扬民主、汇聚民智、凝聚民心，通过各种意见建议交流碰撞，促成了不同利益群体达成共识，构建起"自治、法治、德治"的基层社会治理体系。一年多来，该村协商的事项既聚焦群众关切的热点问题、矛盾纠纷的难点堵点，又涵盖惠民利民便民、扶贫助残帮困的好事要事，协商解决大小事项 20 余个。2022 年以来，X 村紧抓村级议事协商创新试验契机，科学谋划，扎实推进，把村级议事协商贯穿村级事务决策和实施的全过程，拓宽村民参与乡村治理的制度化渠道，解决好事关老百姓切身利益的问题，促进村级治理水平有效提升。

总体而言，借助民政部协商创新试验区建设，S 县 X 村有计划、分阶段地推进协商治理机制创新，聚焦于村民关心的事务。经过多年运行，X 村已经在村内建立了村"两委"领导下的常态化协商治理工作机制，获得了村民和多方认可，取得了一定效果。X 村这一村级议事协商创新为提升村民自治水平提供了一条新思路：在经济状况一般，且资源有限的中部农村地区探索出了一条民主协商高效运转的路径，极大地提升了该村的经济建设、基础设施和乡风文明建设水平。为清晰具体介绍协商治理平台的搭建过程与运作实践，下文将以具体"四步法"过程与具体案例相结合的方式呈现。

（二）研究方法与资料收集

为比较不同案例的议事流程，本文采用了多案例研究方法与比较研究法相结合。选取有代表性的 X 村的议事协商实践情况中的多案例进行分析，在 2023 年 6 月至 8 月，笔者在 S 县 X 村调研期间，借助个别访谈、座谈会、参与观察等方式进行资料收集，结合公开报道、村内资料等，主要分析和总结了该村在协商议事中不同情况灵活收集意见、发动群众协商的流程、实践效果，以探讨这一机制的特色及其对于破解当前农村基层协商治理问题的借鉴意义。

三　X村协商民主的"四步议事法"

（一）民主提事：利益聚合下村民意志的集中体现

1. 村级议事协商的组织设置

议事协商工作的实施主体为村民议事协商委员会，委员会在 X 村党支部领导、村民委员会指导下开展群众性提事、议事、理事和监事"四步议事法"活动。X 村村民议事协商委员会由 10 人到 20 人组成，设主任 1 名、副主任 2 名，委员若干名，具有广泛的代表性，主要从村"两委"其他成员和政治素质好、组织协调能力强、群众威望高的村民中推选，由村"两委"班子成员、本村"两代表一委员"、"五老"人员、新乡贤、村民小组长、村民代表、群团组织负责人、致富能手、优秀志愿者、妇女等的代表组成。村民议事协商委员会任期与村"两委"任期相同。村民议事协商委员会成员由村党组织在广泛征求党员群众意见、充分酝酿的基础上，召开村"两委"会议研究提出初步人选，经村民代表会议表决通过。因各种原因导致届中出现缺额的，经由村党组织决定，按照原程序进行增补，其任期至本届村民议事协商委员会任期届满为止。任何组织和个人不得指定、委派村民议事协商委员会成员。关于议事协商的场所设置，该村按照不少于 30 平方米的标准，在 X 村党群服务中心打造村民议事厅，场所一面墙用于悬挂标识、人员组成、议事规则等。

2. 多元畅通的意见收集渠道

X 村收集需求的方式具有多样化、畅通性和有效性的特点。村民议事协商委员会通过村民会议、入户走访、电话、微信、"廉情站"、"逢四说事"等多种渠道和平台，经常联系村民，收集、整理、调查村民反映的热点和难点问题。其中最有效的意见收集途径是下基层，由村干部与村民小组组长以及议事协商委员进行沟通，或直接现场记录村民需求。

我们习惯了每天都往各个湾跑，看看公厕干不干净，广场有没有设施损坏。（我们）跟村民也"唠家常"，他们有抱怨和建议的时候可

会说了，比如灯不亮、门口的垃圾倒得不勤快、鸡子被偷了、拌嘴打架各种街坊小事等。（村干部，20230815LG）

村民小组组长对村小组的情况更为熟悉。他们作为与小组内村民共同生活的邻居，承担宣传与协助村委会工作和表达一方利益诉求的任务，其他任务包括定期上门慰问老弱病残群体、负责本组乡村容貌整洁和收集村民意见。

收集意见也不是说很正式的那种形式，我可能每次干完活在田间碰到了（村民），聊几句家常就知道湾里的最新情况。比如，路灯坏了，哪儿吵架了……他们看热闹可积极了，不需要我去问都很快传到我这儿来了，我再跟村里面发个微信，方便得很。（村干部，20230802LXG）

村民最关心自己的切身利益，在私人财产的处理上往往意识很强。所以在民主提事环节中，一些鸡毛蒜皮的小事出现频次很高。这固然受限于学历和认知，但也恰恰反映出村民的现代权利意识增强，正是这些表面上的"小事"构成了有情有法的现代农村社会。

我这儿去年下大雨，对面的香菇棚过不去，一向村里面反映，就有好多人来帮忙排水。之后我就给议事协商委员会写建议，这种突发情况还是需要应对措施，疏通一下排水沟，多种点树防护一下。但是村里面总说资金紧张，只能是出现问题了再来解决，到处都需要钱，难以做到面面俱到。（村民，20230805WCD）

3. 村民利益诉求的整合与表达

X村村民议事协商委员会根据收集整理意见、问题、情况，提出相关协商议题，交村党支部根据村发展需要和实际情况，审核确定议事协商相关议题和年度议事协商计划，临时性议题由村党支部视情况确定，形成议题目录清单。村民议事协商委员会会议由主任负责召集并主持，主任因故不能主持会议的，可委托副主任主持。村民议事协商委员会一般每季度至少召开一次会议，如有重要事宜可临时召开会议。之后村民议事协商委员会根据产生的议题，选择合适的民主议事协商形式，明确协商主体、内容、时间、地点等事项，并根据协商内容提前告知参与协商主体，提供相关议题资料。召开村民议事协商全体会议时，应有三分之二以上的委员会成员参加。协商议题相关方人员或代表，经村民议事协商委员会主任同意可参加或列席会议。参会人员需围绕议题充分发表意见和建议，立足于本村现实基础，根据轻重缓急协商出核心议题。议事委员会成员根据事情轻重缓急和本村现有资金等多重要素筛选本月份议题。议事协商委员会应明确一名成员负责做好会议记录，会议记录应包括会议议题、参会人员、各方观点和最终议题。会议结束后，议事协商委员会需将议题提交本村党支部和村民委员会进行审议，并将最终结果予以公示。

经整理归纳，X 村的议题主要包括四类：经济建设类、基础设施类、乡风文明类和突发事件类。在实际的民主提事过程中，高频次的往往是跟自家利益息息相关的基础设施类和乡风文明类议题。村委会干部和村小组长一方面极力解释和安抚村民的不满情绪，另一方面许诺当村集体富裕起来了会一一解决。

> 从下面收集起来的意见，一大半都是灯、路、垃圾相关的投诉，想让他们有真知灼见也不太现实，每天忙完农活就没什么闲心去想其他不相关的事情了。话题比较多的是那些下沉党员、村小组长还有退休老干部，他们的思想觉悟和眼界会高一些，平时看报纸、微信推送、新闻，共同特点就是爱学好学。（村干部，20230815TKZ）

在村民利益表达的过程中，议事协商委员大多时候扮演着倾听角色，并以文书记录的方式表达。面对村民反反复复、大同小异的议题，给予最终落实情况也不是委员们所能操控的，必须得到上级政府和经济条件的支持。

> 我们当平头老百姓习惯了，让我们说出个一二三太难了。村里面开会说有什么项目资金的时候，我们就说修桥、修路、修水库。因为

家有老小和农田，打工出不去，想在村附近找点活，我们也会提。有的时候建议采纳了，有的时候就搁置了，下回再提一提。（村民，20230802LXD）

4. 弹性机制：突发事件的优先响应

除了常态化的议事协商，X 村应对突发事件类有"绿色通道"，即由党支部领导下的议事协商委员会直接召开相关议题的会议，经由走访确认后完善议题。目前，X 村的突发事件主要包括暴雨洪水天气导致的漫水桥冲毁和因年久失修而导致的路面坍塌。

这类突发事件往往村民群众不提，我们也会第一时间高度重视，因为这影响了最基础的生命财产安全，也是我们所有工作的重中之重。（村干部，20230802TKZ）

一般下大雨发大水了，村干部和各组组长都会来下面看看，特别是住在危险区的，家里没个年轻人的和房子太老旧的更是重点排查对象。这点村里做得很好，我们也很高兴。（村民，20230815WM）

（二）民主议事：多方代表的磋商与观点碰撞

民主议事体现在议事协商委员会召集的村民大会和村"两委"领导下的"四议两公开"中。村民大会的召开地点精确到村小组，涉及全村共同利益议题需在村委会的议事大厅中召开，主要内容是围绕议事协商委员会产生的议题进行讨论、确定最终议题。"四议两公开"是在村党支部的领导下，民主提事、民主议事、民主理事和民主监事，并及时将协商结果以会议决议、计划方案、书面协定、口头协定、村规民约等形式确定，通过村务公开栏和微信群等渠道进行公示。

在议事过程中，议事协商委员会成员与村"两委"干部鼓励村民们多开口、勤表达。由于精确到组，而且相关议题都与自身利益息息相关，村民们相比在议题的筛选建议环节时更加有话可说。以下是在协商议题时的场景：

  我认为五组墩子湾作为最早的美丽乡村建设点，现在的基础设施好多被破坏了，厕所也很脏，一些健身器材根本不能用了。所以我觉得墩子湾的改造应该成为这个月议事协商的重点内容。（村民，20230802LM）

  三组的路不平整，坑坑洼洼的，村里面都是老人，送小孩上学的时候不安全。（村民，20230802WYM）

  现在修路没有钱，修路的项目资金需要得太多，可以等我们村的集体项目盈利更多点的时候，向上级部门争取资金修路。（村干部，20220902QY）

议事协商委员会对于村民所提事项中村内目前有能力做的事情，往往在现场恳谈协商，并做好解释反馈工作。

  对于厕所不干净、路灯不亮的问题，我们尽量能修就修，如果修不好就只能搁置，等专业技术人员来修。每请一次都要花钱，哪有那么多钱，只能每隔一段时间请一次专业团队来解决，一般不作为当月的议事协商话题。（议事协商委员，20220915ZR）

"四议两公开"流程中，村民大会对于执行方案会有所补充。议题确定并形成方案后，村民常常呼吁村里按照高规格来建设，并完善配套设施。一旦村里开口要搞建设，村民们总会起哄想要多占点"公家"的利益。村干部对此已经司空见惯，也会使用一些套话和试探，达到维稳效果的同时活跃气氛。以三组环境整改议题为例：

  三组小河沟桥洞旁边张老头那一家，我做了好多工作让他搬走，他就不想搬，每次下大雨我都害怕他被大水冲跑了，家里也没个胳膊腿灵活的，智能手机也不会用，一直是个隐患，这是环境整改的主要

内容。（三组小组长，20230802TXY）

他就是老顽固，我劝了多少回都不听，咋地想住金窝银窝？说到底不想走就是村里给的支持太少了，就赖着。照我说到时候我们就拿着棍子把他们赶走，房子一把火烧了。（村民，20230802LY）

那可烧不得，我再去做做思想工作，烧了就有得闹咯。（三组小组长，20230802TXY）

这个案例表面上是玩笑话，实际上暗含村民与村委会的利益协商。该村民认为，村组长与危房户主的私人交情不错，可以行使职务便利给有人情关系的村民争取"公家"资源，在得到村干部玩笑式但态度坚决的回绝后就此作罢。这体现了农村村民对待"公家"资源都想分一杯羹的态度。其实村干部并非总是站在村民利益的对立面。面对资金的紧张和复杂的人际关系，村委会在处理事务时也必须权衡各种因素。对于那些真正面临困难、迫切需要更多资源支持的农户，村委会心中自有一杆秤，他们会先了解情况并尽力提供帮助。这种平衡艺术在资源有限的农村社区中尤为重要，需要村干部具备高度的智慧和公正性。

（三）民主理事：集体利益代理人的协同治理

村"两委"围绕村民议事协商会议中产生的意见和共识，召开关于议题执行方案的会议。会议参会人员为村"两委"成员，应在充分考虑村民意见的基础上，结合本村资金基础、基础设施、发展战略和自然环境等现实因素，提出具有针对性、可行性和科学性的实施建议。面对专业性、技术性强的议题，应邀请相关专业技术人员和第三方机构等作为协商主体参与会议。参会人员围绕协商议题充分发表意见，提出解决问题的对策建议，达成协商共识和意见。协商意见应当经到会人员的过半数通过，形成会议纪要。村"两委"应明确一名成员负责做好会议记录，会议记录应包括会议议题、参会人员、各方观点、议定事项等。

在执行方案的制定、修改和完善过程中，议事协商委员会成员和村

"两委"干部是方案的制定者，村民群众、下沉党员和相关技术专家扮演修补和完善角色。一般情况下执行方案不会大刀阔斧地修改，只是微调和补充。以 X 村的议事协商项目健身步道为例：

> 健身步道最好是能有打球的地方、跳舞的地方和散步的地方，大家都能玩自己的。（村民，20210602LW）

> 广场建大一点，我们村离镇上近，到时候肯定很热闹。（村民，20210602WY）

> 可以有我们村的特色，过年来亲戚我带着转转，宣传一下。（村民，20210602ZG）

X 村在制定执行方案时充分考虑了村民诉求，对于能采纳的尽量都采纳，而且优先考虑并运用当地劳动力资源。以该村项目金家沟客栈为例：

> 客栈厨房做菜的是村中年轻媳妇小 C，隔壁潘大妈的土灶饭做得很好，南头吴婶的面食做得不错，我便让她们各自在家做饭、做馍、包水饺，然后送至客栈，其余年轻的有的在客栈择菜、洗菜、配菜，有的端盘、收盘、打扫卫生，还有年纪大的刘大伯等人负责种菜园和村庄外部环境卫生。湾中每家每户，不论是年老年轻都有事做。（客栈负责人，20230802LBL）

> 我在家里制作葱油千层饼，食材都是我自己的。客栈帮我代销千层饼，10 块钱一个。（村民，20230728WGZ）

金家沟客栈的公益岗位的人员并不是由村干部委派的，而是经过了议事协商流程，由村民自主申请或委员会成员提请后公开，也会考虑就近安置。

金家沟客栈旁 75 岁的村民家庭条件特殊，无人赡养且行动不便，偏巧煮得一手香喷喷的土灶饭，村小组长在议事协商会上提到了这个情况，我们当场就处理了，然后把提议交给村"两委"审议，去年被安排到公益岗位。（村干部，20230815TKZ）

我一天给客栈煮两顿饭，在自己家的土灶上煮，顾客都喜欢吃我煮的锅巴粥。米由客栈提供，一顿饭给我30元的加工费，一个月能挣1000多元。我这么大的年纪在家门口还可以挣钱，非常开心。（村民，20230715PHY）

X村经济建设类议事协商案例兼具经济发展和公益服务功能。一方面带动村集体资金利益，为村域建设发展提供牢固的物质保障，另一方面积极吸纳乡村剩余劳动力再就业，并设置公益岗位承担环境卫生美化工作。项目依靠议事协商手段良性运行，使乡村获得内生性持续性发展。

（四）民主监事：基层组织运行中的权力监管与制约

X村议事协商结果落实过程中，自觉接受村务监督委员会、村民和其他利益相关方监督，切实保障村民的知情权和监督权。并落实专项监督，在议事协商委员会中设立专项监督小组，实行村议事协商监督员制度，监督委员跟村民代表一起作为监督员。对协商过程、协商结果及其落实情况进行监督，及时反馈相关情况，在议事协商项目完成后，议事协商委员会面向相关利益群体和村民发放民主测评满意度调查表，并对结果进行汇总和归档。最后开展民主评议，对于涉及发展等重大公共事务的，运用实施平台采取评议的方式进行监督，根据评议结果要求作出相应整改，形成议题办理结果评议清单。同时做好解释反馈，对议题的执行落实情况及时进行反馈。对于执行落实过程中出现的问题或确因客观原因无法执行落实的，及时做好解释工作。

X村监督委员会在民主测评环节充分考虑调查对象的知识水平，采取了五分法勾选问卷，对于不识字的村民，口头陈述并解释，最大程度上保证测评结果的民主性和真实性。村民对于项目的意见反馈，监督委员会先做好安抚情绪的工作，再进行整改和跟进，对于大规模的意见呼声，会进入到下月的议事协商议题中。

> 村民们一般不会来向我们正经地反馈，一些项目不完善的地方，他们私下里"唠家常"、编排我们几句就完事了。如果碰到村民们严重的反馈，那肯定是我们做得有问题了，不用争执，我们会高度重视、及时解决。（议事协商委员会成员，20230728LZW）

关于 X 村议事协商制度的运行成效，笔者是有目共睹的。在过去的两年里，该村经济建设、文化建设、生态建设和基础设施建设都取得了一定成就。在对当地村民的访谈中，也能真实体会到他们对于村集体的认可和对未来生活的期待和展望。以 X 村健身步道项目为例：

> 我们这儿的人都叫它"情人坡"，平时吃完饭就来逛一逛，外地的亲朋好友来了也都要带过来看看风景，体验爬山的乐趣。这算是我们这儿的品牌，镇上有什么活动和比赛也会在这边开展，其他村的人也会骑摩托车来放风，全家都会来，因为老少皆宜，整体还是很热闹的。（村民，20230728LZG）

> 我觉得健身步道给我们这些忙碌了一天的农民提供了放松的好地方，大家一起唠唠家常。不光是我们，就连村里面的娃子也肯出来打篮球、羽毛球、乒乓球，还有跑步啊，他们年轻人也有自己的组织和活动，这总比坐在家里玩手机好。（村民，20230812WQ）

> 其实我还是很感谢村里面能有这么一个场地，只要合乎流程我们能够在广场周围摆摊，做点小生意，这里人流量大，有卖冷饮的，有卖卤菜的，也有卖小孩子玩具的。晚上有空就出摊，可以赚点小钱，对于我这种上有老下有小，在家脱不了身的人来说是很好的机会。（村民，20230802LGT）

以上案例中，X 村充分挖掘本村山地资源，为满足村民日益多元化和多层次的健身需求和文化需求，议事协商委员会深入了解村民诉求，收集意见和建议，召开议事协商会议，经由完整流程决议通过健身步道项目，并打造山脚休闲文化广场、山腰文化长廊、山顶文化牌坊，推动 X 村精神面貌焕然一新，也为村民娱乐健身和情感联络提供了好去处。

四　结论与讨论

（一）S 县 X 村议事协商的创新路径

1. 协商制度规范化，建立顺畅的利益表达机制

S 县 X 村结合多地方典型案例及本村探索，形成了村级议事协商规范的流程体系，即"十步十单"，重大村级事项通过"四议两公开"制度。通过办公室值班、廉情站、入户走访、村民代表会、小组户主会、微信群、电话、意见箱反映等方式，收集村情民意，确定议题清单，聚焦村民实际利益、生活细事，通过协商民主将村民个体利益转换为集体利益。X 村通过规范化途径使得村民的"私利"被满足，激励村民参与。在成果共享的基础上，实现公共利益最大化。

2. 协商程序灵活化，提高利益获得效率

村民利益的获得与时机密不可分，为规范议事流程，提高利益获得效率，X 村的议事流程主要包括意见建议征集单、确定议题、审议报告、议题回复、议事协商会议、协商结果公告、执行方案、报告请示、满意度测评、成果展示等步骤，每个步骤形成清单，进而完成协商共治的闭环。一般性村级事项采集后，根据事项需求，按照网格包组包片或村干部职责分工可直接进入办理程序，议事既可以在议事亭，也可在田间地头、村民家中进行，以快速解决问题，提升协商效率，做到步骤、场所灵活。遇到突发事件如暴雨洪水天气导致的漫水桥冲毁可以及时提请议事，减少灾害带来的损失，提升村民及村集体利益，让村民议事成果看得见。整个议事流程从个体利益出发，通过议事协商后上升为社区共识，采取集体行动，从而减少步骤层层形式化导致的资源浪费。

3. 协商成员定位清晰，加强村级党组织领导，倾听乡贤声音

首先，协商成员中村干部要发挥带头作用。一方面，村干部要加强理

论知识学习，X 村书记积极参观乡村振兴、协商治理典型案例，深入学习宣传党的各项政策，掌握议事协商工作方法，提升议事协商能力。另一方面，村干部要强化全心全意为人民服务意识，以民为主，将全村事务与村民利益结合起来。X 村书记"接地气、俯下身"了解村内大小事务，及时跟进，不摆官架子。X 村激发社区活力，由村干部带头做到民主协商。其次，乡贤积极发声，反映村民利益。X 村组建村民议事协商委员会，议事委员会成员由其他"两委"成员、村监督委员会成员、小组长和村民代表等乡贤担任，根据每次协商的议题，动态调整参与协商的人员。这些人作为村内"乡贤"生长在当地，了解当地情况，提出的意见能够反映当地实际。在落实议题过程中其威望对村庄公共事务具有较大影响力，既能令普通民众信任和服从，又有能力同村干部讨价还价。这种模式既体现了协商主体的多元性、代表性与开放性，又维护了村民的个体利益，符合农村的实际，减轻基层工作负担。

4. 议事内容因地制宜，打造特色产业

议事内容要切合当地实际，和村民息息相关，才能获得广泛关注。在农村土地是个人利益连带性的产权基础。X 村大胆探索，打造亮点，利用得天独厚的林业优势，发展香菇产业，打造食用菌专业合作社，实现村民利益分红。此外结合美丽乡村建设，依托当地优美的自然环境打造乡村公园，实现经济效益与环境效益齐飞。根据当地实际情况，因地制宜，发展当地特色产业，也使得 X 村成为名牌村、特色村，村民在土地上获得了经济利益，对协商治理更有信心。

（二）X 村议事协商运行的提升空间

X 村党支部充分发挥地区优势，创新治理理念，打造了一批精明能干且密切联系群众的干部队伍，在集体经济、乡风文明、生态建设等方面取得了历史性成就。议事协商制度在其中发挥重要促进作用的同时，也存在一定的提升空间。

1. 注重村落中各小组的均衡发展

经走访调查，X 村各村民小组的基础设施建设水平差异显著，村委会所在的村民小组邻近乡镇，且关乎乡村的"门面"，附近道路宽阔清洁，排列整齐有序，文化标识和宣传栏分列两侧。邻近省道的村民小组具有交通便利的特点，以三组为例，村小组内拥有金家沟客栈和牛蛙养殖基地两大集体经济，吸纳了周边村民的就业，带动了当地的旅游业发展，极大地提升了三组村民的幸福感和满足感。反观地理位置偏僻的六组，由于可开发资源有限，且前些年依托易地搬迁政策迁出了多户村民，剩下的村户已不足 15 户，这使得当地村民很难争取到项目资金用于经济和基础设施建设。X 村所秉持的先富带动后富的治理理念具有科学性，但也要兼顾公平，议事协商委员会应多听取落后村小组小组长的发展诉求。推进落后村组的经济建设，吸引劳动力回流，将产业兴旺的理念贯彻落实到整个 X 村。

2. 强化村小组长的权利及责任意识

村民小组长具有宣传贯彻党的方针政策、协助村委会落实各项基层工作以及收集并反映村民意见等职责。但作为个体，小组长又是各组村民土生土长的邻居，对故土有着特殊的依恋情结。在差序格局的农村地区，人情与面子占据了日常生活。他们一方面需要成为基层自治组织的代理人规约村民，另一方面又作为村小组利益的代理人，去据理力争应有的资源，承载着村民的期待。村小组长在两种角色中切换，在议事协商过程中便会出现两种情况：与议题受益村民关系一般甚至恶劣，村小组长最多也就做到按部就班，在村民争取"公家"利益时充当村委会的代理人去做安抚和解释工作；而与其私交很好，便出现议事协商过程中为其"发声"甚至"讨价还价"的举动。尽管有议事协商监督委员会在全程跟进，也不免会造成不平等现象。基层党组织与村委会需要对作为中间人的村组长进行培训和规约，强化村小组长的权利及责任意识，以此预防村小组长在议事协商过程中传递意见与反馈的失范现象。

3. 议事协商场地资源的利用率有待提高

X 村的议事大厅并不是经常启用，反而在村民门口开会更加方便。一方面是由于协商主体双方并没有很多的空闲时间，特别是村民一整天安排得满满当当，他们很难抽出时间参与协商活动。另一方面对于朴实的村民来说，土砖瓦屋檐下的聊天比在会议室正襟危坐要放松得多，更容易吐露心声。但村集体在申请上级项目时，有硬件条件支持才更容易成功立项。往往明晃晃的会议室不是用来坐人的，而是迎检和获取更多的乡村发展资源，这一问题凸显了乡村在争取上级资源时内卷化，以及地方立项标准存在某些方面的问题。这一问题的解决需要追溯到更大的结构层面，X 村可以通过促进村民和上级政府双向沟通，优化立项标准，与此同时鼓励村民进入议事大厅敢于和善于自我表达。

4. 议事协商流程有待精简

不难发现，X 村议事协商制度是其他地区模式的借鉴和杂糅，最典型的是议事协商委员制度和"四议两公开"的结合。这种杂糅式制度一定程度上保证了全过程人民民主，也能广纳建议，但不可避免地造成人力资源和资金的浪费。机械的结合方式也会造成议事协商效率的衰减，协商主体的厌倦和形式化，降低议事协商的效果。X 村可以探索更适合本村情况的本土协商制度，进一步精简议事协商流程，民主高效运转的同时保证各种资源的最大化合理化利用。

（三）X 村议事协商的启示与推广性建议

S 县 X 村议事协商创新探索中得到的经验与问题为其他地区提高村级协商议事民主效能提供了思路。因此，提出如下可供参考的意见。

1. 充分尊重农民主体地位，培育协商意识

以农民为主体是党的群众路线的体现，农村的事务是农民的事务，只有以农民作为协商议事的主体才能增强农民的归属感。农民的主体性包括：农民在协商议事过程中具备参与社区事务的能力，自愿通过正规渠道参与协商议事，并与其他行动主体在互动过程中表达利益诉求。因此，首先，要通过专家座谈、教育培训等方式提高农民的议事能力，包括利益表达能力、规则把控能力和程序认知能力。其次，要积极宣传动员，增强村民参与协商议事的意识，让广大农民自愿参与。最后，要营造良好的协商议事氛围，让农民敢于参加、敢于表达，调动农民参与协商议事的积极性，切切实实参与到协商议事中，表达自己的诉求，共同建设乡村，从而做到"共建共治共享"。

2. 议题内容聚合公共利益，贴近村民生活

利益使得村民更容易聚合，且具有更强的稳定性。因此，所选取的议题需要与村民利益息息相关，议事内容要反映公共利益，只有涉及广大村

民利益的议题才能获得广泛的关注与参与。因此，符合公共利益的议题可以由村民议事会议进行进一步的协商，以合理的方式解决。对于不涉及公共问题的个人议题，交由对应的议事协商委员会成员跟进处理。公共议题和重大利益议题，在议事内容上坚持先急后缓、难易适中原则。对于紧急事件可以不完全按照议事流程，要优先组织会议，快速解决。

3. 健全村级协商议事监督体系，保障议事成果

监督是保障协商议事流程规范化和协商议事结果落实的有效手段。在村级协商议事中，有效的监督能够及时发现问题，保障落实，减少因小组长的双重身份导致村民对其的不信任，提高村民对议事制度的信任。因此，各地在村级协商设计中，要建立多维度、立体化的监督体系，让权力在阳光下运行。不仅要发挥村民、上级政府等多方监督主体的作用，使有效监督覆盖基层协商民主的全过程；也要不断拓宽监督渠道，健全监督反馈机制，如采取线上线下公开、监督落实相结合的方式，把监督工作落实到位，确保基层协商民主的功能作用得到最大限度的发挥，实现基层治理的高质量高效率。

4. 议事代表队伍多元化，实现协同治理

议事代表是议事的主要参与者，农村的事情细碎烦琐、利益交织，所以要选出一支代表性强、主体多元、素质过硬、群众认可的议事队伍。首先，坚持党建引领，在整个议事小组中，要由村支书作为组长来把握核心方向。其次，在农村有一群很有特色的人物——乡贤，他们是本村"两代表一委员"、"五老"人员、村民小组长、村民骨干、群团组织负责人、致富能手、优秀志愿者、妇女、社会工作者等，他们生长于本地，和当地村民熟络，受村民信任，由他们参与可以提出建设性意见。最后，议事需要具体议题的利益相关人或专家参与。每次具体议题涉及的人员不同，为减轻村民议事负担，建议设置固定议员（党支部+乡贤）与灵活成员相结合的制度，根据具体议题选取临时议事代表，兼顾不同意见者及不同利益者，使协商主体尽可能更具有广泛代表性。

5. 地方立项标准本土化，减少资源闲置

近年来，党中央高度重视村级协商民主发展，不断完善顶层设计，要求朝着规范化方向发展。但全国范围内村级协商实践中，协商议事制度在

规范化、程序化、制度化等方面仍有不足。不同农村协商议事的环境有所差异，所以具体采取的方式也应差异化。因此各地农村要根据国家在基层协商议事方面的政策规划，根据当地民情完善协商议事设计，明确协商议事的任务、工作方式、议事流程等内容，把握重点。各地政府在下放项目过程中，应当建立切合当地实际的本土化立项标准作为参考，辅以实地调查走访，减少单一数字指标导致的工作敷衍和资源浪费。

综上，S 县处于中部地区经济发展平平无奇甚至有些落后的地区，而 X 村远离县城却依靠顽强的生存力夺得湖北省为数不多的议事协商示范村项目，并在短短几年时间累积打造议事协商特色案例二十余项。这背后固然有素质过硬且紧跟时代的村级领导班子，但更多的是打造了特色的村级议事协商制度，发动广大村民的智慧，根据地方优势资源调整发展策略，并注重调动"乡贤"的力量服务于当地建设。这对中部地区其他情况相近的乡村具有一定的参考价值。但在村级议事协商具体运行的过程中，也出现了乡村内部各小组发展不均衡、村组长的角色冲突、资源闲置和流程冗杂等问题，亟待 X 村进一步自我完善和调整。

X 村的议事协商委员会"嵌入"到基层治理格局中，为村民谈判、沟通提供了机制与平台，实现了利益诉求的有效表达，有助于形成"共建共治共享"的乡村治理格局，将村民的兴荣捆绑在一起，调动群众参与议事协商和集体建设的积极性。在此过程中，议事协商委员会对突发事件类的议案进行"权威式引导"协商，对乡风文明类的议案进行"授权式"协商，这种分类治理进一步保证了民主运转效率。本文为乡村民主协商模式补充了案例，为情况相似的村落提供了创新经验和借鉴。由于笔者能力有限，X 村如何进一步优化议事协商制度与破除当下困境还需进一步研究。

参考文献

陈吉利、江雁飞，2018，《论女性公共协商能力的制度提升——基于女性领导力的视角》，《领导科学论坛》第 17 期。

邓大才，2014，《利益相关：村民自治有效实现形式的产权基础》，《华中师范大学学报》（人文社会科学版）第 4 期。

高佳红，2019，《协商民主视域下的村级治理创新——基于晋江市新塘街道社区议事会的调查》，《社科纵横》第 2 期。

何霜梅，2014，《协商民主与乡村治理——基于广西贵港屯级"一组两会"协商自治制度的思考》，《中央社会主义学院学报》第 5 期。

黄辉祥、付慧媛，2020，《协商民主嵌入乡村治理：效用及其限度——基于"一会一访"协商民主实践的经验分析》，《江汉论坛》第 5 期。

黄敏、施嘉盈、许艳霞，2023，《乡约文化与协商空间：衢州市田蓬村"乡约议事"实践研究》，《浙江社会科学》第 3 期。

李书省，2022，《农村基层协商民主的现实困境及长效机制的构建》，《学理论》第 12 期。

侣传振，2023，《弹性代表：乡村协商民主的回应逻辑及形成机理——基于四个案例村的比较》，《广西大学学报》（哲学社会科学版）第 1 期。

唐毓首、韦少雄，2023，《农村基层协商民主中村级议事协商的逻辑、困境与出路——基于主体、制度、程序三维视角的思考》，《理论导刊》第 4 期。

王国勤、陶正玄，2018，《温岭民主恳谈的制度演进与理论发展》，《治理研究》第 6 期。

杨威威、郭圣莉，2021，《议事规则、民主协商与内生型社区建设发展——基于应用 X 项目的多案例研究》，《甘肃行政学院学报》第 3 期。

曾令辉、陈敏，2016，《乡村社会治理中农民协商能力培育研究——基于恭城县北洞源村的调查》，《广西民族大学学报》（哲学社会科学版）第 2 期。

张大维、张航，2021，《农民协商能力与农村社区协商系统质量关系研究——基于乡村建设行动中三个农村社区协商实验的比较》，《中州学刊》第 11 期。

张大维、赵益晨，2022，《运转协商能力：社区协商系统高质量发展的参与—回应联动——对 5 个农村协商实验的比较》，《协商治理研究》第 1 期。

张国献，2015，《试论社会主义乡村协商民主》，《中州学刊》第 3 期。

张思军、周嘉文，2018，《"代委会"制度：乡村协商民主的新探索——以江苏省南京市 M 村乡村协商民主实践为分析对象》，《党政研究》第 5 期。

需求与回应：一个无物业小区的协商治理创新实践

作者：张　卉[*]

指导教师：黄　君[**]

摘　要： 无物业小区治理作为社区治理的一部分，日益成为社区建设与管理的难点问题，如何让无物业小区居民生活得更加舒心，是基层社会治理的重要追求之一。本文以 L 社区"无忧停"项目为例，从老旧的无物业小区中普遍存在的"停车难"问题着手，探究无物业老旧小区背景下协商治理应该如何创新发展，分析其面临的挑战与积累的成功经验，旨在通过具体的事件案例丰富社区治理理论和居民自治理论的内涵，探寻开展居民自治的最优路径，以助力居民自治发挥正能量效应。

关键词： 社区治理　协商自治　无物业小区

引　言

基层协商治理是推进基层民主建设的重要环节，是完善基层直接民主制度体系的体现，能够切实增强城乡社区群众自我管理、自我服务、自我

---

[*]　张卉，华中师范大学社会学院 2023 级硕士研究生。

[**]　黄君，华中师范大学社会学院副教授，研究方向为社会工作与社会政策、儿童福利与儿童保护。

教育、自我监督的实效，将碎片化的社区变为一个理念凝聚、力量整合、关系和谐、治理有效的共同体。在基层协商治理中，居民作为决策的主要参与者，通过协商、合作和共同努力，参与社区的治理与运营。这种模式在解决社区问题和需求时，展现出灵活性、适应性和高效性。基层协商治理模式的有效运行不仅有助于解决社区面临的挑战和问题，更能够建立和谐安全的社区环境。然而，对于无物业小区来说，要实现协商治理并不是一项容易的任务。无物业小区的治理面临着诸多挑战和难题，如决策机制的建立、公共资源的管理、服务水平的提升等。

本文以 L 社区"无忧停"案例的实践为基础，从老旧的无物业小区中普遍存在的"停车难"问题着手，探究无物业老旧小区发展协商治理的新模式。"无忧停"案例是关于提升社区自治水平的积极尝试，通过回应居民生活中的具体需求与问题，提高社区居民的自治意识与自治能力，实现多方参与社区治理，共同解决社区治理难题。通过对 L 社区"无忧停"案例的分析，本文有助于我们理解协商治理中多主体间的有效互动，平衡各主体目标间的张力、各自之间的角色位置以及围绕特定目标的策略互动和行为逻辑。

一　文献综述

社区协商治理指由社区各类主体，如政府、物业公司、业主委员会、社区组织、居民等，依据正式法规或者非正式的约定，共同对社区公共事务进行管理的过程（黄珺、孙其昂，2016）。这些实践主体的价值和逻辑存在差别，从而催生了强制性协商、动员式协商和自主协商三种类型，并在一定条件下发生转化（张大维，2020；张大维、解惠强，2021）。

城市社区居民自治的基本理论主要围绕城市社区居民自治的要素、功能、理论基础等内容进行探讨。譬如，邓大才认为城市居民有多样化、多层次、多类型的相关利益和利益相关性，这些利益是居民自治的前提和基础。以项目、活动、平台为载体的自治，以趣缘、业缘、奉献利益为引导的自治是比较有效的自治形式（邓大才，2014）。白雪娇认为当前以社区居委会为核心的居民自治造成自治单元规模过大，居民自治的直接性、群众性难以实现，进而降低了居民自治的效率、效能和效力。寻找适度的组织规模是推进居民自治有效实现的关键和基础（白雪娇，2014）。任路认为作为治理形式的协商民主的场域正是贴近于社区生活的居民自治，在各地以自治化为导向的社区改革中，带有"协商民主"元素的居民自治实践最具有启发意义（任路，2014）。刘杨认为，城市基层自治主要遵循"事—人—空间—关系"的逻辑结构展开，公共事务需求是触发自治的主要原因，以积极分子为主体的主导力量承担着自治的动员、组织和协调，自治单元的社会规模和社会关联始终制约着自治的运转，影响着自治的过程和效果（刘杨，2022）。在中国基层治理场景中，民主与协商共同指向"治理"的核心目标，民主治理与协商治理的融合塑造了"民主—协商—治理"三位一体的框架和体系，建立基层治理中目标、方法与绩效的关系，深刻体现基层治理的中国逻辑（张贤明，2023）。

具体地说，社区自治关注如何使居民能够在社区公共事务中发挥主体作用，通过选举自治组织、实现自我管理等方式，达到增进居民间的信任、形成共识，并逐步养成自我教育、自我管理、自我服务、自我监督的行为模式。城市社区居民自治的要素包括自治的主体（各种自治组织、居民以及驻区单位）、自治的客体（与居民切身利益相关的社区公共事务）、自治的方式、自治的体制环境（必须建立健全相关社区管理的法律和规章）以及自治的核心（居民和自治组织的自治权利与权力）。这些要素共同构成了城市社区居民自治的基本框架，并在实际运作中相互影响、相互作用，推动着城市社区居民自治的不断发展。

梳理文献发现，社区居民协商自治已有一系列研究成果。但是从微观层面就某些具体问题解决的研究还不足，因此，在破解居民自治问题的具体实践探索上还需要进一步开放思维模式，不断提炼和总结相关经验，同时，结合当下现实情况，持续拓宽居民自治的方式方法，不断丰富理论研究，大力创新自治模式，力争找到更加有效并具有可操作性的自治路径。本文将从 L 社区停车治理难题所面临的需求出发，深入分析问题成因，提出有针对性的对策，切实推动 L 社区停车治理难题的解决和社区治理中居民自治的有序发展。通过发展社区协商使人民意志得到更好的体现，巩固人民权力主体地位（张大维、邓华，2023）。

二 "无忧停"案例概况与协商治理过程

L社区现有8个居民网格，有2495户居民，总人口5766人，划分为8个居民网格。该区域的住房基本上都是1998年洪水灾害后重建的房子，房屋建筑密度大，公共活动区域范围小。辖区的基础设施也较为陈旧，社区目前仅有1名保洁人员偶尔负责清扫卫生，基本呈现无物业管理状态，属于典型的杂居型老龄化社区。近年来，居民机动车数量不断增加，社区停车设施不足，"车位"供需矛盾日益凸显。L社区内，幸福家苑与幸福雅苑两个小区停车难的问题更加突出。小区车位不够，车辆占道停放、无序停放的乱象随处可见，严重挤压居民活动空间，甚至影响了小区的消防安全与居民出行安全。

L社区从居民最忧心最直接最现实的利益问题出发，积极采取行动回应居民关切的"停车难"问题。为充分体现社区居民协商自治的现实图景，本研究采用定性研究方法。以L社区"无忧停"案例实践作为分析的经验素材，在实践层面讨论居民协商治理创新实践的内在机理。笔者实地访谈了L社区的社区书记、部分居民骨干和普通居民等，以深入了解L社区"无忧停"案例实施过程和细节，收集了L社区制定的停车公约和政策文件等材料，同时L社区工作人员在这一过程中也提供了较多的文本资料及相关信息。以上资料均为本文提供了支撑。

（一）问题与需求的呈现

老旧社区是城市治理中任务繁重而组织架构失灵的特定社区类型，存在安全、卫生和秩序种种"集体危害品"（林雪霏，2018）。其中，既有历史遗留的顽固性问题，也夹杂着社会变迁所产生的新问题，这加剧了问题解决的复杂性和艰难性。L社区是典型的老旧社区，幸福家苑和幸福雅苑小区是老旧小区，基础设施老化，且无物业服务，给社区的治理带来了困难，主要表现在以下三个方面。第一，基础设施老化，且缺乏维护和改善公共设施的资金。第二，小区缺乏规划，现有的基础设施不能满足居民日常生活需求。第三，小区缺乏有效的组织和管理机制，居民之间出现的问题难以解决。

针对 L 社区停车难的问题，该社区居民自愿组成的"幸福+"志愿服务队通过实地走访和问卷调查的方式，对社区 1350 户居民进行调研，调研范围约占社区比例的 54%，收集了各小区居民对于停车问题的看法和建议。通过实地调查，志愿服务队发现 L 社区停车主要面临以下问题：

首先，社区停车环境差，车辆管理无序。小区地面年久失修，路面坑坑洼洼，雨天还会有积水，给居民的出行带来不便，也影响车辆的停放。此外，小区没有划停车位，小区居民的车辆乱停乱放，经常出现道路阻塞，不仅影响小区居民的活动和出行，而且加剧了居民之间的矛盾。即使是本可以维持车位供需平衡的小区，也因停车环境差和停车不规范行为而面临停车困难。

其次，小区车辆增多，现有的停车空间不能满足小区居民的停车需求。随着经济水平的进步、居民生活质量的提高，越来越多的家庭都购买了私家车。L 社区的老旧小区建设早，规划滞后，配备的停车位少，导致现有的车位和停车的需求不匹配，居民有较大的怨言。例如幸福雅苑小区常住居民有 180 余户，然而小区内仅有 15 个车位，供给与需求数量差异大，停车需求难以满足。

最后，停车难题也会引发一系列的消防和出行安全隐患。由于小区内车位有限且缺少合理规划，居民们经常会面临车辆无处可停的问题，迫不得已只能"见缝插针"到处停，把楼道前花坛边各处空地甚至是马路旁边变成"露天停车场"，占据小区内的活动和通行空间，遮挡小区居民行走路线，产生安全隐患。如果遇到紧急救援情况，则会堵塞消防通道，危害公共安全。

因此，为打造"和谐小区、美丽家园"，回应社区居民对无忧停车、环境美化、安全出行的诉求，社区积极联动各方，共同商讨解决社区停车难的问题。

（二）关键人物的凸显

社区活动的开展，社区事务的决策，服务项目的实施都需要有社区的能人志士主动参与，为社区发展提供不竭的精神动力与实践源泉。如果说居民是社区的"神经末梢",那么居民领袖就是社区的"传导神经"(刘祎祎,2020)。在 L 社区停车问题的自治实践中,居民领袖发挥着极其重要的示范引领和榜样影响作用。

首先,社区居民领袖对社区具有强烈的认同感和责任感,渴望推动社区"停车难"问题的治理解决。X 先生生活在 L 社区已有几十年,对社区有强烈的认同感和归属感,他关心社区事务,及时发现了停车困难问题并主动跟进关注。针对停车难问题提出了许多具有创新性的解决问题的方式和方法,并及时反思当前社区服务存在的不足。

其次,党建引领,积极发挥党员的模范带头作用。作为一名退休的老党员,X 先生将自己的时间都贡献给社区,总是以身作则,发挥良好的道德品质和行动榜样,引导和影响身边的人。他用心了解居民的关切与需求,通过自身的个人魅力吸引社区居民参与社区事务,为"无忧停"项目的顺利开展与进行打下良好基础。而且,居民领袖具有"外联力",能够链接多方资源服务社区,并且能够维系各种社会关系网络。X 先生通过与目前在住房和城乡建设局工作的妻子积极沟通,为社区争取到了小区停车闸道的安装资源,为停车环境的改善提供了巨大的支持。

最后,社区居民齐商议,"小院会议"解难题。在 X 先生的积极牵头组织与调动下,幸福家苑、幸福雅苑等各小区成立了居民自治改造委员会,合理利用居民较为宽裕自由的晚间时间,组织他们在 L 社区各小区院内召开"小院会议",尽可能地号召更多的居民参与到协商议事之中。无车居民们和车主们就停车是否收费、如何收费、由谁来管理等相关问题展开了激烈的讨论,为解决停车困境出谋划策,提出自己宝贵的意见。居民自治改造委员会的建立也有效凝聚社区居民,带领社区居民快速成长,推动公共事务落地实践。

(三)人性化的收费方案

经过多方努力,L 社区商定出"无忧停"方案:制定停车收费制度,原有的固定车位由免费停车变为每月缴费停车,小区内部居民优先享有固定停车权利;根据小区居民需求、收入水平、基础设施建设和管理成本等因素综合考虑,通过集体商议得出不同小区按不同方案标准收费,例如幸福雅苑住户按 100 元/月收费，幸福惠苑住户为 180 元/月，日月星城住户则为 200 元/月。业主亲属登记车辆在节假日走访、赴红白喜事宴会时进出小区不收费，平均停车时间小于 5 小时也不收费，这类人性化的制度切实考虑居民利益，增强了小区的人文关怀。除此之外，小区白天还会将闲置的部分车位实行共享，按实际的时长收费，缓解外来车辆停车难现象，实现一个车位多车使用。并且，社区还鼓励居民在非高峰时段停车，有效提高车位使用效率。由此，L 社区真正做到从社区居民出发，有效回应公民问题诉求，切实关注居民利益，努力提升居民生活幸福感、满足感和成就感。

（四）多方协商议事治理的实践

在协商自治的背景下，小区居民通过自愿、公平、平等的协商，共同决定和管理小区的停车事务和共同利益。然而，将老旧小区原本的免费停车改为停车收费这一管理举措，受到了个别有车业主的反对与不配合。

第一种情况是，有车业主认为停车收费这一举措增加了自己的生活成本，损害到自己的利益，因此不愿意支持和配合。幸福雅苑小区内的一位业主，由于一直未缴纳停车费用，其车牌号码未被录入小区门闸开关管理系统，某天他开车外出时小区门闸不能正常打开，情急之下该业主出现了冲撞门闸的过激行为，损坏了社区公共设施，造成了财物损失。于是参与停车管理的志愿者们选择了报警，让该业主对小区损坏财物进行了正常赔偿。随后，居民自治整改委员会加强与该业主的沟通工作，首先表明了对他的立场和关切，然后进一步解释，让他明确小区协商自治的基本原则是尊重并执行多数人的意见和决定。小区是所有居民共同生活和居住的环境，在社会中人们往往习惯于追求和维护共同的道德和社区基础。小区内的无车居民都认为停车整改能够解决停车难题和改善小区的居住环境，因而积极响应并支持大家协商讨论下得出的停车治理收费方案。另外，在小区内无车业主数量远远大于有车业主数量，全体无车业主的积极同意和绝大部分有车业主的配合响应，形成了一种群体意愿，少数反对的有车业主会感受到自己与大多数人的想法相悖，这种强烈的群体意愿会给这些反对的有车业主带来压力，增加了持反对意见的业主对停车治理认同的可能性。当一个群体形成一致的意见并追求某一目标时，在社会压力的引导下，这个群体中的个体往往会考虑自己与群体的关系，尽量避免与群体意见相悖的行为。并且老旧小区内的很多居民都相互认识熟悉，彼此间也有一些沟通交往，其他积极支持的业主也在一定程度上帮助劝解这位闯闸的业主。在群体压力与熟人沟通下，他逐渐认同其他居民业主的意见，改变了自身的态度，转而支持并参与到社区停车治理的整改与维护之中。

第二种情况是，幸福家苑内也有位有车业主不愿意接受小区内停车收费的经济成本，于是居民自治整改委员会协调该业主参加停车管理岗位志愿服务，通过每个月提供两天的停车岗位管理服务来兑换当月免费停车的权限。经过该居民对停车服务岗位的亲身实践与体验，认识到了平时在岗位值守的志愿者们的辛苦，同时也加深了对停车治理方案管理层面的认识，能够更加正确理解和看待停车所收取的费用的使用和管理问题，进一步提高了对居民自发组织形成的居民治理整改委员会组织的信任度和认同度。后来，这位业主也转而积极主动缴纳停车费用，配合小区内所有停车治理整改工作。经过居民一致努力，停车协商自治中遇到的各种问题和困难都被逐一击破和克服，"停车难"得到明显解决。

（五）协商治理的结果

首先，回应居民公共诉求，促进居住环境变化。L 社区联动"幸福+"志愿服务队、业委会、治改委等多重治理主体，依托社区居民互助服务平台，协商治理小区事务。各主体联动融合，除了合理管理现有停车车位，还积极挖掘可利用的辖区内停车资源，聚焦学校、居民小区、C7 闲置地块等附近重点区域，共计释放 150 余个泊位，将区域综合治理与停车资源错峰共享相结合，实现了"无忧停车"。在此基础上，该项目还继续对社区环境进行改造。在居民协商自治下，社区将收取的停车费用投入到环境建设改造之中，前后为社区新增安装充电桩 56 个、增设智能停车系统 3 个，共计覆盖 1000 余户居民家庭。另外还在小区内新增车位标志、加装乒乓桌、遮雨棚等公共设施，极大地改善了小区环境，提升了小区居民生活质量，打造了优质社区新生态，做到了真正意义上的"取之于民，用之于民"。

其次，融洽社区居民关系，建设幸福社区文化。居民自治的实现是提高社区居民幸福感，建设幸福社区的必由之路，同时，幸福社区的建设需要居民自治的实现作为重要保障。在协商自治的背景下，"幸福+"志愿服务队依托雷锋亭这一建设点，积极整合各种资源，吸纳了25位新志愿者加入"幸福+"团队，继续以满足居民合理需求为工作方针，进一步拓展服务内容，以日月星城、幸福家苑小区为试点，居民可以通过参与社区志愿服务来累积积分，如加入义务巡逻队、协助管理楼栋事务、开展个人特色服务等，凭积分换取免费停车的权益。这一举措得到了各小区居民的积极响应，通过志愿服务积分兑换的形式，小区停车项目提供了十余个车位的免费停放。用好每一位志愿者，将社区居民热情与专业治理规范相结合，实现了停车生态循环能效最大化，提升社区自治活力。

在大家积极参与志愿服务的同时，小区居民业主参与小区治理的积极性明显增强，居民们积极发挥"社区主人"的能动作用，做到"自己的事情自己解决"，居民的诉求能及时得到解决与回应，避免出现社区事务"小事托大，大事拖炸"的情况，在矛盾萌芽之初，大家就以协商民主的方法主动解决，不仅减轻了居委会的工作负担，更促进了小区的和谐。在对L社区居民进行访谈时，他们也非常高兴地分享了自己的感受，如幸福小院的车主潘师傅称赞道：

> 这个停车管理项目既解决了实际困难，也维护了停车秩序，我们车主停得放心停得安心。感谢志愿者们将社区阵地资源转化为居民实实在在的幸福感。（潘师傅-0901）

家住L社区飞云片的汪爷爷评价"无忧停"项目时说：

> 解决停车问题后，我平时遛弯儿再也不用担心突然冒出的车了，环境也变优美了好多，心情也更加舒畅了。（汪爷爷-0901）

由此，社区协商治理过程中，L社区在"五共"理念的指引下，坚持居民的主体作用，充分激发内在动力，以"幸福+"共同缔造"幸福社区"，积极融洽居民关系，建设幸福社区文化，形成社区自治新局面。

三 L 社区"无忧停"的协商治理机制

基层协商治理的不断完善和拓展不仅是协商民主发展的动力，也将牵引全过程人民民主制度体系的建设和完善。"无忧停"案例是提升社区自治水平的积极尝试，通过开展具体项目的方式，提高社区居民的自治意识与自治能力，实现多方参与社区治理，共同解决社区治理难题。因而，对 L 社区"无忧停"项目居民自治进行深入的研究与探讨，不仅具有一定的理论意义，更对当前的基层协商治理过程具有一定的借鉴价值。通过对 L 社区协商治理过程的分析，本文认为，其协商治理取得成效主要得益于以下三种机制，而这三种机制也是 L 社区在实践中积累起来的可供参考的经验。

（一）明确需求与问题

在社区治理中，首先，探明具体的需求和问题可以使社区协商自治各主体更准确地把握社区的现状和关键问题，从而制定出符合居民期望和实际需要的政策和措施。只有具备针对性和有效性的决策才能真正解决社区面临的问题，并满足居民的需求。其次，了解并满足社区居民的需求，可以增强他们对社区治理的参与感和归属感。当居民感到自己的意见和需求被重视和采纳时，他们更有动力参与社区治理，促进社区的和谐发展。当社区居民的需求和问题被及时识别和解决时，社区治理的决策和行动更容易获得居民的支持和认可，增强治理的合法性和可行性。通过全面了解社区的需求和问题，可以合理规划资源投入，优化社区服务，并避免资源浪费和冗余，有助于社区治理者在资源分配和服务提供上更具目标性和效率性。最后，通过明确需求与问题，可以帮助社区发现发展的瓶颈和不足，并积极制定解决方案。这有助于推动社区的可持续发展，解决根本性问题，提高社区的整体发展水平。因而在社区治理中，明确需求与问题是一项关键的基础工作。只有通过全面了解社区居民的需求和问题，才能有效地制定适应社区发展和居民利益的政策措施，从而提高社区治理的效果和质量。

通过开展社区调研，可以广泛了解社区居民的意见、建议和不满。调研可以采用多种方式，如问卷调查、面对面访谈、焦点小组讨论等，以获取居民对社区治理的看法和需求。这样的调研有助于揭示潜在的问题和需求，为社区协商自治提供全面的信息。建立常态化的沟通机制，例如社区居民代表会议、业主大会、居民论坛等，可以提供居民表达问题和需求的平台。通过与居民进行直接的沟通和交流，可以更好地了解他们的关切和期望。分析社区现有的相关数据，如人口结构、社会经济状况、教育水平等，可以提供关于社区问题和需求的客观信息。关注社区居民的基本生活需求和关切，确保居民基本的生活需求得到满足，可以提高治理的可行性和可持续性。鼓励和加强社区居民的参与，例如提供适当的培训、引导和参与机会。在此过程中，可以更加直接地了解他们的需求和问题，并在决策过程中得到充分考虑。通过更好地定位问题和需求，为基层协商治理提供有针对性和有效性的解决方案。在确定问题和需求时，要确保多元化的参与和充分的信息收集，以增强治理的民主性和可行性。

（二）居民的自主与自治的回归

居民自治的实现是提高社区居民幸福感、建设幸福社区的必要条件。同时，幸福社区的建设需要以居民自治的实现作为保障。在实现社区居民自治与社区善治方面，L 社区的无物业小区创新实践给我们提供了一些具体的实践路径。

首先，建立居民组织，形成共治模式。通过设立居民委员会、居民代表大会等组织形式，社区让居民有机会参与社区事务的讨论、决策和管理。社区可以以具体问题为切入点，积极为社区居民搭建交流互助服务平台，为小区居民业主、小区车主、社区工作人员等多个主体间提供较为便捷的渠道，实现无障碍自由沟通，让每个参与治理的主体都能充分表达自身诉求，减少非理性行为的发生，避免不必要的冲突和矛盾，更好地保障大家的权益。例如，建立微信业主群让每位业主随时随地都能畅所欲言、设立业主委员会意见收集箱、鼓励旁听业委会例会表达意见和提出建议等措施的推进，让自治过程聚集民众智慧、增进居民互助信任程度。通过拓展多种居民参与途径，确保小区协商治理过程中居民全程参与，时刻关注和了解小区协商事务进程和协商程序，以投票表决等方式主动参与小区协商治理的相关政策与方法的制定，从而自发地认可并支持经过业主委员会带动下的小区协商治理的最终解决方案和处理结果，积极配合和实施具体方案，激发社区管理内生动力。居民自治使居民从被动接受社区决策转变为主动参与社区事务的决策。居民意识到自己对社区发展的重要性，开始积极参与社区治理。他们能够关注社区问题，提出建议和解决方案，并为社区发展做出实际贡献。并且他们意识到社区的状况和发展与自己息息相关，感受到自己对社区的重要性，从而产生一种积极的责任感，促使他们更积极地参与社区治理。在居民自治的过程中，社区居民通过共同参与决策和管理事务，能够形成共同的目标，逐渐认同社区的独特性和价值，并更加愿意结合社区不断变化的实际，贡献出自己新的智慧。协商自治使居民成为社区治理的主体，增强了社区的凝聚力和自我发展能力，推动社区的改善和进步。

其次，完善社区治理监督机制也是实现居民自治与自主措施的重中之重。"国无监察，腐败必生；国有监察，腐败难长"，监督对于预防腐败、保护人民权益、促进民主等方面发挥着重要作用。监督是确保公正、透明和民主的关键，应当始终得到重视和实施。L 社区为停车收费资金建立专项账户，由专人负责出纳与记账，每月将停车收费、落实志愿服务费用、社区环境改善支出等使用明细全程公开，随时接受监督与检查，真正做到放权于民，将收取的停车费用循环用于社区环境改造与停车规范治理工作，实现生态闭环。

最后，还可以开展培训活动，提高居民的公民意识、自治能力和参与技能。通过教育和培训，提高居民对社区治理、公共事务和公民责任的认识，在不断地实践和学习下，培养他们参与社区自治和自主回归的能力。

（三）协商议事中的资源整合

在协商议事过程中，资源整合可以更有效地促进各方的合作与共享，提高资源的利用效率和整体效能。首先，召集利益相关方，包括政府机构、企业、社会组织、专家学者和受影响的社区居民等。通过广泛邀请和倾听各方的声音和意见，可以更全面地了解各方的需求和资源情况。通过明确所有参与方在协商议事前共同的目标和利益，帮助各方理解和认同资源整合的必要性，并为资源整合的实施提供共同的方向。其次，对涉及资源整合的各方进行资源识别和评估，明确各方所拥有的资源和能力，包括物质资源、人力资源、技术专长、金融资源等。此步骤有助于确保资源整合时能充分利用各方的优势以及共享资源。最后，建立一个合作和共享的环境，促进协商议事中资源的整合。各方可以通过合作伙伴关系、共同项目、资源共享协议等方式，相互合作并共同利用资源。这有助于实现资源的优化利用和提高整体效能。

当然，在协商过程中，还需要面对一些不同利益方之间的矛盾和分歧。寻求平衡与协调是实现资源整合的关键。我们可以通过各方积极参与资源整合的讨论，以达成最佳的共同利益和可持续的结果。在此过程中，协商议事过程的公正和透明是资源整合的重要原则。所有相关方应被平等对待，并有机会参与决策和资源分配的过程。在需要时，可以考虑引入中立的第三方来协调协商议事过程中的资源整合。中立的第三方可以帮助各方更好地进行沟通、协调和解决分歧，为资源整合的实施提供专业支持和中立的意见。此外，资源整合的实施应进行持续的评估和监督。各方应定期评估资源整合的进展和成果，及时调整和改进实施策略，确保资源整合的效果和可持续性。

四　结语

基于在 L 社区的调查，首先，本文分析了导致社区面临停车困难的主要因素：一是停车环境差，车主停车行为不规范；二是停车位数量少，供需失衡。其次，根据社区实际情况分析总结了 L 社区针对停车困难问题开展的协商自治实践方式与特色，详细呈现了 L 社区的自治整改过程。最后，通过深度访谈与具体数据清晰真实地呈现该项目的治理成效，总结了 L 社区在协商自治方面取得的丰富经验与成果。

居民自治的核心内容在于居民能够积极参与到居民社区公共事务的管理过程中来。有效激发居民的自主性与公共性，是推动社区治理和发展的重要环节。L 社区作为老旧小区协商自治成功的典型案例，为破解公共事务难题提供了有效的实践路径。通过深入剖析 L 社区案例，我们可以清晰地看到其成功的关键要素：明确问题与需求、居民领袖的带领、合理有效的规则制定以及社区自我赋权等。通过社区内的志愿服务队、业委会、治改委等多方共同努力，整合了社区内外的资源，构建了一个充满活力与创造力的自治生态。在这一生态中，社区领袖发挥着引领作用，迫切的问题需求推动了居民的积极参与，制度规则提供了坚实的保障，居住环境的改善增强了社区的凝聚力，而社区自我赋权则激发了居民的自治热情和创造力。各方面相互关联、相互促进，共同推动实现了 L 社区协商治理的创新实践。L 社区的实践不仅为其他老旧小区提供了可借鉴的经验，也为城市社区治理创新提供了新的思路。未来，随着社区治理体系的不断完善和居民自治意识的进一步提升，加之专业社会工作的赋能，我们有理由相信，更多的社区将能够像 L 社区一样，实现公共事务难题的有效破解，共同构建更加和谐、宜居的社区环境。

在此基础上，我们也应认识到，社区自治是一个持续不断的过程，需要不断地进行探索和实践。在 L 社区这类老旧小区的未来自治之路中也仍有一些困境。一是社区资金来源匮乏，而长期良好的小区治理离不开稳定的资金来源支持。二是社区积极分子多为退休老干部，要实现社区自治的可持续性，仍需一批具有奉献精神与担当意识的年轻小区精英作为人员储备，为社区治理灌入新鲜血液。因此，我们期待更多的研究者和实践者能够关注社区自治领域，不断总结经验，推动社区治理理论与实践的创新与发展，为构建更加美好的社区生活贡献力量。

参考文献

白雪娇，2014，《规模适度：居民自治有效实现形式的组织基础》，《东南学术》第5 期。

邓大才，2014，《利益相关：居民自治有效实现形式的动力基础》，《东南学术》第5 期。

黄珺、孙其昂，2016，《城市老旧小区治理的三重困境——以南京市 J 小区环境整治行动为例》，《武汉理工大学学报》（社会科学版）第 1 期。

林雪霏，2018，《协商民主与老旧社区的"集体危害品"治理》，《国家行政学院学报》第 2 期。

刘杨，2022，《社会基础如何形塑城市基层自治——以小区自治为中心》，《人文杂志》第 11 期。

刘祎祎，2020，《城市社区居民领袖的成长过程研究》，硕士学位论文，中国青年政治学院。

任路，2014，《协商民主：居民自治有效实现形式的运转机制》，《东南学术》第 5 期。

张大维，2020，《党领群议：协商系统中社区治理的引领式协商——以天长市"1+N+X"社区协商实验为例》，《中州学刊》第 10 期。

张大维、邓华，2023，《全过程人民民主视域下推进社区协商的本质属性、发展形态与建设路径》，《中国社会工作》第 13 期。

张大维、解惠强，2021，《片区协商：超越村组的社区议事单元及其系统运行——基于协商系统理论的农田改造考察》，《广西大学学报》（哲学社会科学版）第 3 期。

张贤明，2023，《民主治理与协商治理：基层治理现代化之道》，《行政论坛》第 1 期。

第二部分

社会力量参与基层治理

社会工作参与包容性健康治理的策略与路径

——基于家政工身心健康共学营的实践

作者：黄金霞　梅　若[*]
指导教师：陈安娜^{**}

作者：黄金霞　梅　若[*]
指导教师：陈安娜[**]

摘　要：包容性治理强调治理主体多元、治理内容全面、治理过程协同与治理成果共享，在以习近平同志为核心的党中央作出健康中国建设的战略部署下，人民健康成为包容性治理的基础议题。基于社会工作机构面向城乡流动家政工组织身心健康共学营活动的实践案例，[①] 通过探讨社会工作参与包容性健康治理的策略与路径，研究发现，社会工作整合了生理—心理—社会医学模式、健康心理学和中医学的理念，运用小组共学方法，形成了贴合家政工实际需求的绿色饮食、健康睡眠和中医保健三位一体的健康治理体系，建构了从社区参与到政策倡导的健康治理路径。通过进一步总结社会工作参与基层健康治理的赋能策略，即提升健康素养，不为经济忽视健康；增加心理韧性，提升健康自我效能；整合社区资源，普及健康照顾技能；营造

* 黄金霞，华中师范大学社会学院 2022 级硕士研究生，现为广西卫生职业技术学院临床医学院学生科教师；梅若，北京鸿雁社工服务中心创始人、执行主任。
** 陈安娜，华中师范大学社会学院副教授，研究方向为妇女社会工作、家庭暴力干预与发展型社会工作。
① 本研究所使用的研究材料来源于北京鸿雁社会工作服务中心主办的绿色家政工身心健康照顾共学营，并已获得该机构的正式授权使用。特别感谢北京鸿雁社会工作服务中心的社会工作者以及参加共学营的家政工们提供的宝贵支持与协助。

共学环境，增进健康社会支持，研究初步形成了社会工作介入家政工职业群体身心健康问题的策略，相关发现促进了家政工共享城市基层健康治理成果，对中国社会工作未来进一步回应健康中国战略需要提供了有益借鉴。

关键词： 家政工　社会工作　身体健康　服务体系建构

妇女健康事关女性权益，也是医疗卫生学和妇女研究领域关注的重要议题。近年来我国农村妇女正经历快速的职业非农化。商务部数据显示，2021 年中国家政工数量已达 3670 万人，约有 90% 的人员来自农村地区。这一庞大群体存在社会融入困难、身体和心理健康问题，健康服务可及性有待提高（刘筱红、全芳、陈雪玲，2016；汪超、姚德超，2016），面临多重疾病威胁并存、多种健康影响因素交织的复杂局面。2021 年，国际劳工组织发布的《家务劳动、工作条件和就业：一个法律的视角》[①] 报告显示，与其他流动工人相比，家政工面临工作时间长、工作内容繁重、缺乏隐私、低工资、住宿和食物不足、工作不安全、缺乏其他流动工人具有的社会保障福利等困境，同时遭受暴力和虐待。[②] 这导致家政工的处境特别脆弱，种种因素对她们的身体健康和心理健康造成不利影响。因此，有必要加强社会工作对家政工健康的服务策略研究，促进城市公共服务均等化和健康公平。

一　文献综述

自 20 世纪 80 年代以来，随着世界卫生组织和其他国际援助组织对女性健康的关注逐渐聚焦于对社会条件的干预，社会工作成为改变女性健康不平等的重要主体之一。通过上百年的发展历程，国外社会工作专业深入

[①] "Domestic Work, Conditions of Work and Employment: A Legal Perspective," *Conditions of Work and Employment Series No. 7.*, International Labour Organization, 01 January 2021, https://www.ilo.org/travail/info/publications/WCMS_TRAVAIL_PUB_7/lang-en/index.htm.

[②] "Domestic Work, Conditions of Work and Employment: A Legal Perspective," *Conditions of Work and Employment Series No. 7.*, International Labour Organization, 01 January 2021, https://www.ilo.org/travail/info/publications/WCMS_TRAVAIL_PUB_7/lang-en/index.htm.

健康议题，面向个人和结构双重焦点的整合型服务策略（Ruth and Marshall，2017），增强个人、家庭和社区的健康、福祉和功能，缩小弱势群体的健康差距（徐选国、唐晓琦、杨威威，2020）。国内学者从 20 世纪 90 年代起，已将社会工作概念引入残疾人康复、妇幼保健、临终关怀、突发公共卫生事件等健康议题研究（王刚义，1990；宋洁明等，1999；花菊香，2004；刘继同、袁敏，2016），健康（医务）社会工作快速发展（杨锃，2020）。改革开放以来，我国家政工身体健康研究关注性别、阶层、经济文化、制度、社会决定和人际关系等多重因素对家政工健康的正负面影响（宋严萍，2010；刘越、林朝政、黄惠娟，2010；李兴睿，2017；肖敏慧、王邃遂、彭浩然，2019；黄丹，2020；邢朝国，2021），提出了不同于以个体主义与市场逻辑为基础的女性健康知识赋能及实践路径（刘筱红、全芳、陈雪玲，2016；宋少鹏、高小贤，2021）。但大多数学者在研究过程中仅从个别因素出发分析影响家政工身体健康的因素，并未从多视角进行系统、综合性的剖析。实践过程也仅停留于片面知识赋能，实践形式偏娱乐化，而非全面的知识与技能双驱动赋能层面。

通过对既有研究的系统回顾，我们发现，从多视角探索社会工作在家政工身体健康问题中的可能实践策略十分必要，其中，社会工作通过哪些具体形式和中间机制，从而能够干预不同的因素与健康的根本联结，瞄准健康不平等深层次原因，改善家政工的身体和心理健康，相关社会工作实践经验尤其值得探索。相关研究主要从以下三个方面展开。

一是家政工身体健康问题的研究。其中，非住家家政工（24%）比住家家政工（17%）更容易受到暴力侵害，住在雇主家里照顾孩子和老人的家政工的总体健康状况更差。例如，住家家政工与雇主的生活边界较为模糊，更容易受到雇主的虐待（佟新，2017；郑尚元，2021；崔小行，2016）。此外，部分学者探讨了家政工面临着心理压力大、焦虑以及抑郁等不良情绪的困扰（刘昱君、刘林平，2022；萨支红等，2020），她们对健康知识和服务的需求非常强烈（张建端等，2004；张妍，2013）。

二是家政工身体健康影响因素的研究。健康影响因素具有广泛性、社会性和整体性的特点。近四十年来，社会经济地位被视为影响人们健康水平的重要因素（袁迎春，2016），性别分层亦对健康不平等具有独特影响

（杨磊，2021）。国外研究表明，恶劣的工作条件，包括雇主身体和心理的虐待、性骚扰会影响家政工的健康，雇主家中或拥挤的寄宿公寓缺乏隐私和睡眠空间不足，劳动保护执法不力以及歧视，高昂的中介费和汇款造成了巨大的财务压力，亲属关系紧张，难以养育子女，缺乏高质量的社会支持和社交网络加剧了家政工身体健康问题的发生（Hall et al.，2019；Maeda et al.，2019；Yi et al.，2020）。我国家政工与其他流动群体相比叠加了性别、阶层、经济、文化、制度、社会决定和人际关系等多重因素，影响着身体健康状况。萨支红等（2020）研究发现家政工的身心健康状况与她们的工作条件、劳动过程、劳动保障与权益、工作—家庭责任平衡情况相关。月嫂的日均工作时间不仅达 13~14 小时、法定节假日不享受休假且公休日加班无报酬，甚至被拖欠和扣除工资，劳动价值被严重低估；在隐蔽的私人空间工作，家政工随时处于雇主监控之下，还有可能遭受雇主的性骚扰和侵害；同时，家政工签订正式劳动合同人数少，享受职工社会保险的比例很低，大多数家政工工作权益得不到保障；此外，家政工承担着自家家庭和雇主家庭的双重家务工作压力；等等，一定程度上都影响着家政工的身体健康。在人际互动因素上，家政工面临不平等雇佣关系中的健康信息不对称，雇主隐瞒家庭健康信息造成隐蔽的健康损害（Shahvisi，2018；邢朝国，2021）。此外，Chen 等人（2022）从经济学角度研究发现需求—供应契合度和劳资关系与健康状况和抑郁症状直接或间接相关。即家政工与雇主的工作契合度大小、与雇主的关系好坏都直接影响家政工的身体（70%）和心理健康（72%）。与此同时，Kaur-Gill 与 Dutta（2022）从社会学的角度出发，认为结构的稳定性是家政工在工作中遭受心理健康折磨的关键，而缺乏对称的信息和基本保障的条件会加剧家政工边缘化的状态。在不良关系和恶劣的工作条件下，使得家政工的精神压力过大进而影响家政工的身体健康。

显然家政工群体的身心健康问题受身、心、灵、社多种因素的影响，以往仅局限于医学专科知识范围的生物医学治疗方式难以有效帮助家政工群体分析身心健康问题成因、保持身心稳定的状态。但是目前我国多数社区卫生服务中心停留在传统的生物医学模式，尚未发展出生理—心理—社会的现代医学模式（钱柳柳、沈丹，2022）。难以回应当前家政工面临的多重身体健康问题。此外，目前国内外常用的心理咨询价格高昂、占用时间长，且部分省市未将心理咨询纳入诊疗项目报销目录，让许多普通人、基层工作者望而却步，不适用于时间、经济条件有限的家政工群体。她们的工作时间繁忙、经济条件有限、文化程度较低加上流动群体的特殊身份，且缺乏相关的身心健康保健技术，往往难以打破信息壁垒、找到免费的心理咨询信息和渠道。因此，探索社会工作如何构建生理—心理—社会整合型的身心健康服务策略以回应家政工的身体健康问题十分必要。

三是家政工身体健康服务策略的研究。国内外学界关于家政工的研究主要聚焦于家政行业的发展、家政工生存状况和权益保障以及立法等方面。但是运用社会工作方法介入家政工的文献并不多见。为了全面了解家政工身体健康的服务策略发展状况，所以本文主要从社会工作介入进城务工女性的身体健康入手，逐步聚焦家政工的身体健康进行梳理。

社会工作对进城务工女性身体健康的服务策略可分为组织视角和主体视角两方面。组织视角将我国的进城务工女性健康服务视为以组织化的力量，发挥中国特色社会主义的制度化优势赋能于女性的过程，包括采取社会支持、资产为本的策略，促进女性的身心健康、城市适应和社区融合（陶霞飞，2019；崔岩，2012），促进妇女集体参与，提高她们的工作—家庭平衡、劳动自主和姐妹互助（丁瑜，2019），构建多元联动的进城务工女性心理健康治理网络（刘筱红、全芳、陈雪玲，2016）。主体视角认为赋能的根本在能力、观念、权利、教育和社会网络的缺失。相关研究从主体意识、人力资本、社会支持等角度强调了个体赋权的重要性（童敏，2013；吴帆、王琳，2016；钱宁、王肖静，2020；徐勇、张慧慧，2021）。基于社会主义女性主义理论，进城务工女性可能发展出对资本和父权制的认知，但可能缺乏资源挑战不平等（苏熠慧，2021）。因此，在赋权途径上，这需要借助政府、社会组织和社区的力量，促进妇女能动性的提升（刘伯红、李玲、杨春雨，2015；杜洁、宋健、何慧丽，2020）。目前健康不平等项目干预成效总体上不清晰（Bambra et al.，2010）。且由政府购买服务培育的妇女社会工作力量采取传统的社会服务提供思路，服务个案化、碎片化，缺少结构性视角，较少推动女性互助和集体变革，对女性面对的制度性排斥更加无力介入（许怡，2014；丁瑜，2019；陶霞飞，2019）。

家政工服务策略的研究更倾向于从中观的组织结构视角出发，构建家政工社会支持网络，推进家政工的身体健康服务发展策略。李亚（2010）从社会支持理论视角提出以个案、小组、家庭方式、社区和小组社会行政的社会工作干预的方法，增强家政工社会支持网络和人力资本，以团体互助的方式缓解家政工面临的生存困难和身心健康问题。基于女性主义理论，萨支红等（2020）认为应加强有偿劳动护理，倡导性别平等视角的护理政策。而在照护形式上，佟新（2017）则建议在家庭中构建两性伙伴关系式的照料责任共担，以减轻女性工作之外的照料活动压力。同时，照料者/女性在进行照料劳动时应把自身利益融入其中（Burawoy，1985），以实现身心的完满状态。目前社会工作撬动了资源和多元主体，对于社会工作介入家政工身体健康有一定的研究价值。但其对家政工健康的赋权策略及其成效有待研究。

现有研究从不同层面探索并阐释了家政工身体健康问题的严重性、影响因素和原因，为本研究提供了重要基础，但也存在以下不足：①这些研究仅仅从某一层面对家政工身体健康问题进行探讨，并没有将健康服务放入整合性理论框架中，采取综合性的赋能视角进行系统分析；②以往研究多强调个体化的女性健康知识及实践路径，且社会工作提供的服务较为碎片化、娱乐化，少有针对性的身体健康服务，忽略了个体与结构双重焦点、主体与组织双向赋能的健康服务策略开发；③已有研究较少涉及社区和社会组织自下而上建构家政工健康服务的机制与策略，而更关注女性健康中具体的治理手段和技术，也存在从概念到概念而不是从实践出发剖析问题的倾向；④基层单一的生物医学模式难以回应家政工多样的身体健康问题。

二 家政工的健康问题

家政工群体以农村进城务工女性和城市下岗女工为主体，已有研究指出家政工群体客观上存在一些身心健康问题有待关切。北京鸿雁社工服务中心持续十年关注家政工的身心健康问题，根据其调查我们可以得知，许多家政工都存在着各种各样的身心健康问题。身体健康问题集中于骨关节炎、颈椎病、腰部疾病、妇科疾病和多种慢性疾病，每种健康问题相互影响，若不及时预防和干预会加重或衍生出其他健康系统的疾病。具体身体问题如下。

骨关节炎。家政工在家务过程中关节活动量大、过度劳累，导致骨关节炎。经常接触冷水的家政工，更容易患上风湿疾病。随着年龄的增长，骨关节疼痛的症状会越发明显。

> 手骨头疼，老乡说 50 岁那块骨头就会疼，（还有）胳膊腿疼。（主要是）关节疼，手关节粗。（是）原来卖海鲜弄凉的，（所以还）有风湿，腱鞘炎。（家政工 K06）

颈椎病。家政工长期低头进行家务劳动，颈椎超负荷，从而诱发颈椎病。此外，颈椎病还会牵引出头痛、手麻、眼花、认知能力障碍等问题，吃药难以缓解，这一定程度上影响家政工的日常工作和生活。

> 颈椎有点毛病，手会麻，四年前去看片子，（颈椎第）4 节 5 节有点突出。（家政工 X01）

三　理论基础

本研究基于生理—心理—社会医学模式，辅之以健康心理学和中医病因学为补充，综合性探究家政工面临的身体健康问题、成因和服务策略与路径。

（一）生理—心理—社会医学模式

每个人的社会经历与心理活动都是独特的，具有不同的心理状态和社会经历的人，对健康问题的反应不同。个体疾病的发生和发展是一个多维度的复杂过程，它不仅受到生物学因素和心理因素的共同作用，而且社会环境因素亦在其中扮演着不可忽视的角色。因此，家政工群体职业的特殊性与她们的身心健康状态相关。

（二）健康心理学

心理因素在保持健康和治疗疾病中具有中心作用。健康心理学家以生理—心理—社会医学模式为基础，将影响健康的因素划分为四个方面：生理因素、心理因素、社会因素和宏观因素。认为自我、身份、个性、压力、情绪、焦虑、抑郁、疾病图式、应对策略、药物使用和成瘾以及健康行为，这些因素与个体的身心健康相互影响、相互作用。因此，健康心理学强调心理健康和生活方式对疾病的影响，其认为通过改变人们不良的生活方式、发掘个人心理积极的一面可达到预防疾病和维持身心健康的目的。这一行动也间接带动心理健康状态的提升，而心理状态的完好又有利于身体状态的恢复，两者相互影响，相辅相成。

在鸿雁社工机构的调查当中发现，一半以上的家政工存在睡眠质量较差的问题，严重的可能患有睡眠疾病，睡眠疾病包括的内容可以分成三大类：一类是睡得太少，失眠；一类是睡得太多，嗜睡；还有一类是睡眠中出现异常行动，如睡行症、夜惊、梦魇等。因为环境条件的限制，少部分家政工曾有与多人居住在十分狭小的空间、打地铺的经历，他们没有独立或隐蔽的睡眠空间。这导致其睡眠质量大大下降、睡眠时间不足，对工作和生活造成负面影响，有些人会出现神经衰弱症状。此外，有的家政工则出于心理原因和生理原因，如过度关注生活中发生的事件、持续的神经紧张、自身睡眠浅等，出现失眠和睡眠困难的状况。即便入睡，入睡的时间也较短，未达到科学的睡眠时长要求。

> 我曾经住家政公司，都睡地上，二十几个人打地铺，（空间）很挤，（还有人）打呼噜，我本来就睡眠不好，五六天找不到工作就神经衰弱觉得活不下去。（家政工 Z05）

> 体检（报告单）出来血液那上下箭头挺多的。失眠，今年好些了，去年有时一天一夜只能睡 4 个小时，躺床上就浑浑噩噩、似睡非睡的，一有动静就立刻清醒，不能深度睡。有时候 4 点醒来，醒了 1

小时到 5 点了，想到 6 点就要起床，又睡不着了。（家政工 A03）

有时候睡眠不好，第二天头就疼，当时 4 月 4 日去玩，头一天晚上就睡不着了，心里装不了事，又担心落下东西。（家政工 K06）

睡眠状态较浅的家政工，往往在睡眠时会多梦、频繁惊醒，由于睡眠时间不足，睡眠质量不佳，醒后出现疲惫头昏脑胀、没精神的状态，这一定程度上会影响她们的工作状态和身心健康。

失眠，十点半前必须睡，但睡眠不深，一点动静就能醒，醒之后起码两三个小时睡不着。没有动静中间也会醒，梦特别多，很累，第二天早上起来头昏脑胀没精神。（家政工 M07）

上述是家政工在工作中存在的一些睡眠问题。而各种失眠问题会不同程度地导致人体免疫力减退、内分泌失调、加速人体衰老、导致意外事故高发，甚至增加死亡风险。失眠的危害不言而喻，从短期的效应来看，睡眠不足直接影响次日的工作与学习，使家政工精神萎靡，疲乏无力，情绪不稳，注意力不集中；从长远来看，危害也是巨大而深远的。同样地，身体健康问题也会导致心理健康问题。一些家政工患有慢性疾病，病程漫长、易反复，需要投入时间和金钱进行治疗，对时间少、经济条件有限的家政工来说十分痛苦和麻烦，造成一定的焦虑与悲观情绪。

不能冷不能热。控制不好可能会发展为肺心病，生不如死。（家政工 K06）

（三）中医病因学

家政工群体在较为封闭的工作场所承担着繁重的家务劳动工作，她们受工作环境、人际交往和心理因素的影响，身心健康具有一定程度的损害。她们的思想、情感、关注焦点、期望、社会支持体系、过往经验等都会影响到她们对疾病的处理能力，也会影响到疾病的发展变化。因此，以往仅局限于医学专科知识范围的生物医学治疗方式难以有效帮助家政工群体分析身心健康问题成因，保持身心稳定的状态。其次，家政工作为流动群体之一，具有就业非正规化、非标准化，大量进入低收入、劳动保障不足的职业岗位，或从事有偿的家庭照料工作，享受职工社会保险的比例很低，大多数家政工工作权益得不到保障等特点，面临看病贵、医疗保障低、生计脆弱性问题。

由于工作繁忙，家政工得到的医疗服务往往是不及时的。常见说法：

> 之前想在同仁医院挂不上号，等疫情过去再试试。（家政工 R02）

医疗之后留下的伤痛未能有效缓解。常见案例：

> 身体腰不好，（患有）腰间盘突出，椎管狭窄。之前干活不注意，（工作环境）潮凉，年轻不管不顾，自己带孩子累的。2009 年做的手术，还打了 6 个钉子，缝了 12 针，花了小 20 万，有时候早上起来会腰疼。（家政工 K06）

> 以前出过车祸，当时去医院医生说以后要站不起来了，现在恢复得看起来正常，但是左腿（出车祸时的伤腿）比右腿粗，走远路的时候会跛。感觉脚和手的关节不好，尤其是右手一个指头攥不上，这是最想解决的问题。（家政工 H08）

一些慢性疾病无法得到根治，如颈椎病。常见案例：

> （我患有）颈椎病，这十多年一直低头干活，而且老爱看手机，所以颈椎病特别严重，做饭低头一会儿就不行，眼珠子到头顶上疼得不行，必须把头抬起来，抬起来就能缓解，吃药也不管事。（家政工 A03）

> 我一个人把儿子拉扯大，现在有很多毛病（慢性病），都是因为

当初过度劳作。(患有)十多年的颈椎增生,做过核磁有诊断。(现)已经导致压迫神经,对头部(健康)、认知能力、阅读能力都有影响。(家政工 Z05)

身体疲劳不加以重视和及时干预。例如家政工常见的骨关节炎、颈椎病、腰部疾病等多为长时间保持弯腰、低头等不良姿势,导致产生肌肉劳损、颈椎不适。又因缺乏自我护理卫生措施的相关知识,未及时对上述因不良姿势和疲劳产生的情况进行缓解放松,长此以往部分家政工容易患上骨关节炎、颈椎病等慢性病。

四 包容性健康治理的内容与策略

在案例中,笔者以共学小组的服务形式,将我国中医学、心理学、社会学等多学科融会贯通,把家政工视为整体的人和动态的生态系统,关注个体心理、社会环境、自然环境和个人身心健康的关系;将健身气功、刮痧、正念冥想、静坐、站桩等方式融入家政工共学小组,从生理、心理、社会、技能、精神等方面系统性地为其提供最佳帮助。帮助家政工系统性地进行身心照护,即掌握基础的身心健康保健和护理知识的同时提升身心健康水平;促进家政工个人,家政工与他人、家政工与自然、家政工与社会等多种关系的协调发展。

(一)绿色饮食

社会工作者在与家政工访谈的过程中,发现家政工面临着饮食不规律、吃不饱、吃剩饭剩菜等饮食习惯,出现食欲下降、饮食不均衡、进食不规律等现象,导致家政工的消化系统出现问题。例如:

(我患有)慢性胃病、时常拉肚子。因为工作量大,现在吃很多,对菜不感兴趣,吃很多主食。(家政工 L09)
中午吃饭(时间)晚,吃饭时间不固定,(有)慢性胃炎。(家政工 R02)

上厕所不成形，有点像拉肚子。（家政工 Y04）

这是影响家政工身体健康的原因之一。因而社会工作者在开展共学小组期间，针对家政工饮食健康产生的身体问题，以线上线下共学方式开展绿色健康饮食活动。

活动开展前，基于前期家政工的需求评估结果，确定小组开展内容和形式。以"微信社群"和"腾讯会议"App 为载体，提前组织小组成员通过"微信阅读"小程序共同学习健康饮食书籍——《肠子的小心思》，为活动开展奠定知识基础，并在小组中选取不同的领读人每周分享学习成果。活动过程中，导读员领读结束后，社工邀请组员共同讨论并分享自身的饮食经验。同时邀请环球食育创始人、国家高级营养师开展讲座分享，学习《择食力养成》《营养素与膳食》《健康美丽的秘密武器》等绿色饮食知识，引导家政工加深理解绿色饮食的意义、原则和方法。并在每次小组结束后，以建立线上家政工健康档案、布置家庭作业、21 天日常绿色饮食打卡、社会工作者定期进行监督提醒等形式，帮助家政工掌握健康饮食的方法技巧，将绿色饮食内化于心，外化于行。

（二）健康睡眠

身心健康状况的好坏直接影响家政工的睡眠状况，睡眠状况同时直接反作用于身体健康。考虑家政工时间、经济、空间和当前医疗环境等问题，本研究尝试采用操作方便、成本低、时间和条件要求低的正念冥想与静坐心理疗法，以此帮助家政工群体掌握简单易学的心理舒缓技巧，缓解身心疲劳，从而顺利回归正常生活，积极应对外界环境的变化。

一是通过正念冥想和静思，缓解身心健康问题。社会工作者采取线上方式与家政工开展正念冥想、静思方法的学习和实践。学习内容包括冥想的意义、方法和原则，静思的下盘、单盘、双盘等方法。

首先，社会工作者会在社群以及活动前半段与家政工分享理论和技巧知识。

其次，每次完成理论学习后，及时结合正念冥想的辅助工具——"冥想 App"组织家政工开展 10~15 分钟正念冥想与静思实践。同时，在活动过程中邀请正念冥想的导师为家政工开展专业讲座，建立对话机制，对话过程中家政工分享自身正念的经历并提出问题，导师进行回应，以及时纠正方法偏差和促进正念冥想科学开展。

最后，在每次小组结束后布置以正念冥想与静思为主题的家庭作业。社会工作者每天定期监督家政工以录制视频、微信接龙的方式进行打卡。同时借助"微信社群"平台，及时对家政工进行肯定和鼓励，深化社群间的情谊，增强家政工的社会支持体系。在下一次小组开始前，社工带领组员回顾一周学习和正念体验感受和收获，鼓励成员坚持学习。

二是通过正念冥想的共学活动，在意识层面提升家政工群体对于身体的觉察，对身心照顾的重视程度；在行为层面养成好习惯，掌握简单便捷的身心照顾实操性方法；在关系层面建立、深化社群间的情谊，共同学习、分享经验。实现生理—心理—社会的身心健康和整合型社会支持体系。

随着共学小组的逐步推进，面对身心问题，家政工经历着从绝望到重建希望的转变，并对相关心理问题有一定的了解，形成正向的应对机制和应对心态，愿以关怀、包容和尊重的态度对待和帮助抑郁症患者，建立起了对身体健康的信心。常见案例如下。

> 长期重压下，就会觉得活着很累很难，只想自杀，好像自杀是一种解决问题的方式，这（个病在）很多方面会把一个人逼成这样了。这需要其他人的理解，不要污名化，（把抑郁症患者）当成正常人一样对待，温暖和尊重对于得抑郁症的人来说很重要，并不是抑郁症使人感受力差了，有可能她的感受力还更强。多包容多关心，多理解，这样就好。还有是别怕别人知道我有抑郁症，如果只心理调节，长期在重压之下，是调节不过来的。（家政工 Z05）

意识转变可带动行动的持续推进。通过共学的知识赋能，家政工心态发生了很大的变化，她们开始认识到身心状态对家政工作的影响。在觉察到不良情绪发生时，她们会有意识地采取适合自己的方式来调节负面情绪，例如：向远方眺望、自我疏导、看手机、吃自己喜欢的东西、转变花钱观念等，以此来转移注意力。常见案例：

> 感觉心情不好马上就停止工作，自己劝自己，心情最不好时就晚上打开窗户往外看看。（家政工 H08）

与此同时，部分家政工还会积极融入社会，充分利用社区资源，在社群当中学习新的技能，拓宽交友圈，从而增加个体社会资源，增强社会支持体系，实现生理—心理—社会整合型健康目标。常见案例：

> 我喜欢摄影，加入了学习摄影的群，每天交作业，每天在小区里拍各种照片。这周拍了几张很不错的照片，尤其是晚上出去拍，第一次学会夜光拍花，前面很突出后面是黑的，有了进步很开心。（家政工 Z05）

（三）中医保健

进行中医保健知识技能学习是家政工直接缓解身心健康问题的重要环节。其中，社会工作者为其提供学习机会和场所是最重要的。

本次中医保健共学小组，主要是通过线下学习实践与线上打卡相结合的共学方式，开展家政工中医保健方法共学活动。中医保健学习内容包括刮痧、精油按摩、经络拍打、针灸、八段锦、易筋经、五禽戏等中医临床非药物治疗技能。工作方法有小组共学、每日打卡、社群导读，每（双）周跟进。

活动前，在需求评估结果和多方的支持下，社会工作者联系到针灸、推拿、按摩、刮痧和健身气功等领域的专家和医生，试图从根本上为家政工增权赋能，帮助其逐步掌握简便的中医保健技巧。

活动中，在社会工作者的协助下，相关专家、医生以演示和学徒形式手把手教授家政工学习刮痧、按摩、八段锦、易筋经和五禽戏等中医保健技术。同时，家政工群体两两结对，相互作为彼此的"人模"进行练习，并分享感受，加深家政工对相关技术的理解和掌握。在每节活动结束后，社会工作者鼓励家政工将所学积极实践于日常生活中，在空闲时期可与家政工姐妹相互按摩和练习，在养护身心健康的同时，创造集体共情，建立团体联结。

活动后，社会工作者整理相关活动内容和方法，分享至微信社群。通过微信社群和接龙小程序等方式，鼓励和定期提醒、监督家政工进行每日家庭作业打卡，社会工作者及时给予回应和肯定。鼓励家政工在社群参与讨论，分享实践和生活经验，形成群体间的相互监督和鼓励，增强家政工社会支持力量。

在下一次小组内容开展之前，社会工作者组织家政工分组讨论一周以来中医保健的经验和感受，促进团体交流。活动过程中，社会工作者了解到家政工身心健康问题得到改善。例如：颈椎不适得到缓解、失眠有所改善、内心得以平静。在共学的形式下，其生理、心理和社会支持体系得到增强，也表现得很欣喜。在闲暇之余，她们会自行来到鸿雁社工机构练习或与家政工姐妹相约谈心。这让她们逐渐对生活充满希望。

部分家政工表示，通过正念冥想、站桩、跳健身操等方法，身心得到放松、压力有所缓解。但也有家政工认为进行正念冥想练习时，感到酸麻胀痛，难以坚持。实践过程中，社工鼓励家政工积极关注自己的身体和情绪，引导其积极尝试，找到了适合自己的方法，即符合自己的就是好的。

家政工通过唱歌、跳舞（健美操）、跳绳、快步走、逛公园、耳宫八法、深呼吸、涂蜡等方式进行放松身心、锻炼身体。不少家政工会主动通过佩戴医疗器械、按摩、运动、主动求医等方式进行压力缓解，这不仅有利于帮助家政工掌握新的技能，还促进家政工身心健康发展，实现绿色家政理念。

五　包容性健康治理的路径

本研究主要以共学小组形式，帮助家政工在掌握身体健康保健知识的同时，增强社会支持力量，构建生理—心理—社会整合型的家政工身体健康服务策略，促进家政工进行社区参与。此外，通过共学的社区参与实践，总结家政工面临的身体健康难题、成因以及该策略的成效与挑战，形成《家政工身体健康自我照顾实操手册》，进行政策倡导，以期达到社会多方力量关注家政工身体健康困境和难题，增强家政工社会支持和力量感，缓解身心健康问题，保障和促进家政工的健康权益与社会融入。

（一）社区参与

共学式教学是合作学习的一种重要方式，共学式教学在合作学习的基础上进一步推动家政工的社区参与。帮助家政工从原子化的身体、工作和生活环境中，走向社区、融入社区，增强与社会的联结。本研究的社区参与路径主要以共学小组的形式开展。具体路径如下：

1. 活动前

首先，前期访谈。针对活动主题，有针对性地对参加人员进行访谈，比如身体健康系列活动中，通过前期访谈对家政工身体健康风险点进行总结。前期摸底访谈能够加强工作的有效性，可以更了解家政工工作生活的状况。

其次，链接学习资源。其一，通过社工机构直接与医院对接，尝试链接医院资源，确保讲座的权威性与专业性。其二，积极调动社区资源，是开展活动最便捷的方式，发挥社工机构、社会工作者的作用，与社区门诊对接，寻找符合讲座主题的医师，确保讲座的有效性。

2. 活动中

采用线上线下相结合的方式，满足家政工的身体健康和社会支持需求。线上采用快手直播、微信直播或腾讯会议直播的方式，线下参与人数在 10 人以内，将具有共同身体健康问题的姐妹（比如膝关节疼痛治疗、颈椎病的治疗、肩周炎的治疗等）组成小组。活动形式可分为导读共学、小组讨论、专家分享与实践体验等。

（1）导读共学：分享身体健康知识点或回顾一周学习和实践的感受和收获，以此触动其他组员的分享与参与，营造相互尊重、认真倾听的小组氛围。但值得注意的是，共学不仅存在于每周一次的小组活动中，而是贯穿家政工的日常工作和生活。因此，在非小组活动期间，社会工作者要求家政工自行阅读相关健康书籍，并鼓励家政工在微信社群中随时分享和讨论知识点与感受，社会工作者及时给予回应和肯定。同时将阅读任务分几部分，每个小组选定一位下周的导读人。

（2）小组讨论：采用 3 人 +1 位社会工作人员一组的方式，打散家政工熟悉的圈子，扩大交往圈子，分享不同个体经验，获得新的知识。

（3）专家分享：聘请专业医师来为家政工讲解专业的有关身体和心理健康方面的知识，讲座结束后再进行现场体验。

（4）实践体验：通过前期专家演示、学徒式手把手教授，后期家政工以两两互动和每日打卡学习的方式促进家政身体保健技巧练习。

3. 活动后

首先，组织每日打卡。反馈打卡有利于社群激励，社会工作者通过打卡能够及时了解家政工的实际状况，内容能够反映家政工的多样性。对于完成 85% 以上打卡任务的家政工可获得奖品奖励。此外社会工作者进行每（双）周跟进工作，跟进共学活动的情况，包括任务的执行情况，组内成员是否都参与了活动，组员的积极性和表现。每两周跟进上一个主题的工作坊反馈，回顾打卡情况，及时沟通遇到的困难，收集对上一主题的感想，设定回看时间，跟进是否看了课程，课程的内容有用程度，课程时间长短等。并在下一次活动开始之前，在社群提醒家政工进行复习和下一次小组时间。

其次，解答疑惑，及时回应。针对家政工有关学习内容或者日常事件中存在的知识盲区和困惑进行解答，及时回应与记录，并且定期通过打电话、微信的方式持续跟进。

最后，总结评估，持续跟进。小组结束后及时收集家政工的反馈，并召开社工内部会议，总结活动的效果与不足，依据评估结果，及时制定纠正措施，不断完善小组活动，并持续跟进。

随着上述路径的推进，家政工持续输入身体健康理论与实践知识，逐渐树立起健康意识，对健康开始有具象化、标准化认识。并积极发挥自主性尝试，依据现有知识分析自身面临的身体健康状况及成因，认识到不良的工作方式、工作压力、周围环境和饮食习惯等对身体健康带来的负面影响。

我认识的几位家政工也都有眼睛被 84 消毒液呛过的问题，她们都戴眼镜了，我还没戴，但眼睛真不好。（家政工 H08）

因为工作量大，现在吃很多，对菜不感兴趣，吃很多主食。最近这周只吃主食不吃菜，不知道是不是因为压力造成的。（家政工 L09）

中午吃饭（时间）晚，吃饭时间不固定。刚开始没在意，后来做了胃镜，看了医生，也开了药，但好一点就没继续吃药。（家政工 R02）

另外，共学的社会小组中，家政工频繁对话使其关系越发紧密，成为彼此的社会资源，支持不断增强。这给予了家政工构建自身健康资源体系、整合社会资源的空间。不少家政工社会参与意识逐渐觉醒，开始主动整合日常生活中的个人身体照顾资源实践绿色健康理念。她们通过走路锻炼、表达需求和按摩等方式，缓解自身身体健康问题。

早上买菜锻炼一个小时，晚饭后出去走一个小时，在小区里，只有这两个时间是自由的。（家政工 Z05）

家政工们还积极投身于社区参与，充分利用社区空间中的身体照顾资源。在社区中主动扩宽社交范围，与家政工姐妹在社区中跳操、社交谈心等。

这小区里做家政的有十几个都是护老的，熟悉的人聊聊天、踢毽子也挺快乐的。有姐妹一起说说话就开心多了。（家政工 Z05）

（我患有）乳腺增生，解决办法是天天晚上跳广场舞，早上种地，跳会操，锻炼锻炼。（家政工 K06）

（二）政策倡导

目前，我国政府大力推进生态文明建设，倡导构建绿色家庭、绿色社区，倡导企业和行业进行绿色转型。笔者在本案例的服务实践开展期间，观察到家政工群体的身心状况影响其家政服务质量，从而影响城市家庭和谐。家政工的身心状况影响职业质量和就业稳定性，从而影响家政行业的健康发展。

因此，笔者希望通过聚焦家政工群体身体健康自我照顾问题，通过共学小组的身体健康服务实践，梳理与总结社会工作介入家政工身体健康的服务路径与策略。依据共学小组的社区参与路径总结经验，不断完善和改进，产出《家政工身体健康自我照顾实操手册》。借助手册之力，起到政策倡导作用。具体倡导方式与预期如下：

希望通过该手册的传播推广，有越来越多人看见家政工群体作为绿色生活实践者的巨大优势与潜能，看见绿色家政价值，进而有越来越多人愿以不同方式支持家政工学习并运用身体照顾相关的理念与技能。

对于以绿色生活、身心健康、可持续发展、流动人口赋能等为使命的基金会、企业社会责任部等。通过该手册，希望他们愿意支持绿色家政工身体照顾活动的研发与推广，支持绿色家政的行动实践。

对于有一定的身心健康意识及一定的自学能力的家政工。通过该手册，希望她们学到身体照顾相关理念和技能，改善身心健康，进而提升服务品质、创新职业价值、拓宽职业发展空间。

影响家政工培训的相关部门（如，人力资源和社会保障部门、卫健委、妇联、县/镇/乡政府或街道办事处等）和组织（如，家政行业协会、家政公司、家政培训机构、设家政专业的学校、做家政工服务的公益组织等）。通过该手册，希望他们愿意推动身体照顾理念和技能融入现有家政工培训体系。让更多家政工群体享受到城市社会组织提供的服务，也有助于推动多元主体参与社区治理的格局。

使用家政服务的家庭以及其他组织。通过该手册，希望他们愿为所雇佣的家政工提供时间便利和/或资金支持，鼓励其参与身体照顾相关培训，协助其实践绿色家政理念和技能。

六 结论

社会工作通过提升健康素养，不为经济忽视健康；增加心理韧性，提升健康自我效能；整合社区资源，普及健康照顾技能；营造共学环境，增进健康社会支持等四方面的逻辑策略，逐步推进基层家政女工的生理—心理—社会整合型健康治理的完满实现。在此基础上本案例初步形成了社会工作介入家政工职业群体身心健康问题的策略和路径展望。

（一）社会工作参与包容性健康治理的赋能策略

基于生理—心理—社会医学模式，采用健康心理学和中医学相关技巧，运用小组社会工作嵌入家政工身体健康服务，具有积极的作用。通过该生理—心理—社会整合型的健康共学方式和策略，不仅回应了家政工职业特殊性导致这一群体的身心健康问题，还回应了家政工群体主观上持续表达的对身心健康的担忧以及对身心健康赋能和支持的强烈需求，有效缓解家政工的身体健康问题与担忧。许多家政工表明参与共学小组后，开始逐渐关注自己的身体需求，意识到了环境对身体健康的影响，通过共学身体问题有所缓解，并发生了由心到身的改变，这有利于她们树立起身体健康的信心和动力，并开始主动整合自身资源，加强自己的社会支持，积极应对身心健康难题。这说明了该实践策略不仅可以有效帮助家政工从心到身的改变，缓解身体健康问题，而且有助于她们增强社会支持体系，走出健康不平等困境，具有一定的可行性、先进性与推广意义。

1. 提升健康素养，不为经济忽视健康

本研究发现家政工身体健康多与长期从事身体劳动、年龄、饮食不规律、工作环境差，以及不良的心理健康问题相关。但归根结底，文化水平低、医疗资源缺乏所导致的健康素养水平均较低亦是家政工身体健康面临威胁的关键原因之一。"提技"的前提更应"提智"。因此，社会组织在介入前，应针对家政工重点人群制定层次化、个性化的健康素养提升方案。

鸿雁社工机构通过线上线下共学和导读的方式，从生物、心理学、社会学和医学的角度引导家政工了解基本的衣食住行健康知识，形成正确的健康观和疾病观，摒弃以往因经济压力延迟就医或忍痛工作的观念，重视身体病痛信号。此外，家政工时间少、经济压力大等特点，要求鸿雁社会工作机构选取简单便捷、成本低、效果显著的中医保健技术，例如，刮痧、按摩、正念冥想、八段锦、易筋经、五禽戏等。这帮助家政工低成本、高效率、随时随地践行健康的生活方式，不再为经济而忽视身体健康，以达到事半功倍的效果。在具有生物、社会学、心理学和医学多理论视角作用的共学小组中，家政工开始反思自己过去对身体健康的忽视；反思自己承担工作与家庭的双重压力，耽误了身体疾病的治疗，逐步建立起健康观念；认识到了工作压力、职业伤害等环境因素，以及个体的年龄因素对身体健康的不利影响。并开始关注自身的身体健康需求，在身体出现不良反应时及时采用相关的中医保健技巧进行缓解，严重者及时就医。

2. 增加心理韧性，提升健康自我效能

强大的心理韧性可以帮助家政工逆境情境中保持良好的认知、情绪、行为、环境抵御逆境、获得良好适应的有效性。生理—心理—社会医学模式认为心理健康与多重因素相关，且心理健康与身体健康相互影响并相互作用。因此，增强家政工的心理韧性，可有效提升健康效能，对身体健康发展十分重要。基于此本研究通过中医学、心理学、社会学等多学科融会贯通，把家政女工视为整体的人和动态的生态系统，关注个体心理、社会环境、自然环境和个人身心健康的关系，将健身气功、刮痧、正念冥想、静思、站桩等融入家政工共学小组。以生理、心理、社会、技能、精神等多层机制，系统性地为其提供最佳帮助，使家政工增强生理和心理韧性，系统性地进行身心照护。同时，帮助家政工掌握基础的身心健康保健和护理知识的同时提升身心健康水平；在共学小组中形成稳定的社会支持体系，以社会支持力量带动家政工开展社区参与，提升家政工身体健康、心理健康、社会健康效能感，增强家政工对未来生活和工作的信心。

3. 整合社区资源，普及健康照顾技能

身体健康涉及多重因素。不仅仅是身体保健技能上的绿色，也包含人际关系上的绿色、心理状态绿色及个人的可持续发展，因此，通过整合多方社会资源，才可更有效地改善家政工的身体健康，促进包容性基层健康治理。

（1）个体日常生活的身体照顾资源

通过共学小组，家政工树立正确的健康观，掌握生理—心理—社会整合型医学知识与技能。最重要的是引导其认识到自身具有的身体照顾资源，例如通过散步、走路锻炼、按摩、积极表达内心需求等方式，促使其在生活中积极实践和运用。以发生由心到身的生活习惯、饮食习惯和社会支持的良好变化。

（2）社区空间中的身体照顾资源

在构建共学小组时，通过知识资源、人力资源、社会资源输入，让家政工获取自身所需的各种经济资源、政治资源、信息资源、社会资源是重要环节之一。家政工常以雇主家庭场域工作活动为中心，向城市和社区辐射，固而在共学小组中应充分引导家政工注重对社区空间中健康资源的整合与运用。首先，社工需要整理适合家政工的健康资源清单，包括健康知识资源、专业队伍资源、中医保健技能资源、社会支持资源等。其次，社工根据不同的资源赋能方向进行资源配置，在健康知识资源上，可以选取通俗易懂且具有科学性的健康书籍作为知识赋能的补充，并在固定时间以共学的方式召集社群内的家政工共同学习，发挥社群中社会支持的力量扶持，形成互助生活圈；在专业队伍资源上，社工可以发挥社会组织链接资源的优势，邀请医学领域医师、学者，定期为家政工开展不同主题的中医养生保健技能学习，并引导鼓励家政工将所学技能运用到生活工作当中，缓解身体疲劳；同时鼓励家政工到社区互助生活圈参与社区活动，充分利用社区空间进行保健活动。例如：在社区一起跳广场舞、踢毽子，开展妇女茶话会等。家政工只有通过充分发挥主观能动性，通过与多方联合，积极整合个人和社区的健康保健资源，才能逐渐缓解目前健康不平等状况，拥有可持续性的身心照顾资源。

（3）相关组织提供的身体照顾资源

社会工作者不仅要发挥自身组织引导的角色，更需要充分链接社会多方资源投身于家政工的身体健康服务活动。在 2021 年 3 月 20 日鸿雁办公室举办的主题为"更年期心烦问题与疼痛问题"的中医讲座，帮助家政工了解生命规律与平衡针灸，其中涉及生老病死与疾病的发生规律，如何治疗疾病，对于腰椎病、颈椎病等痛症的认识与治疗等，并且讲座后的体检，也能帮助家政姐妹更好地了解自己的身体，结合讲座内容，有更好的日常保健意识，活学活用。因此，链接中医、体检资源不仅能够向家政工普及中医基本知识与养生保健技术，而且还能增强其健康意识和自我保健能力，在日常生活中能自觉采纳有益于健康的起居、饮食，增强体质，消除或减轻影响健康的危险因素，预防疾病，促进健康，提高生活质量。

4. 营造共学环境，增进健康社会支持

家政工相互学习同一本书籍，并分享彼此的感受和类似经验，这使家政工在不同的知识经验交流碰撞过程中相互了解、相互欣赏、共同进步，同时不断加深家政工的情感联结，建立团结互助、相互支持的思想基础，促进家政工健康社会支持体系的构建，增强健康社会支持力量，保证健康可持续发展。

姐妹们在相互探讨中分享各自真实经历，感受到相互之间的相似性与差异性，相互鼓励和安慰，在主持人的引导下逐步看到个体在社会环境中的不得已，建立共情。整个环境氛围中家政工能够充分感受到被尊重、被倾听。

（二）展望社会工作参与包容性健康治理的未来

家政工的身体健康状况改变具有阶段性变化。在共学小组中，家政工的身体健康变化分为三个阶段，依次为初始阶段"身体健康意识转变"，转折阶段"身体健康技能运用"，平稳阶段"身体健康资源整合"。通过小组过程记录与访谈资料的整理，这三个阶段具有循序渐进并相互作用的特征。

初始阶段"身体健康意识转变"，这是家政工在加入共学小组初期适应的阶段。这一阶段，社会工作者通过开展导读活动和社群学习等方式，帮助家政工阅读健康书籍，不断积蓄健康知识，为意识的提升和转变奠定了基础。

转折阶段"身体健康技能运用"，这是家政工在具有一定的理论基础后，将理论付诸实践，让家政工直接明显地感受到身体健康问题的改变。随着小组的推进，家政工掌握身体保健技能增多，社会交往的延伸与深化和健康医疗状况得到改善，进而使家政工更加熟练地运用身体健康保健技术，生活方式和习惯发生改变，身体素质有所提高，达到量变产生质变的效果。

平稳阶段"身体健康资源整合"。经过思想技能、生活方式和社会关系的变动与迁移后期，家政工的生理、心理和社会支持状态逐渐趋于平稳发展，家政工逐渐适应并享受健康生活带来的转变与益处。在这个阶段，她们开始有意识地整合社会交往、健康医疗等资源，部分家政工持续运用已有的健康保健技能，并与共学小组成员和鸿雁社工机构保持良好的互动和联系。

该案例为学界提供了生理—心理—社会整合型的共学小组身体健康服务模式。小组共学的健康服务形式不仅为家政工提供了较为完善和全面的身体健康保健资源，还构建了人际交往的平台，形成了以共学小组为核心的社会关系体系。通过线上和线下的共学方式，降低了家政工社会交往的成本，拉近了家政工群体的关系，增强了社会支持的真实感，拓宽了家政工的社交范围，增加了她们的社会资源，为其进行身心健康的人际资源整合奠定基础，有利于让社会支持力量看得见，摸得着。同时，让远在他乡的家政工找到归属之处，实现"有处可诉苦，有人能倾听"的社交需求，缓解了她们的心理压力。另外，线上线下相结合的共学形式，使家政工在共学中随时随地获得生理、心理社会和医疗资源，并持续使用医疗资源，可满足当下家政工身心健康需求。以上策略和机制对她们健康的维系和在城市社会中生存与发展提供了一定的保障。通过改善家政工的身体健康可促进包容性基层健康治理进程发展，对促进城市公共服务均等化和健康公平具有深远的意义。

参考文献

崔小行，2016，《互联网与信息化条件下的家政工劳动关系——以北京市朝阳区望京地区互联网家政公司为例》，《社会福利》（理论版）第 3 期。

崔岩，2012，《流动人口心理层面的社会融入和身份认同问题研究》，《社会学研究》第 5 期。

丁瑜，2019，《妇女何以成为社群主体——以 G 市 L 村妇女自组织营造经验为例》，《妇女研究论丛》第 4 期。

杜洁、宋健、何慧丽，2020，《内生性脱贫视角下的农村妇女与合作组织——以山西PH与河南HN两个农民合作社为例》，《妇女研究论丛》第1期。

花菊香，2004，《突发公共卫生事件的应对策略探讨——多部门合作模式的社会工作介入研究》，《学术论坛》第4期。

黄丹，2020，《未婚流动女性人工流产诊疗中的社会排斥：医务社会工作介入探析》，《社会建设》第1期。

李兴睿，2017，《受流动影响的农村女性健康状况影响分析——基于第三期中国妇女社会地位调查四川数据》，《山东女子学院学报》第4期。

李亚，2010，《家政工生存状态及社工介入方式研究——基于社会支持理论》，《社会工作》第11期。

刘伯红、李玲、杨春雨，2015，《中国经济转型中的性别平等》，《山东女子学院学报》第2期。

刘继同、袁敏，2016，《中国大陆临终关怀服务体系的历史、现状、问题与前瞻》，《社会工作》第2期。

刘筱红、全芳、陈雪玲，2016，《多元联动：进城务工女性心理健康问题的网络化治理研究》，《湖北社会科学》第3期。

刘昱君、刘林平，2022，《工作场所虐待、被歧视感与家政工的抑郁风险——基于南京等四城市调查数据的分析》，《社会工作》第6期。

刘越、林朝政、黄惠娟，2010，《流动妇女心理健康状况分析》，《人口学刊》第6期。

钱柳柳、沈丹，2022，《社区卫生服务机构公共卫生管理的现状及改革方法》，《中国卫生标准管理》第13期。

钱宁、王肖静，2020，《主体性赋权策略下的少数民族地区妇女扶贫研究——以云南省三个苗族村寨为例》，《社会工作》第2期。

萨支红等，2020，《家政工生存状况研究：基于北京、济南被访者驱动抽样调查》，《妇女研究论丛》第4期。

宋洁明等，1999，《健康教育对儿童心理卫生影响的研究》，《中国妇幼保健》第12期。

宋少鹏、高小贤，2021，《"妇女/性别与发展"在中国：历史语境、组织实践、理论反思》，《山西师大学报》（社会科学版）第6期。

宋严萍，2010，《西方工业化进程中家庭女佣的社会境遇》，《学海》第6期。

苏熠慧，2021，《从"一元主体"到"多元主体"："90后"打工女性主体的类型学分析》，《妇女研究论丛》第6期。

陶霞飞，2019，《流动人口社会工作的效能、边界与推进路径——基于社会工作机构与社会工作者视角的实证研究》,《四川理工学院学报》(社会科学版)第 3 期。

佟新,2017,《照料劳动与性别化的劳动政体》,《江苏社会科学》第 3 期。

童敏,2013,《制度语境下农民工社会工作服务的新视角——从静态直接服务到动态关系服务》,《广东工业大学学报》(社会科学版)第 3 期。

汪超、姚德超,2016,《流动社会中的农村养老的真问题与政策变革——兼论现代化进程中的离散化家庭》,《求实》第 9 期。

王刚义,1990,《论发展我国康复社会工作》,《人口学刊》第 4 期。

吴帆、王琳,2016,《孰强孰弱:个人禀赋与家庭禀赋对城镇青年女性职业地位的影响——基于第三期中国妇女社会地位调查数据的实证研究》,《中国青年研究》第 12 期。

肖敏慧、王邃遂、彭浩然,2019,《迁移压力、社会资本与流动人口心理健康——基于压力过程理论的研究》,《当代财经》第 3 期。

邢朝国,2021,《"自己小心":信息不对称与照料劳动中的健康风险规避策略》,《社会学评论》第 2 期。

徐选国、唐晓琦、杨威威,2020,《制度变迁、角色建构与国家—个人关系的演化逻辑——基于对上海"社嫂"的口述史研究》,《社会发展研究》第 2 期。

徐勇、张慧慧,2021,《规划性变迁视角下的农民工走向与对策》,《理论与改革》第 2 期。

许怡,2014,《社会服务走向赋权还是去权?——赋权视角下对两类劳工服务组织的比较研究》,《华东理工大学学报》(社会科学版)第 1 期。

杨磊,2021,《医疗卫生政策与健康不平等——兼对西方新古典自由主义思潮的批判》,《福建论坛》(人文社会科学版)第 4 期。

杨锃,2020,《存在主义社会工作的源流、框架及其展望:不确定时代的专业责任》,《社会工作与管理》第 6 期。

袁迎春,2016,《不平等的再生产:从社会经济地位到健康不平等——基于 CFPS2010 的实证分析》,《南方人口》第 2 期。

张建端等,2004,《未婚流动人口生殖健康需求研究》,《中国妇幼保健》第 13 期。

张妍,2013,《新生代流动妇女的健康服务需求研究》,《山东女子学院学报》第 4 期。

郑尚元,2021,《家政工职业化与城市居家养老社会化——兼论劳动者人格塑造与社会保险覆盖》,《财经法学》第 1 期。

Bambra, C, et al. 2010. "Tackling the wider social determinants of health and health inequalities: evidence from systematic reviews." *Journal of Epidemiology and Community*

Health 4.

Burawoy, Micheal. 1985. *The Politics of Production*. London: Verso.

Chen, Lijuan, et al. 2022. "The Influence of Person-Job Fit on Health Status and Depression Among Chinese Domestic Workers: Mediating Effect of the Employer-Employee Relationship." *Frontiers in Psychology* 13.

Hall, Brian J, M. R. Garabiles, and C. A. Latkin. 2019. "Work life, relationship, and policy determinants of Health and Well-being among Filipino Domestic Workers in China: A Qualitative study." *BMC Public Health* 1.

Kaur-Gill, S, and Dutta, M. 2022. "*Hyper-Precarious Labor: Transnational Dome-stic Work.*" Retrieved 24 Nov. 2024, from https://oxfordre. com/communication/view/10. 1093/acrefore/9780190228613. 001. 0001/acrefore-9780190228613-e-1252.

Maeda, E. , et al. 2019. "Domestic work stress and self-rated psychological health among women: a cross-sectional study in Japan". *Environmental Health and Preventive Medicine* 1.

Ruth, Betty J. , and J. W. Marshall . 2017. "A History of Social Work in Public Health." *American Journal of Public Health*. 3.

Shahvisi, Arianne. 2018. "Beyond Orientalism: Exploring the Distinctive Feminism of Democratic Confederalism in Rojava". *Geopolitics* 4.

Yi, Grace, et al. 2020. "The influence of housing on sexual and reproductive health status and service utilization among Filipina migrant domestic workers in Macao (SAR)". *Journal of Migration and Health* 1.

社区志愿服务合作治理的过程、效果与机制

——以 H 社区的志愿服务为例

作者：刘静雯　罗杏娟*

指导教师：黄　君**

摘　要：志愿服务参与社区治理已成为社会文明建设的标志及社区治理现代化的必然要求。社区志愿服务既是对中华民族传统仁爱互助美德的传承，也是新时代践行以人民为中心，加快推进中国特色社区志愿服务体系建设的发展理念的重要方面。随着经济社会的变化、利益格局的调整与价值取向的日益多元，志愿服务组织作为社区治理多元主体的组成部分，在满足居民需求、增强社区自治、构建社区文化、助力基层治理等多个层面提供重要支撑。在对 H 社区志愿服务合作治理的研究中发现：坚持党建引领，社区与多元志愿主体形成合作治理不仅能够为城乡老旧社区保障志愿服务的可持续性以及创新社区治理模式提供新的视角和参考，还可以在推动社区建设发展过程中培育社区自治组织；社区志愿服务合作治理的生成是党建引领多元主体实现社区自治管理以及制度和价值建设的结果。

关键词：社区志愿服务　社区合作治理　多元主体

---

*　刘静雯、罗杏娟，华中师范大学社会学院 2023 级硕士研究生。

**　黄君，华中师范大学社会学院副教授，研究方向为社会工作与社会政策、儿童福利与儿童保护。

一 问题的提出

自党的十八大以来，国家治理的工作重心逐渐向基层倾斜，城市社区环境治理议题也随之引起了学术界的广泛关注。在探讨社区治理的历史演变过程中，一种由国家主导与社会主导构成的"行政—自治"双重对立结构的社区复合体系逐渐显现。与西方社会的结构基础相异，中国社区根植于长期的"官—民"关系传统以及城市"生人"社会的现实情境，面临着他治与自治双重维度的治理挑战。加之社区内部存在多元主体及多样的利益诉求，学术界因此尝试将网络化理念融入社区治理之中，旨在构建一种社区多元主体合作治理的模式，城市社区环境亦被纳入该治理框架内，期望通过制度性保障，将政府、居委会、企业、社会组织及社区居民等多元主体紧密相连，以提升社区的治理能力，并通过制度供给尽可能缓解主体间的利益冲突，增强多元主体共治的协同效应，进而实现"权力共享、风险共担"的社区环境治理新范式。

而随着中国式现代化的逐步推进，志愿服务体系也渐渐成为社区治理的参与主体，并在解决社区矛盾，促进居民自治，助力基层治理方面发挥着重要作用。党的二十大报告提出，要提高全社会文明程度，完善志愿服务体系和工作体系，同时拓宽基层群众有序参与基层治理渠道。志愿服务参与社区治理已成为社会文明建设的标志及社区治理现代化的必然要求。

志愿服务是一种非政府系统的组织行为和服务行动，是民间系统服务于社会的群体行为或个人行为。社区志愿服务是以社区为单位开展的志愿服务，即社区志愿者以自觉自愿和不计报酬的方式为实现社区公共利益而提供的服务，它是一种有组织的利他行为（赵云亭、唐有财、王静，2023）。社区志愿服务以其无偿性、公益性和福利性的特点和优势，日渐成为社区居民参与社会生活的一种重要形式，并成为社区公共服务的一种重要组织形式和重要力量。社区志愿服务无疑是最具中国特色的志愿服务场景之一。一方面，社区作为基层自治组织的管理场域，被赋予了一定的社会管理功能。另一方面，志愿服务也体现了社会主义核心价值观的追求。二者结合形成的"社区志愿服务"不仅仅局限于其公益性的价值，而且成为基层社会治理的有效手段，在增进社区福利、推动公众参与、增强社区自治、助力基层治理、促进社区发展等方面发挥着显著作用。

目前城乡老旧社区治理存在着诸多困难和挑战，主要包括基础设施落后、环境卫生脏乱、社区管理不足、服务设施缺乏、居民参与度低等问题。由此，如何依托社区固有优势，借助社区志愿服务的发展推动城乡老旧社区的合作治理形成？如何发挥老旧社区各个主体之间的作用协同参与进社区治理中？社区志愿服务体系如何进一步完善以实现志愿服务的可持续发展？本文以 H 社区的"雷锋亭"志愿服务为案例，采用半结构式访谈法收集资料，在总结"雷锋亭"志愿服务参与社区治理的成功经验的基础上，尝试对上述问题进行分析和解答。

二 文献综述

（一）关于社区志愿者研究现状

目前学界对社区志愿者的研究主要集中在志愿者队伍建设、服务提升、志愿者管理等方面。关于社区志愿者的队伍建设，部分学者认为需从弘扬先进理念，强化志愿者思想建设、规范组织运作、贴近社区实际、强化志愿者活动品牌建设等方面来推进社区志愿服务健康、常态化发展（魏君安，2015）；从培育社区志愿文化角度，强调将志愿服务内化于心外化于行（王芬芬，2018）；从参与主体角度，注重发挥青年先锋作用，让青年们在志愿服务发展中率先探索、率先实践，不断积累创新的经验，为志愿服务体系建设提供参考借鉴（谭建光，2021）。社区志愿队伍在不断壮大的同时，也面临着志愿服务供给质量较低、志愿失灵与应急能力不足等问题。为此，部分学者提出按照志愿者的专业、特长、服务意向等，构建分门别类的志愿服务队伍，以实现服务的精准匹配（颜如春，2019）。或者是通过实行志愿项目化运作方式，以解决缺乏规范性的问题（张敏、胡建东，2020）。除了社区志愿服务质量把控之外，学者们也非常重视志愿队伍管理。有学者认为，在日常管理中，可通过建立第三方评估机制以规范志愿服务行为，促进志愿服务队伍的管理（徐若兰，2016）。在应对突发事件之时，可采用任务团队管理模式，若是持续应急，也可采用分层集成管理模式（李婷婷、常健，2023），从而有效规范志愿团队，提供高效志愿服务。

目前更多的研究集中在讨论影响志愿参与的因素方面。就志愿者参与的动机来说，志愿者参与服务的动机主要划分为五个方面，即社会责任型、精神满足型、人际交往型、盲目从众型和个人利益型（巨东红、康凯，2016）。在了解志愿者参与社区志愿服务的动机基础上，可据此设计出符合居民需求的志愿服务项目，引导居民参与志愿服务，从而提升其参与的积极性和主动性，促进社区志愿服务规范化、长效化开展。但不同人群所拥有的资源、专业技能等都会影响自身参与志愿服务的动机。一项对医学生志愿者的抽样调查显示，医学生志愿者的学业自我效能感和参与社区志愿服务次数是影响医学生志愿者志愿服务动机的主要因素（陈美玲、蔡霞、张金梅等，2021）。医学生属于具备专业知识与技能型的专业人才，需针对影响医学生志愿服务动机的因素，合理安排医学生志愿者参与社区志愿服务，做到善于量才适用，针对不同期限的服务项目而有选择性地用人。在一项针对参与抗疫志愿服务的志愿者调查中，志愿服务组织的相关资源与综合能力及其供给意愿，对维持志愿者志愿行为的持续性至关重要（邓支青、周林刚，2023）。志愿组织供给能力较弱，在一定程度上将会影响志愿者参与的程度及规模。影响人们参与志愿服务的因素有很多，但若能够做到善于细分，根据不同类型的人群，量体裁衣，发挥各志愿主体间的优势，也必定能够促进其志愿服务的发展。

（二）志愿服务参与社区治理研究现状

社区志愿服务的发展，在一定程度上促进了社区凝聚力、公平正义、居民文化素质和意识的提高，进一步推动了社会治理与建设的发展。居民通过日常志愿服务的参与，对于社区公共事务的了解有明显增强，并在此过程中促进了居民之间了解、合作、分享资源和信息。这种社区合作和互动，有效促进了社区内部的沟通与协调，开辟居民交流的新途径，丰富社区居民日常公共生活，助推社区民主的进步，使社区更加紧密有序（霍海燕、师青伟、魏婷婷等，2020）。志愿服务在社区治理中发挥了重要作用，而如何实现志愿服务参与社区的可持续发展，也成了学者们研究的一个重点。

有学者认为要实现社区志愿服务的可持续发展，需要推进社区志愿服务站建设，完善志愿者注册与激励制度，打造志愿服务品牌（张勤，2014），也可以通过健全宣传机制，加强志愿服务系统培训，借助购买服务项目等途径构建当代社区志愿服务的长效机制（马海燕、周波，2016）。此外，通过推动社会各组织合作、实施激励措施、丰富服务内容、完善组织建设等路径也可以进一步促进志愿服务的可持续发展（于静静、徐礼平，2021）。

在实践的探索过程中，志愿服务参与社区治理也存在着诸多难点。部分学者开始从不同维度深入研究目前志愿者参与社区治理存在的问题。从志愿服务组织的发展来看，志愿服务参与社会治理的途径和渠道还有待拓展，志愿服务组织的成长发展较为缓慢，社会志愿服务资源有待充分整合和优化配置（燕爽，2015）。此外，社区志愿服务在实施过程中主要存在着行政色彩过于浓厚、志愿服务项目缺乏实用性等问题，导致志愿服务流于形式，难以满足居民的真正诉求（张敏、胡建东，2020）。在对山西社区志愿服务的研究中也发现，目前志愿服务参与社区治理仍然存在着一些挑战，如供求信息不对称、专业化水平不高、培训制度不完善、志愿者激励措施不合理等问题（柏婷，2023）。

针对志愿服务组织参与社区治理存在的问题，部分学者也尝试提出了志愿服务组织参与社区治理的类型及参与路径。从社区志愿动员的角度出发，其关键在于政策动员与主体动员的双向互动，以优化资源整合格局、完善服务整合体系，为志愿服务深度回应社区常态化需要和基层治理现代化建设提供了一个新的机制性解释（黄君、黄禹，2022）。基于韦伯的"理想类型"，有学者从理论和互动逻辑出发，将志愿服务参与社区治理的路径划分为基层行政主体参与、基层道德治理参与、基层协商治理参与以及基层群众自治参与等多种不同的类型（丁宇、李艾东，2023）。

当前，随着社区治理主体的多元化及志愿者对社会治理的深度深入，志愿力量为解决社区治理难题提供了新思路及突破途径，逐渐在公共领域中发挥着重要作用。并通过多元参与、民主协商的方式，参与社区事务、拓宽参与治理的渠道和途径，以推动合作治理体系的形成。合作治理强调的是各主体之间以相对平等的身份，就社会公共领域中的公共事务进行合作共治的社会治理模式，其基本理念是要打破公共权力的垄断，使治理主体多元化、平等化（栾丽霞、杨琴侠，2014）。这也意味着在社区治理中，志愿服务组织需与政府、社区、各类社会组织、居民等多元治理主体共同解决社区问题，保障公共服务供给（孟磊，2024），从而进一步推动合作治理模式的形成。合作治理模式强调的是权力的分散与共享，借助开放的对话和协商，确保各项决策更加贴近实际需要，体现公平性和适应性（李欣怡，2024），并在此基础上，促进其合作治理体系的进一步完善。合作治理体系主要是通过政府搭建的政策倡导平台和志愿服务平台，与志愿服务链接关系紧密的行动者，进行有效互动，达到社会成熟自治的目标（周军、黄藤，2019）。不可忽略的是，在推动合作治理不断发展的过程中，志愿服务在助推社区治理进程中仍面临着多重制约，例如多元主体角色定位不清晰，各主体功能发挥不到位、共治意识不强、缺乏集体行动逻辑等，这些问题在一定程度上都影响着志愿服务效能的发挥（李星、郭世优、李科成，2021）。

总的来说，学者们对于各个治理主体参与社区治理的方式路径进行了一定探讨，其中对志愿服务组织参与社区治理也开展了相关的研究，但还是存在一些局限。针对志愿服务组织这一主体参与社区治理的研究多侧重发现存在问题、提出解决方案，对于专业志愿服务提供、后续志愿服务供给及可持续发展方面的研究还较少。鉴于此，本文尝试以 H 社区"雷锋亭"志愿服务队伍参与社区治理为例，探索其社区志愿服务合作治理的生成过程，在总结提炼其生成成效的基础上，尝试从主导力量、多元主体、实现途径、基本保障等几个方面来探讨社区志愿服务合作治理参与社区治理的机制。

三　社区志愿服务合作治理的生成过程

H 社区现有居民 2495 户，人口数 5766 人，划分为 8 个居民网格，辖区基础设施较为陈旧，社区基本无物业管理，属典型杂居型老龄化社区。

H 社区面临着从单位制社区转型、老龄化、基础设施陈旧等问题，在社区治理中面临着巨大挑战。H 社区借助社区固有资源及特色，用近十年的时间打造了独具一格的志愿服务体系——"雷锋亭"志愿服务。H 社区现有志愿者 885 人，支部现有党员 14 人，共分为"7+N 支"志愿服务队伍，依据"三固定一机动"志愿服务活动模式为社区居民提供服务，并在长时间的摸索中凝练出"八步工作法"。"雷锋亭"志愿服务队伍不仅仅是传统意义上的志愿者，也是参与社区治理的主体，在社区的不断尝试中，社区志愿服务参与社区治理已经成功打造了"幸福家苑"小区自治管理模式，并延伸到其他楼栋。"雷锋亭"志愿服务队伍在满足居民需求、增强社区自治、构建社区互助文化、助力基层治理等多个层面发挥着积极作用。而志愿服务的最初发源，主要是由居民带动，而后是在社区居委会支持及党建的引领之下，逐渐形成稳定的志愿服务模式，号召社区多方参与，共同协作，实现社区服务和治理的目标。

（一）合作治理形成期：个人带动

汪向阳是 H 社区的一位居民，自退休以来便开始为社区的居民、老人等提供力所能及的帮助，在她的影响之下，越来越多的居民开始加入社区志愿服务当中。从一个小小的调度室开始，汪向阳一个人带动坚守，到社区退休老党员响应号召，他们的事迹逐渐在社区中传扬开来，得到了社区党委的大力支持，此后便迅速发展。2015 年，H 社区党委在民意的支持下，整合辖区资源，成立"雷锋志愿服务亭"，为志愿服务发展提供平台，号召更多社区"有志"人士加入其中，以更好地促进社区志愿服务发展。2016 年，随着"雷锋亭"志愿者人数的不断增多，志愿服务队伍逐渐壮大，也越来越需要有专门的一个"部门"对其进行管理，以规范志愿服务流程。为了加强对志愿者的组织和领导，社区党委与志愿者们通过"院子会议"，在征集志愿者意愿的基础上，成立了学雷锋志愿者协会，以便更好管理志愿服务队伍，发挥好"雷锋亭"的作用，以期协调有序开展好各类志愿服务。2017 年，随着志愿服务的深入开展，结合社区所拥有的人力、物力资源，与黄石六中共建了"学雷锋工作站"，而后更名为"雷锋亭"。同年成立了"学雷锋志愿者协会党支部"，以加强对志愿者协会的思想政治引领，倡导积极主动开展志愿服务行动，进一步彰显学雷锋的价值底色。

（二）合作治理发展期：商户联盟

2018 年，社区党委专题谋划学雷锋志愿行动，结合这三年来志愿服务的发展所积累的志愿服务经验，志愿服务队伍与社区居民所建立起来的联系，社区所拥有的资源，最终确定了"亭""街""楼""店"的发展布局，将雷锋精神向小区延伸，打造"幸福家苑"自治管理模式小区，将居民带动起来，让居民有更多参与感的同时，也从志愿服务的"接受者"转变为"提供者"，凝聚起居民力量，共同参与到社区的建设中，形成"社区是我家"的共同体意识。

2019 年至 2020 年是"雷锋亭"发展极不平凡的一年。社区党委最初尝试将商户纳入志愿服务体系中，取得了不错的成效，逐渐带动了大部分的商户也参与到志愿服务中来。为了更好地实现进一步规范管理，互惠互益，在区委与街道的指导下，社区党委与志愿服务队、商户们协商，打造出了"学雷锋文明一条街"，成立了"学雷锋一条街商户联盟"。"雷锋亭"志愿服务队伍实现了整合社区资源的目标，形成了志愿联盟，也极大促进了志愿服务的发展。

2021 年，"幸福家苑"小区自治管理模式试点的成功将居民的志愿积极性充分地调动了起来，涌现出不少的"社区志愿先锋"，居民之间的关系变得越来越和谐，社区活动逐渐变得丰富多彩，也解决了小区多年来"停车难"的问题。H 社区顺势将试点成功经验尝试向其他小区延伸，例如尝试打造"幸福雅苑"和"幸福卉园"小区志愿先锋模范点。由于社区老龄化的程度不断加深，居民对于"居家医疗"的需求也极为迫切，社区结合居民所需，在征集了社区居民与志愿者们的意愿之后，将所登记的医疗志愿者们聚集起来，组建医疗志愿者服务团队，实行"网格医生"巡诊制度，将健康管理延伸至居家管理之中。

（三）合作治理深化期："八步工作法"的形成

2022~2023 年，H 社区在志愿服务团队构建的基础上，与社区多个主体相互磨合，经过近十年的探索发展，逐步形成一套切实可行的工作方法，即"八步工作法"，以期实现志愿服务的长效发展，完善最初的志愿服务体系，优化志愿结构队伍，分化出"专业志愿队伍"，以满足居民的多元化需求。"八步工作法"的基本含义如下。

第一步：一个支部，党建引领志愿同行。雷锋亭党支部作为社区党建的重要组成部分，始终坚持党建引领志愿服务，充分发挥党员的模范带头作用，引领社区志愿服务工作。

第二步：两大主体，社区与志愿者协会协同发展。社区作为志愿服务的主战场，发挥自身组织和资源优势，为志愿者提供服务和支持；志愿者协会则负责组织和引导志愿者参与志愿服务，与社区协同推进志愿服务工作。通过两大主体的协同，打破信息壁垒，实现信息的流通，减少不必要的烦琐流程，通过建立沟通协商机制，将社区与志愿者协会联合起来。

第三步：三大机制，志愿者招募、活动组织与积分闭环管理相统一，旨在实现志愿服务的持续发展。为进一步优化志愿者招募渠道，"雷锋亭"拓宽了招募途径，通过线上线下相结合的方式，以吸引更多的居民加入志愿者队伍。此外，社区还与企事业单位、学校、社会组织等合作，共同推进志愿者招募工作。完善积分兑换政策是 H 社区加强志愿者服务质量的重要手段。社区通过制定明确的积分兑换标准和兑换政策，让志愿者们在参与志愿服务的过程中，能够获得相应的积分，兑换相应的福利和奖励。

第四步：以"亭、街、楼、店"为布局，发挥地域优势促进志愿服务发展。以雷锋亭为核心，为志愿者们提供培训交流的平台，共同探讨商定服务计划，以及各种便民服务，发挥"一亭多用"的作用。"街"即雷锋一条街，社区安排志愿者们进行义务街道巡逻，发现街道上的问题及时进行解决或反馈，以加强对街道的管理。通过评比打造"文明楼"的形式，鼓励居民共同参与到文明社区的建设中。"店"即以雷锋亭为中心的附近商铺，社区组织志愿者们与这些商铺携手共同举办公益活动，为居民提供多样化的志愿服务，互益双方。

第五步："五单流程"服务模式，实现 H 社区志愿服务全流程的管理和覆盖。以社区服务中心为起点，居民通过线上线下的方式进行"下单"，社区服务中心"派单"，根据所注册的志愿者，进行匹配，由志愿者决定是否"接单","接单"后选择合适时间上门服务，服务完成后，再由居民"评单"，即根据志愿服务的效果进行打分评价，最后由社区服务中心根据"评单"结果进行核实，发放志愿服务积分。志愿者们所获得的积分可以到雷锋商铺兑换商品，每年三月进行统一计算，由此形成一个服务闭环模式。通过社区服务中心对志愿服务的管理和监督，确保了整体的志愿服务质量和效率，同时也让居民和志愿者们有更多的自主选择权。其间，通过"评单"反馈，以及居民所提的意见，有针对性地提出改进策略，通过日常志愿者培训、座谈会、服务经验交流会等促进志愿者能力提升，形成良性循环。

第六步：建设"六大阵地"，H社区紧密结合居民需求和志愿服务，实现知民意、听民声、解民忧。首先从爱心驿站出发，解决居民急需。值得一提的是，H社区建设了居民自治平台，发挥居民协商民主力量，发挥居民的"主人翁意识"，让居民有更多的参与感，进而对社区也产生归属感，形成"我爱我家，也爱我社区"的浓厚氛围。

第七步："7+N支"志愿服务队以满足多元化需求，践行为民服务的宗旨。依托社区资源，所招募的志愿者类型众多，为了避免志愿资源的浪费，进一步推动志愿服务的多元化发展，将前期所招募的志愿者进行分类分批管理，专人专管发挥出大家的力量，共同构建志愿大家庭。"7+N支"志愿者服务队的成立，兴起于民，为民之所需，将为民服务的理念始终贯彻到日常的志愿服务开展中来，提供更加丰富和多元化的志愿服务。每一个志愿服务队所提供的服务不同，一方面能够发挥志愿者们所擅长的技能，提供力所能及的志愿服务；另一方面也能够准确定位居民需求，实现供需平衡。

第八步："八个工作环节"形成完整服务模式。志愿者协会通过八个工作环节，形成志愿者"招募、培训、活动组织、反馈、管理、激励"的闭环，以持续提升志愿服务的质量和水平。

至今，H社区五星级文明楼栋达到总栋数的30%，四星级文明楼栋达到总栋数的50%，三星级文明楼栋达到总栋数的80%，各网格小区楼栋全覆盖。"雷锋亭"不仅仅是一个志愿服务亭，更是H社区志愿服务的精神象征，居民以其为傲，身体力行，践行"雷锋亭"之约，以社会主义核心价值观为引导，以助人为乐，建设文明家园为目标，共同朝着美好幸福生活而前进。

从最初的一个人坚守逐步扩大成志愿服务队伍、从一个小的 201 路公交调度室发展成为一个雷锋亭，再从雷锋店铺发展形成一条特色鲜明的雷锋街，H 社区实现了巨大的转变，也逐渐形成一套完整的志愿服务体系。

四 社区志愿服务合作治理的生成效果

（一）培育志愿队伍，满足多元需求

雷锋亭志愿服务队伍根据居民实际需求，组建队伍，扎实开展志愿活动，将志愿者分为"7+N 支"服务队伍，分别为：党员志愿者服务队、居民志愿者服务队、学生志愿者服务队、企事业单位员工志愿者服务队、专业志愿者服务队、社会组织志愿者服务队、雷锋商铺志愿者服务队，其中专业志愿者服务队是由医生、教师、律师等具有专业技术能力的志愿者组成的队伍。此外，还形成了志愿服务活动的八大流程，分别是志愿者招募、培训、点单、派单、接单、评单、核单、激励，这八大流程涵盖了志愿服务的各个环节，以扎实开展志愿活动。雷锋亭志愿服务队伍既有社区爱心人士，也有专业人员，且各个队伍服务侧重点不同，为居民提供了更加丰富和多元的服务，满足了居民多样化的需求。

（二）强化志愿服务，增强社区自治

H 社区通过挖掘"社贤"、体制外精英组成志愿队伍参与社区治理，运用社区贤能天然的"熟人信任"减少了志愿者在参与社区治理时面临的阻力，进一步加深社区居民的认可度，更容易推动居民合力的形成。"雷锋亭"志愿服务队引导更多居民参与社区、融入社区，增强了居民对社区的认同感和归属感，发挥了人民群众的主体作用，调动了人民群众的积极性、主动性和创造性。通过社区工作人员的描述，飞云街片的老旧楼的污水管堵塞是老旧楼房的"老病灶"，困扰居民多年，两名志愿者协助施工方做居民工作，在每栋一层厨房和厕所进行施工挖土，联系搬离在外的住

户回来协助解决。在施工时，志愿者因不放心，每天坚守在施工现场，督促施工方，也做好群众的解释工作，直到施工完成，管道通了才放下心来。让居民自己参与到社区的公共事务当中来，是加快培育居民的公民意识和责任意识的路径，也是增强社区居民认同感和归属感的有效方式。此外，为社区自治组织培育社区人才骨干走出一条新路，从群众中选出的社区骨干对居民需求更加了解，能够精准解决群众诉求，也具有更扎实的群众基础，在引导居民参与社区自治方面有更好的影响力。

（三）自发链接资源，构建社区互助文化

社区文化是居民对社区产生归属感的基础，是凝聚社区力量的源泉。"雷锋亭"志愿队伍在参与社区治理的过程中，通过广泛深入的行动，在各个领域留下了自己乐于助人的身影，充分发挥了自身的带头作用，用自身行动宣扬了志愿精神价值，带动了居民参与，营造了互助、公益的社区氛围。在社区互助文化的熏陶之下，社区成员抵抗风险的能力得到了不断增强，逐渐打破陌生的社区交往模式，形成具有较强凝聚力的社区。

> 前年，1栋的柯师傅因病去世了，他平时一个人生活，也很困难，女儿又在外地读大学，我们一个志愿者小徐组织大家，一起帮忙办了柯师傅的后事。她女儿目前还在上学，经济紧张，（我们）就倡导大家捐款，（活动）得到了许多社区居民的回应，募捐到了5000多元，帮她凑齐了学费。（社区志愿者）

可见，在社区成员遭受较大的风险之时，社区能够成为居民的一道重要屏障，可以链接更多资源，解决居民所面临的困境。同时，也会形成更广泛的积极效应，使居民对社区的认同感得到增强。串珠成链、连点成片，H社区接下来还会有更多"幸福"系列的小区一一形成，最终覆盖整个社区，助其成为真正的幸福文明社区。

（四）志愿服务闭环管理，助力基层治理

H社区"两委"和雷锋亭志愿服务队伍通过创新志愿管理办法，发挥辖区内商贾云集的优势，实现了志愿服务闭环管理。H社区"两委"和雷锋亭志愿服务队伍共同合作创新志愿管理办法，充分发挥社区商贾云集的优势，以服务换物品，通过"志愿服务积分制"的方式实现志愿服务闭环管理。H社区形成了积分积累、积分认证、积分互换、积分清零的积分闭环管理机制：首先，志愿者依据服务项目和服务时长获得相应积分，并由"雷锋亭"志愿者协会进行积分核实；其次，志愿者凭其获得的积分在社区雷锋店铺兑换物品或服务，同时各个雷锋店铺之间也可根据实际所需利用积分互相兑换服务或物品；最后，各雷锋店铺在年终凭所积存积分到社区兑换对应的资金并清零积分。H社区党支部书记以一个具体的例子来说明了志愿服务闭环管理机制给社区治理带来的益处。

> 在处理停车问题的时候，有的居民不愿意交停车费，但是愿意参与夜间巡逻志愿服务兑换免费停车位，那这样，我们（社区）就没有花一分钱解决了停车问题和常态化巡逻两大问题。此外，参与志愿服务还可以在雷锋店铺换取各类产品和暑期少儿书法培训班名额。通过认领志愿服务岗位，参与社区志愿服务，居民可以根据需要换取子女享有书法培训的名额或其他服务。（H社区党支部书记）

由此，H社区通过组织志愿者参加志愿服务"唤"居民参与志愿，用志愿服务积分在雷锋商铺"换"取商品或服务，构建幸福"欢"乐的文明社区。

五 社区志愿服务合作治理的生成机制

（一）主导力量：党建引领促进居民内生性志愿服务发展

为发挥基层党建的引领作用，H社区以加强党的建设、提升服务功

能、激发社会活力、促进民风转变、助力基层社会治理为目标。以"雷锋亭"志愿者队伍为支点，撬动整合辖区内资源，成立社区学雷锋志愿服务亭，按"亭、街、楼、店"学雷锋一体化布局，将党建引领和志愿服务触角延伸相结合，发挥党员的模范作用，组织志愿者开展丰富多样的学雷锋志愿服务活动，弘扬无私奉献的雷锋精神，形成具有特色的立体式志愿者服务体系。居民的内生性力量不容忽视，从最初的一人开始带动，到形成完整的志愿服务体系，兴起于民，而服务于民，充分发挥居民的自主性，让更多居民参与其中，才是实现志愿服务长久发展的根本力量。挖掘社区骨干人才，发挥居民智慧，让更多社区中有"志"之士得以施展其才能，从而促进社区志愿服务有序发展，携手建设美好社区。

（二）多元主体："亭""街""楼""店"

社区居民及社区组织是社区合作治理的主体基础。H 社区志愿服务体系形成了由雷锋亭、学雷锋一条街、幸福家园等系列的楼栋、雷锋商铺四方发力，交相辉映的格局。以"亭、街、楼、店"为布局，充分发挥各个阵地的优势，为社区居民提供更多元化和个性化的志愿服务，满足居民的多元需求。通过"亭、街、楼、店"的布局，社区可以优化各类阵地的资源配置，提高志愿服务的效率和质量；志愿者们更加明确自己的职责和任务，为社区居民提供更加多元化、个性化的服务。社区志愿服务不再只是社区单向度地提供资源支持，而是发挥社区资源创造出价值，以雷锋亭为指引输送志愿服务，以街道为延伸，以楼栋为一个个具体服务点，以雷锋店铺为资源提供，形成多元参与的治理格局。志愿服务队伍不断壮大的过程也是志愿服务组织参与社区治理的过程，社区与各类阵地、商家、志愿者等各方共同合作，形成共建共享的良好局面，为社区居民提供更加美好、和谐的生活环境。

（三）实现途径：社区自治管理机制

完善的志愿服务三大管理机制和五单服务模式是 H 社区志愿服务合作治理生成的实现途径。"雷锋亭"志愿服务队伍形成了志愿者招募、志愿者活动与积分闭环管理相统一的志愿体系三大机制。"雷锋亭志愿者协会"

通过线上线下广泛招募志愿者，不断壮大志愿者队伍，并根据志愿者个人特长、意愿，让其加入相应的志愿服务队伍中。通过线上线下等方式广泛收集居民服务需求，建立了群众点单、协会派单、志愿者接单、群众评单、协会核单的机制，让志愿服务与居民需求无缝对接、高效服务。最重要的是，H 社区建立健全了一套"物质＋精神"双激励的方式，提升志愿者的主动性和积极性。志愿者参与到志愿服务中获得相应积分，"雷锋亭志愿者协会"评议小组按照服务项目、时长、效果等评定有效积分，志愿者可以根据所获得的积分进行积分兑换。雷锋亭志愿服务队伍形成了志愿者招募、活动组织和积分兑换的闭环管理模式，旨在实现志愿服务的持续发展。"雷锋亭"志愿服务队伍以点单、派单、接单、评单、核单的五单服务模式立足居民实际需求，实现社区志愿服务全流程的管理和覆盖。在五单流程服务模式的推动下，H 社区雷锋亭志愿服务队伍不断完善志愿服务体系，为社区居民提供更加多样化、个性化的服务，促进社区和谐、文明、美好发展。推广"五单流程"志愿服务项目运作，通过"民点＋志供"的精细化运作，实现志愿资源的有效整合和供需对接，并且可以保证志愿服务的效率和质量。

（四）基本保障：制度和价值建设

制度与价值建设是其生成的基本保障。H 社区合作治理生成既是社区自治制度成长的过程，也是特定价值牵引并努力实现的过程。社区志愿服务本身是利他的活动，无论社区居民是主动还是被动地参与其中，都反映出居民心中有向善的理念，志愿服务本身的价值和志愿服务激励机制会逐渐放大居民心中的善念。居民有参与志愿服务的精神，加之社区辅以激励手段，居民在完成志愿服务之后，不仅获得了社区一定的物质激励或精神表彰，更重要的是，居民也能够在志愿服务的过程中进一步强化自己向善的理念。当居民越来越多地参与到志愿服务当中去时，加之社区对居民价值观的引导，居民也会发生价值定位的改变，不仅仅把自己看作一个普通公民，而是慢慢地参与到社区治理中，切实落实全过程参与。

社区自治制度为国家与社区间的合作提供了基本平台，社区自治为社区居民提供了社区参与平台；共同的价值追求在合作中决定方向，使合作治理有了灵魂和精神保障。H 社区志愿服务最开始是社区居民自发组成的，社区居民共同的价值追求让社区志愿合作治理事半功倍。通过持续有力的党建引领，培育社区志愿服务组织，挖掘社区居民骨干，激活已有热心居民，盘活社区所拥有的资源，引导参与志愿服务，同时引入外部专业志愿服务组织，有效促进了社区内部志愿者的成长。

六　结论

随着社会的发展，"共建共治共享"的理念逐渐深入人心，志愿服务组织作为人民群众自我组织、自我管理、自我服务的实践形式，得到了党和政府的普遍关注，成为社区治理的重要组成部分。志愿服务组织作为社区治理主体的重要组成部分，能够有效弥补政府和市场在供给服务层面的不足和空缺，能够为政府分忧，为群众解难。然而，如何保持志愿服务的持续性，并使其有效参与社区治理，是一个亟待解决的问题。在这个方面，H 社区提供了很好的经验。在党建引领下，"雷锋亭"志愿服务队伍建立起低经济性的"1345"长效发展机制和志愿服务实践，将志愿服务的可持续发展与社区治理紧密结合，构建了具有特色的立体志愿服务机制。社区志愿服务合作治理的生成过程将不断完善和优化，为更多社区居民提供更加优质、高效的服务，推动社区和谐、稳定发展。也为城乡老旧社区保障志愿服务的可持续性以及创新社区治理模式提供新的视角和参考。

随着中央社会工作部的成立，社区治理迈向了更加专业化、系统化的新篇章。社会工作与社区、社区志愿组织之间的紧密合作，不仅提升了社区服务的质量，也加强了社区的凝聚力和自治能力。社会工作的专业知识和技能，为社区治理提供了科学、系统的指导，推动了社区服务的专业化、精细化。同时，社会工作者的参与也提升了社区志愿组织的服务水平，共同推动了社区治理的专业化进程。这种多方参与的治理模式，能够有效促进社区资源的合理配置和高效利用，为构建和谐社会、增进民生福祉提供有力支撑。

参考文献

柏婷，2023，《山西社区志愿服务发展现状及推进》，《三晋基层治理》第 2 期。

陈美玲、蔡霞、张金梅等，2021，《参与社区志愿服务的医学生志愿者志愿服务动机现状及影响因素》，《护理研究》第 17 期。

邓支青、周林刚，2023，《公共危机应急中志愿者持续志愿意愿的影响因素研究》，《广州大学学报》（社会科学版）第 2 期。

丁宇、李艾东，2023，《志愿服务参与基层社会治理的意蕴、逻辑与路径研究》，《行政与法》第 3 期。

黄君、黄禹，2022，《国家服务社会：社区志愿动员机制与路径》，《中国志愿服务研究》第 1 期。

霍海燕、师青伟、魏婷婷等，2020，《社区治理志愿参与的政策激励与实践绩效研究——基于郑州市方圆经纬社区调查》，《社会政策研究》第 2 期。

巨东红、康凯，2016，《志愿者参与社区志愿服务的动机及行为分析》，《山西农业大学学报》（社会科学版）第 3 期。

李婷婷、常健，2023，《社区突发公共事件中的应急志愿服务：组织与管理模式》，《学习论坛》第 2 期。

李欣怡，2024，《新型农村社区合作治理中的多元主体参与研究》，《新农民》第 18 期。

李星、郭世优、李科成，2021，《多元共治视角下志愿服务参与社区治理新探索：基于环境、意识与行动逻辑》，《新生代》第 3 期。

栾丽霞、杨琴侠，2014，《合作治理视域下社会组织参与社区公共服务的探究》，《学术论坛》第 4 期。

马海燕、周波，2016，《社会治理视域下的社区志愿服务长效机制建构》，《青少年研究与实践》第 2 期。

孟磊，2024，《协同共治视角下志愿服务组织参与社区治理的路径研究——以衡水地区为例》，《未来城市设计与运营》第 5 期。

谭建光，2021，《中国志愿服务体系建设的区域探索——兼论青年志愿者的先锋作用》，《中国青年社会科学》第 5 期。

王芬芬，2018，《社区文化建设中培育和壮大文化志愿者队伍的实践与思考》，《文化创新比较研究》第 14 期。

魏君安，2015，《加强社区志愿者队伍建设的思考与实践》，《山东社会科学》第 S2 期。

徐若兰，2016，《志愿服务管理机制探索——以福建省为例》，《福建论坛》（人文社会科学版）第 9 期。

颜如春，2019，《提升社区志愿服务质量路径探析》，《重庆行政》第 3 期。

燕爽，2015，《志愿服务参与社会治理的路径思考》，《党政论坛》第 4 期。

于静静、徐礼平，2021，《社会治理背景下社区志愿服务创新路径研究》，《湖北经济学院学报》（人文社会科学版）第 4 期。

张敏、胡建东，2020，《提升社区志愿服务质量路径探究》，《人民论坛》第 26 期。

张勤，2014，《现代社会治理中志愿服务可持续发展的路径选择》，《学习论坛》第 3 期。

赵云亭、唐有财、王静，2023，《社区志愿服务助推社区韧性治理：价值意涵、实践反思与优化路径》，《天津行政学院学报》第 4 期。

周军、黄藤，2019，《合作治理体系中志愿者及其行动的组织与吸纳》，《江苏大学学报》（社会科学版）第 6 期。

于荆棘中开辟坦途：志愿服务组织的演化韧性研究

作者：秦　娜*

指导教师：赵万林**

摘　要： 既有研究多关注志愿服务组织参与社会治理的效能和路径，对于其如何在复杂环境中生存发展有所忽视。本文基于一个高校志愿服务组织生命历程的纵向质性研究，借助"情境—主体—行动"的分析框架，旨在从动态性、多层次的视角把握志愿服务组织的演化韧性机制。研究发现，志愿服务组织演化韧性呈现"韧性基础—韧性激活—韧性升级"的动态逻辑，个体、群体、组织三要素间的联动则是韧性得以演化的关键。另外，"群体"作为连接个体和组织间的桥梁，以一种叙事和情感的力量促成组织层面的精神理念向个体层面的价值行动转化，对于志愿服务组织韧性发展具有独特意义。不同于以往研究对组织韧性的静态分析，本文呈现了志愿服务组织多层次演化韧性的生成过程，对志愿服务组织韧性培育和相关研究具有一定的推动作用。

关键词： 志愿服务组织　演化韧性　生命历程

---

*　秦娜，华中师范大学社会学院 2021 级本科生。

**　赵万林，华中师范大学社会学院讲师，研究方向为农村社会工作与社会工作督导。

一 问题的提出

作为参与社会治理的重要主体，志愿服务组织在促进社会善治方面发挥着重要作用。由此，在过往研究中，志愿服务组织参与社会治理的效能与路径得到了学界较多关注（王彦东、李妙然，2020；席军良，2021）。但是，志愿服务组织自身如何能够在复杂环境中生存发展并发挥其公共价值，这一问题却未得到充分的探讨。近年来，韧性理论被引入组织研究领域，学者们开始对组织韧性投以关注。组织韧性指的是组织在应对内外环境不确定性、负面事件甚至冲击事件时所表现出的重要能力（Duchek，2020），其不仅包括组织面对外部风险时表现出的恢复原状（bounce back）的复原韧性，也包括将外部风险转为组织发展机遇并向前发展（bounce forward）的演化韧性（Li，2023）。志愿服务组织在发展过程中同样面临着各种各样的不确定性因素，因此有必要在组织韧性视角下考察志愿服务组织的韧性发展何以可能。

就当前研究来看，国内外学者多聚焦于营利类企业韧性研究，对志愿服务组织韧性的形成和培育研究仍处于起步阶段。在组织韧性的实证研究中，研究者多在短时的危机性情境下探讨组织韧性的概念、功能与机理（Tisch and Galbreath，2018；单宇等，2021），或侧重于将个人、组织等要素作为独立实体来分析其对组织韧性的作用效果（Buyl et al.，2019；Dimitriadis，2021；Queiroz et al.，2022）。这类研究关注到组织韧性的情境性，但在一定程度上忽视了长期性和日常情境下的组织韧性研究（马浩，2020；宋耘、王婕、陈浩泽，2021），对不同层次组织韧性的联系，及其如何再生产也语焉不详（Linnenluecke，2017）。

值得注意的是，韧性作为一个过程，是在组织系统内部及系统整体相互作用的背景下随时间的推移而不断演化的产物（Barasa et al.，2018）。本文选取圣兵爱心社（以下简称"爱心社"）作为案例分析对象，正是因为在长达25年的发展历程中，爱心社在每个阶段都面临着不确定性发展困境。但组织每次都能积极应对，并从中实现进一步发展，表现出了较强的演化韧性。因此，本文拟在经验层面探究的问题是：爱心社如何应对内外部挑战？促成其应对这些挑战的主要因素又是什么？通过回答上述经验问题，本文旨在厘清高校志愿服务组织在不同发展阶段的韧性来源及其生成机制。为此，本文结合组织生命历程视角，尝试在"情境—主体—行动"的分析框架下，考察组织不同生命阶段中面临的挑战、发挥作用的来源及作用的路径及结果。通过对爱心社的演化韧性考察，本研究试图超越以往研究对于组织韧性的静态分析，呈现志愿服务组织多层次的演化韧性过程，并为志愿服务组织培育韧性和相关部门制定志愿服务支持政策提供经验参考。

二　文献回顾

（一）组织韧性概念内涵及其关键维度

在组织和管理领域，Meyer 首次明确使用了"韧性"概念，认为韧性源于组织对环境动荡的回应（Meyer，1982），由此开创了组织韧性的新篇章。目前学术界还未对这一概念内涵达成共识（Sawalha，2015），既有研究主要从能力、结果、过程等多重视角来对其内涵进行解释。其中，"韧性作为过程"这一观点得到学界广泛认同（Williams et al.，2017）。持过程观的学者认为组织韧性是组织在危机情境下通过资源分配和与环境交互而习得的适应能力、应对能力和重塑能力，并在此过程中为韧性积蓄力量，以实现组织长期发展（Burnard and Bhamra，2011；Lengnick-Hall et al.，2011；Sawalha，2015；Hillmann and Guenther，2021）。这一观点凸显了韧性向前演变和适应学习的特征（田光辉等，2023），也关注到韧性发展过程中组织结构间的相互适应（Witmer and Mellinger，2016），对于组织韧性研究具有较强的借鉴意义。

然而，正如 Boin 和 van Eeten（2013）所说，处于过程中的韧性难以被测量，这使得组织韧性在一定程度上处于"黑匣子"之中，也间接导致了组织韧性概念的模糊化。因此，研究者需要正视这一问题，厘清组织韧性的关键维度以确保讨论因素与整体结构的紧密联系。通过回顾已有研究，组织韧性内涵的关键维度及其特征主要表现为情境双重性、来源层次性、形成动态性和影响双线性。

首先，组织韧性只有在特定的逆境事件中才有可能被明显地观察到（马浩，2020），而短时性和日常性情境都会对组织的韧性水平产生影响。现有研究多在短时性情境下探讨剧烈性、急速性、不可控的"黑天鹅"事件对组织韧性的影响，如各种自然灾害、突发事件、经济危机等（单宇等，2021；Herbane，2019；Tisch and Galbreath，2018）。随着研究的不断深入，一部分学者也开始关注韧性在组织日常性情境中的形成和积累，即缓慢性、长期性的"灰犀牛"事件对于组织韧性的影响（张公一、张畅、刘晚晴，2020；马浩，2020；宋耘、王婕、陈浩泽，2021；Andersson et al.，2019）。

其次，组织韧性的来源具有多层次性（Linnenluecke，2017），即个人、群体与组织都和组织韧性生成有关。个人层面，已有研究多关注管理者对组织韧性的影响，认为管理者的性别、个人特质、社会资本等都会对组织韧性产生影响（Casprini et al.，2023；Buyl et al.，2019；Dimitriadis，2021）。群体层面，组织成员间基于共同认知、动机、情感的集体状态和群体间交互行为也动态塑造着组织韧性（Kahn et al.，2018；Liang and Cao，2021；袁彦鹏、鞠芳辉、刘艳彬，2022）。组织层面，研究者将组织视为比个人和群体更高级的一种结构，运用资源编排理论、组织学习理论和关系网络理论探究组织资源的存量和管理、组织模式的调整、组织系统间的关系对组织韧性的影响（Queiroz et al.，2022；Orth and Schuldis，2021；Do et al.，2022）。

再次，组织韧性的形成是一个动态性过程。组织韧性形成研究主要围绕韧性形成阶段、韧性形成策略和韧性能力体现三方面展开，但目前研究成果较为分散。现有研究多以外部冲击作为组织韧性过程性的分析维度，认为组织韧性形成于"逆境前—逆境中—逆境后"三阶段中，遵循"激活—适应—强化"的策略逻辑（Conz and Magnani，2020；单宇等，2021；宋耘、王婕、陈浩泽，2021）。在此过程中，组织韧性展现出特定的预测能力、防御能力和成长能力（Andersson et al.，2019；Sabahi and Parast，2020；Jiang et al.，2019）。

最后，组织韧性的影响效应具有双线性。研究发现组织韧性不仅能够帮助组织实现转危为安的短期生存效果（Lengnick-Hall et al.，2011），还能够在特定条件下实现组织可升级、可持续和可进化的长期发展效果

（Salvato et al. , 2020；Rodríguez-Sánchez et al. , 2021）。

（二）志愿服务组织韧性研究回顾

目前，只有少数实证研究专门针对志愿服务组织的韧性展开了研究，且研究对象多为西方情境中的非营利组织，有关中国本土志愿服务组织的韧性研究极为稀有。总体来说，现有研究主要对志愿服务组织韧性的影响要素和形成路径两方面进行了探索。Witmer 和 Mellinger（2016）通过两家医疗保健非营利组织的案例研究，发现"对使命的承诺、即兴创作、社区互惠、仆人和转型领导、希望和乐观以及财政透明度"等是非营利医疗组织成功应对资金变化的重要因素。随后，Searing 等学者（2023）使用定性研究方法，针对美国非营利组织在 2015~2017 年伊利诺伊州预算僵局（拖延付款）导致的金融危机中的经历，搭建了"财务、人力资源、外联、计划和服务以及管理和领导力"的非营利组织韧性框架。这使得非营利组织韧性的影响要素更加明晰，且在一定程度上进一步扩充了 Witmer 和 Mellinger 的研究发现。以上两项研究说明了非营利组织抵御冲击和恢复的作用要素至少需要包括四个方面：共同信念、人力和财力资源、支持性关系网络，以及管理与领导者。

关于志愿服务组织韧性的具体形成路径研究。Herrero 和 Kraemer（2022）通过在新冠肺炎大流行早期阶段对非营利组织筹款人的深入采访，展现了筹款人的认知、情感、行为和关系能力在非营利组织应对疫情带来的挑战时的韧性。Waerder 等人（2022）针对 2015 年德国难民危机，通过多个整体案例研究发现非营利组织与私营企业间的合作有助于非营利组织具备稳定性、资源、专业知识和同情心，以克服基于资源的、概念的和情感的挑战。这两项研究都表明多层次因素对于非营利组织韧性的意义，但遗憾的是，它们多侧重于分析单个结构性要素对于韧性形成的作用机制，未清楚地阐明多层次要素间的相互转化与作用的过程。Okamoto（2020）则基于一个非营利组织的民族志研究，强调了叙事韧性对于非营利组织的重要性。这项研究关注到组织韧性形成过程中个体、组织、社区间的对话与行动，为研究者和管理者理解志愿服务组织韧性带来了更为深入和新颖的理解视角。但在 Okamoto 的研究中，作为组织中间层的"群体"并未得到充分关注。

（三） 迈向对组织韧性的动态多层次理解

通过文献回顾，本文发现当前相关研究领域还存在以下不足：第一，组织韧性是一个情境性概念，不同组织间的韧性形成也具有异质性。国内外已有研究主要集中在商业管理领域，志愿服务组织的韧性研究还未被充分探索（魏琳、耿云江，2021）。第二，实际研究过程中忽视了组织韧性来源的层级性。虽然目前多数研究承认组织韧性的多层次性，但在实际研究过程中研究者多将组织或其他级别如个体或团体作为独立结构进行分析，并未阐明多层次来源间的互动与转化机制（Hillmann and Guenther，2021）。这点在组织韧性及其细分领域的志愿服务组织韧性研究中都有所体现。第三，缺乏日常性情境之中的组织韧性长期演化分析。基于冲击阶段的韧性形成机制只是处于组织横向阶段中的韧性片段，但韧性是一个发展过程，将分析局限于组织特定的单一发展节点，是无法完全理解韧性及其多层次互动过程的。

正如 Caza 等人（2020）所说，要理解韧性的多层次性，就需要超越单一层次的视角，从而理解它是如何随着时间的推移而出现的。因此，只有跟随组织发展轨迹和生命历程，研究者才有可能打开韧性生成的全过程黑箱，观测到韧性演化逻辑与其多层次间的互动过程。

三 分析框架及研究方法

（一） 分析框架：“情境—主体—行动”

为了对志愿服务组织演化韧性的过程与形态进行动态化、全景式的细致分析，本文基于志愿服务组织生命历程的纵向分析，借助“情境—主体—行动”的多层次分析框架，重点考察组织不同发展阶段中的危机情境、层级主体、行动策略对组织韧性过程的影响，以此把握长期性和日常性情境下志愿服务组织韧性的演化逻辑和韧性多层次主体间的作用机理。

具体而言，为避免时间维度在组织韧性研究中的隐匿，本文结合组织生命历程中的挑战与危机，将组织生命周期划分为初创期、继替期和转型期。同时，"动态情境""多层主体""行动过程"的维度划分则与组织韧性的生发过程紧密联系。其中，动态情境主要包括短期性情境和日常性情境，短期性情境是指组织在某一发展阶段中亟须解决的危机情境，如人员紧缺、资源紧张、外部冲击等；日常性情境是指组织在整体生命发展历程中面临的困境，如组织凝聚力、服务能力培育等。层级来源主体是指志愿服务组织韧性的主要来源，组织整体的韧性演化存在于三个不同层次的韧性的动态交互作用中。组织内个体的韧性有助于帮助组织韧性雏形的显现，而个体间的积极互动则有助于提高群体层面的韧性；群体间的韧性能够为组织韧性发展提供支撑，进而转化为组织整体层面的韧性，促使个体、群体、组织各层次间的韧性都得到提升。志愿服务组织韧性演化的行动过程包括行动策略与行动结果，二者间相互联系、相互影响。在组织不同发展周期内，发挥主要作用的对应主体采取行动策略以更好地帮助组织韧性的形成，这一周期内形成的组织韧性又在下一阶段对组织发展产生影响，进而使得韧性随组织发展时间的推移而不断扩展演变。

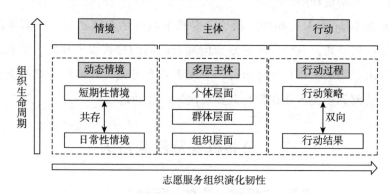

图 1　组织韧性动态多层次分析框架

资料来源：作者自制。

（二）研究资料与研究方法

之所以选取圣兵爱心社作为案例，主要考虑到其具有生命周期长、组织架构完善和阶段性发展这三点特征。首先，爱心社具有较长的发展历史，且取得了良好的实践成效。爱心社创建于 1998 年，截至 2023 年底，已有 25 年的历史，累计服务 2000 余名高中生，其中 90% 的孩子考上了大学，资助金额超 150 万元，资助范围由湖北省扩大至河南、甘肃、贵州、江西、新疆以及黑龙江等地区。组织内成员不断迭代，至今社友人数达 3600 余人，发动志愿者人次超 6 万次。其次，相较于其他学生组织，爱心社内部架构完善，管理制度成熟。爱心社设立全体社员大会和理事会，社团实行理事会负责制，各部实行部长负责制。在全体社员大会期间，社员不仅可以就社团重大事宜，比如社长的任免、章程的修改等进行表决，还可以在大会上就社团事务进行质询，理事会全体成员必须对社员的质询或其他相关问题予以回应。内部部门设置方面，爱心社设立 "两会—两组—四部——处——队"① 的组织架构。最后，组织发展具有阶段性，且每一阶段内组织都面临短期性情境和日常性情境的挑战与威胁。在组织发展第一阶段，即初创期，社团缺人、缺钱、缺乏完整的组织架构；在组织发展第二阶段，即继替期，社团面临组织精神的代际传承困境；在组织发展第三阶段，即转型期，组织既有发展模式与外部环境需求产生错位。作为一支高校青年志愿组织，爱心社在其生命历程中经历了不同的磨难与艰辛，但组织都能转危为安，并实现超越发展，这正是其演化韧性的生动呈现。

笔者于 2021 年 10 月至 2023 年 9 月加入该社团，深度参与了组织日常校内服务、特色下乡服务、日常部门例会、理事会例会、社团特色团建活动。在此过程中，笔者对组织第 21 届至第 24 届负责人和部分核心成员进行了深度访谈。具体而言，本文的资料收集分为以下三个阶段。第一阶段是 2021 年 10 月到 12 月，研究者主要以爱心社普通社员的身份进入，了解组织基本机构、各部门工作内容和组织发展成就，主要通过参与式观察、半结构式访谈开展，但此时还未聚焦到组织韧性生成议题。第二阶段是 2022 年 3 月到 8 月，这段时间研究者跟随社内社外成员共同经历了其下乡特色活动（"爱心之旅"）的前中后期完整筹备工作，深入了解爱心社的

---

① 两会分别是监事会和理事会，监事会负责维护、监督、修订本社章程及其他制度；理事会由社长、副社长、监事理事及各部部长组成，向外代表社团，向内负责组织架构、人员管理和重大决策。两组分别是 "168 专案小组"（后改名为 "168 项目小组"）和思想能力培训小组（简称 "思能小组"）。四部分别是外联部、通讯部、宣传部、财务部。一处为秘书处。一队为心晴服务队。

组织文化、人员管理和领导风格，并在这年7~8月作为其中一支下乡分队副队长跟随队伍共同下乡，在此过程中观察爱心社如何根据组织宗旨和目标选定服务对象，并再次深入体会其组织规范、队伍精神和成员行动，主要通过参与式观察和半结构式访谈展开。第三阶段是2023年1月到9月，这一阶段研究者以爱心社理事会成员身份进入，此时研究者已将聚焦点放于组织发展困境和韧性体现层面，重点了解组织发展历史及精神理念、组织内部成员组织文化学习情况、组织资源利用情况、组织服务活动助人育人效果、组织内外互动情况和组织内部发展问题，主要通过深度访谈法、参与式观察、文本分析和问卷调查等方式展开。资料收集信息见表1、表2。

表 1 深度访谈者基本情况

身份	工作年限	所在学院	被访者编码
第21代组织负责人	2年	历史学院	F1
第22代组织负责人	2年	历史学院	F2
第23代组织负责人	2年	心理学院	F3
第24代组织负责人	2年	历史学院	F4
组织核心成员	2年	社会学院	F5
组织核心成员	2年	经济与管理学院	F6
组织核心成员	2年	文学院	F7

表 2 资料信息及编码

资料来源	名称	类别	数量（个）	编码
参与观察	组织部门例会、全体社员大会	观察、记录文本	52	C1
	理事会会议	观察、记录文本	25	C2
	校内服务活动	观察、活动反馈	28	C3
	下乡实践活动	观察、工作总结	35	C4
	特色团建活动	观察、记录文本	10	C5
内部资料	社长年度述职汇报、各部门工作规划与总结	文本	160	N1
	社史资料	文本、漫画	28	N2
	社团章程、财务管理规定、事务管理规定	文本	3	N3
	社团事务质询回复	文本	18	N4

资料来源	名称	类别	数量（个）	编码
外部资料	该组织纪实书籍	书籍（纪实）	1	W1
	人民网、《中国青年报》、《中国教育报》等官方媒体报道	新闻报道	121	W2

四　社团初创期：卡里斯玛权威奠定韧性基础

（一）组织缘起：创始人个人的生平境遇与价值追求

爱心社虽在成立初期受到学校团委、校友会等职能部门的大力支持，但社团缘起同我国大部分的草根志愿服务组织相同，具有很强的生活性、偶然性与发起人个人性特征（卫小将、许艳梅，2023）。爱心社的缘起则与其创始人 F 的生平情境与价值追求密不可分。F 高中时期，身边有一位因贫困三次辍学三次复学的孩子，他听闻此事后深受触动，并做出一个出乎意料的举动：尽自己最大的能力来帮助这个比自己还困难的孩子。F 顺利考取大学后，他的秘密资助事业仍在继续。

一次偶然的机会，F 的个人事迹得到学校媒体的报道并被进一步推广。此后社会掀起了一轮宣传高潮，F"难中助难"的故事受到社会的广泛关注和高度肯定。伴随着宣传热潮，写信前来向 F 求助的贫困家庭数量也不断增多。但这时 F 的本科学习生涯即将结束，较大的升学压力和生活压力也随之而来。如何将这份公益助学事业延续下去，对于还是学生身份的 F 来说是一道难题。为更好地延续其个人事业，F 听取了周边老师和同学的建议，计划于 1988 年创办爱心社。在得知 F 即将创办社团后，17 名来自不同院系的同学纷纷自发加入爱心社，会集到 F 周围，开始自发追随其并共同开展工作。在谈及选择加入爱心社的原因时，初代成员无不提及被创始人的事迹震撼后的内心感动，并将其称为"心与心的共鸣"。

我在问自己为什么会走进爱心社，应该是源于向善。还记得第一

次看到报刊上报道 F 的事迹时自己内心的那份感动，这是心与心的共鸣。（W1-99 级社友）

（二）生存危机：组织基本生存资源匮乏

爱心社的初代成员全面继承了创始人 F 个人所开展的工作，这也使得 F 个人的价值理念得以延续。但两年之后，初代成员由于面临就业或升学压力而无法继续留任社团从事助学事业，爱心社需要考虑其如何生存与发展。

这一时期爱心社的名气很小，宣传招新力度有限，无法找到合适的领导接班人，社团骨干成员数量也寥寥无几。同时，由于爱心社济困助学的特殊性质，社团对资金的需求较大，但在创始人个人的宣传热潮过后，爱心社收到的社会捐款数量不足以支撑其继续资助贫困学生。而伴随着初代成员的退场，爱心社接班人和骨干成员缺乏、社团筹资依赖性较强、社团组织架构不明晰等问题不断浮出水面，此时的爱心社正处于"生死线"的边缘。

（三）精英力量："巨人型骨干"

1. 动员私人关系

创始人及其初代成员一致认为此时的爱心社必须吸纳认同创始人理念、具备较强能力的成员入社，以此才能维持社团的生存。于是，创始人开始寻找自己的"接班人"，第二代负责人的诞生就是靠创始人凭借个人关系"拉"来的。

> 也许比较"二"的人心灵相通，于是 S 小哥（创始人）也一而再地到处找我，在当年被称为"石洞"的那个楼梯口，我提着扫把挑着垃圾被小哥逮到了另一条路上，从此不再回头。（W1-第二代负责人）

第二代负责人加入社团后，积极利用个人关系网络，动员身边热爱公益事业的同学及朋友加入爱心社，并请同一院系的师弟向其推荐几名"精英"入社，爱心社因此吸收了新一批素质良好的成员。这些"拉来的人"成为支撑组织生存的骨干力量，为组织生存发展提供了无限可能。

2. 发挥个体韧性

在第二代成员加入后，负责人与成员们迎难而上，在此过程中体现出较强的心智韧性、学习韧性与精神韧性。

首先，探索志愿服务组织商业化运作模式，发挥敢于打破常规的心智韧性。为解决社团即将"破产"的风险，成员们初期主要通过卖报纸、送牛奶等基本业务来筹集资金。经过半学期的摸索，这一代成员最终决定以商业化运作模式来筹集资金，开展助学事业。为打破传统公益组织不能与商业结合的局限，组织在 2001 年面向全校发放 2800 份问卷，共回收有效问卷 2380 份，其中 90% 以上的同学对爱心社从事商业活动表示理解和支持。由此，爱心社设立外联部，外联部部长在此过程中展现出极强的个人能力和领导能力。他将外联部分为赞助组、基本业务组和商品代理组，并在不断探索中建立了以所在高校各个楼栋的社员为服务终端，统一负责小商品代理与传单发放的渠道与模式。爱心社初期的资金筹集渠道逐步稳定下来。

其次，将组织理念与运行架构相结合，体现善于反思实践的学习韧性。随着社团日常工作的固定，社团架构也逐步确定下来，即按照组织日常工作进行部门的划分，各部门设立部长，社团确立社长。但在运行的过程中，第二代负责人意识到爱心社秉持的长期主义取向和实施的商业筹资模式使得其对于组织架构的要求更高，组织架构不仅仅是单一的职能划分，更是组织理念和组织精神的体现。因此，第二代负责人通过参考英美法系的公司治理结构中的独立董事和中国大陆法系的公司治理结构中的监事会结构，对爱心社内部架构再次进行了探索与调整。具体而言，社团设立全社社员大会，全社社员大会下设理事会和监事会；社团实行理事会负责制；理事会实行集体负责制，监事会实行监事长负责制，各部门实行部长负责制。这一架构设置使得爱心社与一般学生组织区别开来，社团理事会权力得到有效监管与控制，社团成员也拥有了更多的自主空间与权利。

最后，推动组织公共价值理念的可视化、制度化塑造，凸显长期主义取向的精神韧性。爱心社自创设初期就具有极强的公共价值取向，但在初代成员在社期间，社团更像是由一群志趣相投的人组成的爱心团体。为实现组织的持续发展，第二代成员从组织公共价值理念出发，在组织宗旨层面、物质文化层面和制度文化层面使其不断具象化、规范化。组织宗旨层面，社团明确了"济困助学，服务社会"的宗旨、"造就他人，实现自我"的社训和"坦诚坚韧，博爱无私"的精神；物质文化层面，爱心社成员共同设计了社旗、社标、社服、社牌，并向学校层面争取到了独立办公的活动空间；制度文化层面，爱心社在这一时期制定了社团章程，对社团的基本任务、成员的基本权利与义务、组织架构与职责、服务对象来源及要求、资金来源与使用等方面进行了初步规划。在此过程中，社团成员长期主义的公益精神追求体现得淋漓尽致，爱心社的基础定位和运行理念也得到进一步明确。

（四）韧性基础：卡里斯玛权威的作用

马克斯·韦伯（1998：270）提出了三种权威结构的理想类型："传统型权威"、"法理型权威"和"卡里斯玛权威"。卡里斯玛式的权威结构是指组织领袖因具有非凡的气质、超凡的禀性才得以与普通人区分开来，这种权威需要依赖领袖与追随者之间的相互承认与确证才能得以实现。因此，在卡里斯玛权威中，追随者并非被动、屈从的附属地位，相反，其也拥有着个人的主体性与能动性。爱心社初创期间，创始人精神和第二代负责人的个人领导能力正契合了卡里斯玛权威中的"领袖"特征，而爱心社的骨干成员也在此过程中发挥个人韧性，领导人和成员都对爱心社初期的韧性基础形成具有重要意义。

爱心社内部的初代成员多是受创始人道德品质的感染和影响，创始人的价值坚守和奉献精神对其他成员产生了无形拉力，使得成员们自愿追随其投身助学事业。这奠定了爱心社的公共价值和道德追求，成为促使其度过危机的内生动力源泉。与组织创始人纯粹的使命感不同，第二代负责人在道德追求的基础上还展现出突出的领导才能，通过个人关系网络聚集起一批能力卓越的社团精英。之后，卡里斯玛式领袖及其"追随者们"为谋求社团生存空间，开始了系列探索与实践。他们敢于打破常规，为社团提供了初期资金来源，开创了商业筹资模式；善于学习反思，将组织理念与运行架构相结合，降低了组织运行风险，也有效克服了科层弊端；坚持长期主义导向，明确了组织的宗旨理念与发展方向，塑造了组织在面对不确定环境和危机情境时的核心精神追求。

五　社团继替期：群体认同激活韧性基础

（一）发展挑战：内部成员流失与外部绩效负能

由于逐年增加的学业压力，爱心社社员的流动性不断增强。一般社员在社一年之后多会选择退社，但新社员对于组织的认同感和了解度需要较长时间才能建立起来。而且，随着制度性志愿激励的不断发展，对于志愿者的评价指标趋于量化。制度性激励的效力不断增强，志愿者出于自身发展考虑，对于这类奖励的需求也不断增加。组织发展过程中必须考虑到成员自身的发展和需求，但单一的制度性激励并不符合爱心社的使命本色。随之带来的是部分成员对于组织理念和组织精神的理解的"悬浮"状态，社员更多是在日常工作中遵循既有工作流程，完成"应有任务"。

可见，伴随着组织的不断发展，内部成员的流动性和外部环境的绩效文化对于卡里斯玛权威的纯粹意义发起了挑战。在这种情境下，源于卡里斯玛式领袖及其追随者们的个体价值与信仰如何在群体层面得到承认与实践，这值得进一步探究，因为它关系着志愿服务组织发展的核心，即组织使命与组织文化的延续与继替。

（二）拟家庭化的集体叙事："我们是一家人"

面对组织内成员的流动性和使命的悬浮化，爱心社理事会成员再次明确组织发展要始终坚持以"济困助学，服务社会"为中心，强调"一切为了孩子"，组织使命再次得到强化。而这本质上是一种通过信息、话语和叙事来建构韧性、唤醒记忆、激活情感的方式，具体则通过举行集体仪式、讲述社团历史和注重服务实践的方式进行。

1. 举行集体仪式

集体仪式在组织中是一种伴随着极强文化意义的集体性行为，包含共享的行为（同步动作）、共享的注意以及共享的意义三种要素（Hobson et al.，2018）。在爱心社，集体仪式对于其成员理解组织文化与使命具有重要意义，"清明扫墓"和"爱心社入社宣誓仪式"便是其中最为重要的两项仪式。清明扫墓是为了纪念一位对爱心社有着重大意义的老师。自从这一仪式开始后，爱心社成员便一直坚守，这项庄重的仪式不仅是组织文化的承载，更是成员间情感、信念汇集的集中体现。

此外，新社员在正式入社的当天需跟随社长一同在"爱心社入社宣誓仪式"上宣誓。

> 与你相伴，从戴上社牌，在社旗下宣誓的那一刻开始。我记不清具体的誓言，但我记得那份神圣感，用老人们的话说，我们都"嫁给了你"。（W1-12级社友）

可见，对于组织成员来说，集体仪式既是对自己身份的肯定的象征，也是组织责任的传递。通过集体仪式，成员之间共享一种身份信息，并且形成了"我们"的集体意识。

2. 讲述社团历史

爱心社通过选择过往关键人物的故事与具有特殊意义的组织事件，以文字、影像和口述的方式讲述和串联故事，在此过程中故事被赋予特殊的意义，进而上升为个人和群体的思考与行动。首先，爱心社组织成员编写社史，回顾往届社团负责人在任期间的做法与成就，梳理社团在面对危机事件时的做法，并将其以充满叙事性、故事性的文字形式记录下来；其次，爱心社在校内和其他高校举办影展，以图片和影像的方式呈现组织过往的经历和故事，编织形成了专属于爱心社的故事网络；最后，爱心社成员在集体活动和部门例会中以口述社史或社史表演的方式再现社团过往的"艰辛与快乐"，使得原本触不可及的组织理想和故事案例融入了成员的日常生活。

在此过程中，历史故事的讲述只是一种外显的描述手段，其意义的发挥关键在于讲述者和听众为其赋予的意义，以及历史故事对于当下现实的参照和引导。而对于爱心社的成员们来说，相比于原本只存在于文件和口号中的组织宗旨，这种历史故事的讲述显然更富想象力和创造力。

3. 注重服务实践

成员在集体性的组织空间和日常的真实互动中生成一种个人意识与群体情感相融的集体情感。这种情感的生成是一种内生性产物，是个人意识与群体情感相融的体现。成员初入组织时，"起小名""以老带新"的形式使其形成正向的情感体验，产生归属感与安全感。

> 对于一个千里迢迢来武汉求学的北方姑娘来说，爱心社就像是我的南方家园，永远充满欣慰与温暖。刚刚入社的时候，我并没有感到丝毫的陌生，因为社员们总是满脸微笑，带着一种爱心社特有的亲切感。（W1-GYJ）

日常的服务实践强化了这种体验。成员通过参加社团日常的义卖、旧物回收与暑期实践活动，进一步增加了与其他成员间的互动，增强了彼此的情感联结，并在这里获得了认可与友谊。同时，成员们在服务实践中看到了许多在困苦中挣扎着的家庭。这种直抵人心的、触动灵魂的情感冲击再次激活了个体在组织中的集体性情感，进而生发出对群体的认同与责任。

> 走访时遇到了很多让心灵为之颤抖的人们。走访的学生中有一位盲人爸爸，他是个很热情乐观的人，他一直告诉我们要让女儿上大学接受更多教育，言语中是对生活的热爱和满足……他们乐观生活，即使现实残酷昏暗也要努力寻找希望，让光芒普照，我不清楚到底是我们在帮助他们，还是他们在帮助我们。（W1-TY）

（三）韧性激活：群体认同的作用

群体认同是指个体在情感上归属于某一群体的意识（van Veelen et al.，2016），是一个情感性、关系性和内生性的过程。而在爱心社，这种群体间的认同则是通过集体性的叙事实现的。具体而言，群体间通过"举行集体仪式"实现信息与信念的传递与共享，成员对于个人群体内成员身份的认同得到进一步深化，也加强了成员在组织中的归属感；"讲述社团历史"以选择性的方式不断强化对组织具有特殊意义的故事，实现对于组织关键故事的意义建构；"注重服务实践"则通过真实的互动与行动充分激活成员在群体中的价值认知与情感动力。

在多重形式的集体叙事下，成员间的认知、情感、行动相互交织，成员逐渐明白"我是谁"以及"我们是谁"，并对"我们要做什么"有了共同的意识和目标，群体认同也就得以生成。这加深了成员们对于组织使命的内化，使个体的价值伦理和道德观念整合进集体的情感和精神中，成员在日常生活中重新理解自己、他人和组织，并在此过程中共情他人所承受的喜悦或痛苦，提升感应相通的敏感度，进而生成同情、敏感、正义的情感。这些情感进一步强化了群体对于组织的依恋、认同和责任，指引着成员的道德实践与价值追求。由此，群体认同是组织在应对内部成员流失与外部绩效负能的重要策略，是激活组织韧性基础的集体性情感力量，更是个体层面的韧性向群体层面转移的过程体现。

六　社团转型期：组织学习推动韧性升级

（一）转型难题：内部模式固化与落于时代环境

爱心社成员一直深知"爱是需要能力的"，因此对于内部建设和服务模式的探索从未停止过。但自 2020 年开始，社团改革的呼声越来越高，此后每一任社长报告中，"转型""变革"等关键词都有所涉及。

表 3　2020~2024 年爱心社社长报告相关主题

社长报告相关主题	时间
《越过山头，在变与不变中逐步推进社团增量改革》	第 22 届（2020 年）
《社团稳步发展，事务逐步精细化，社团改革初见成效》	第 23 届（2021 年）
《稳中求进，挑战中寻求突破》	第 24 届（2022 年）
《挑战中寻找机遇》	第 25 届（2023 年）
《展望未来，敢于突破，构建精神资助形式新网络》	第 26 届（2024 年）

这是因为，爱心社此时面临内部和外部两重因素的挑战。内部因素体现在这一阶段组织内部结构与分工已经趋于固化，随之而来的是组织僵化和成员专业能力较低等困境。而外部因素则是因为随着我国社会经济发展和脱贫攻坚的卓越成就，爱心社一直以来坚持的传统物质资助模式已经无法适应当前的社会需求和主流导向。这也使得爱心社相较于其他青年志愿组织流失了许多资源和发展机遇。正像组织内成员所述：

> 爱心社在当前就是面临着分岔口，是延续之前的传统资助模式，还是转变服务模式，都关乎着组织的未来命运。（F4）

转型期的爱心社需要重新审视未来的发展道路。而在当前组织亟须转型的情境下，卡里斯玛权威对于爱心社来说是一种极不确定的可能性，因为这种纯粹意义上的领导权威已经很难显现。而群体间的认同在某种程度上又高度倡导一种统一的话语，即使能够赋予成员共同的信念和前行的动力，但个体的思考与新意很有可能被淹没在其中。这也在一定程度上阻碍了爱心社的创新与活力。因此，在这一时期，爱心社需要思考：谁来推动组织转型升级？

（二）组织系统："个体—群体—组织"三维整合

面对组织转型危机，爱心社通过组内赋能和组间网络的方式强化"个体—群体—组织"三维整合的组织系统，共同应对风险的意识，推动组织内外共同体模式的搭建。

1. 组织内专业性赋能

随着外界各类专业协会与赋能型服务组织的快速发展，爱心社意识到专业性逐渐成为当前志愿服务组织生存和发展的关键因素。因此，组织通过在成员培训、部门结构与服务模式三方面的调整，实现组织内部个人、群体、组织间的专业赋能，不断践行专业性的价值追求。

第一，组织成员培训方面。爱心社在这一阶段注重培养成员的忧患意识与责任意识，在社团招新面试题或理事会换届面试题中便加入较多关注志愿服务组织发展困境和挑战的题目，并侧重于吸收有情怀、有新意、能坚持的新鲜力量。而在定期的全体社员大会中，社团负责人主动向全体社员报告社团发展困境与危机，并带领社团成员共同探讨应对策略，再次激发成员的主人翁意识和风险意识。

第二，组织部门结构方面。首先，爱心社将原本与外联部功能混同的"168专案小组"改为"168项目小组"，设立专业化部门，精简部门职能。在此过程中小组成员积极学习社会工作服务设计理念，在公益项目设计理念、公益项目传播渠道、公益项目形式突破等方面不断探索，为爱心社带来了新生活力。其次，爱心社提出打造"服务—学习"型社团的组织特色，通过举办跨部门培训和组织技能培训会的形式，打破部门壁垒，强化成员的服务能力与服务意识。

第三，组织服务模式方面。社团始终坚持"济困助学，服务社会"的宗旨，坚守组织底色和初心。但在此基础上，爱心社意识到要深入挖掘其需求，逐渐转变服务方式，提升服务专业度。在这一阶段逐渐将工作重心从传统的物质资助转移到以沟通陪伴与情感支持的精神资助，努力为现有服务对象提供倾诉渠道和情感支持。同时，爱心社借助新媒体技术与服务对象建立线上沟通群聊，并为其链接校内优秀师生分享会与志愿填报咨询讲座。

2. 组织间开放式网络

组织要转型，就要有开放的学习心态。因此，爱心社主要通过向外寻求专业指导、主动搭建沟通平台和积极强化制度性认可来主动向外界获取经验、促进互动分享。

第一，向外寻求专业指导。社内成员在工作过程中发现志愿服务组织发展需要专业理念和方法的指导，但爱心社的原本挂靠单位在专业指导方面支持较少。因此，社团主动寻找与组织使命和发展方向契合的指导单位，最终于2023年挂靠至社会学院团委，并配有两名专业指导老师。

第二，主动搭建沟通平台。爱心社理事会成员意识到当前不仅爱心社一个组织面临发展困境，其他同类型组织在发展模式、发展资金、人员流失等方面也面临发展危机。由此，爱心社在新冠疫情之后连续举办两次志愿服务组织联谊会，并邀请其所在城市的各个高校志愿服务组织参与，各个组织围绕"公益传播""社团建设""资金保障"等多方面问题共同讨论高校志愿服务组织发展新模式、新方向。

第三，积极强化制度性认可。爱心社于 2023 年 12 月建立功能型党支部，落实"党建引领"下的志愿服务活动。同时，爱心社创办"志愿讲坛"，组织成员学习新时代志愿服务精神和组织建设思想，积极学习社会企业运行理念和公益创业模式。这也进一步体现了组织文化与社会主流文化之间相互交融的特征和方式。

(三) 韧性升级：组织学习的推动

组织学习是组织通过积累经验和知识，对运营模式、组织架构和组织文化等进行调整以更好地适应环境变化的过程 (Argote and Miron-Spektor, 2011)。爱心社组织内部的专业赋能强化了成员的风险意识和服务能力，也使得组织内部的专业化程度提高，有助于提升组织发展的竞争力；组织对外的开放式学习心态则进一步扩展了组织的关系网络，为组织转型发展提供了专业性指导资源、互惠式交流平台与制度性支持与认可。在此过程中，成员个体的想法与创意被鼓励表达，群体间专业服务意识与能力得到提升，组织则通过搭建整合的共同体网络和制定可行的应对策略，使得整体系统适配于组织转型需求，组织整体系统不断学习与进化。

组织学习促使组织系统各要素间的相互作用，并推动各要素参与到组织转型过程中来。在转型期，个体、群体、组织间的关系边界被弱化，原本生发于个体层面的精英力量和群体层面的情感认同也升级成为组织系统共同抵御风险的整体力量。由此，组织学习实现了"个体—群体—组织"多层次要素共同抵御危机的共同体模式搭建，为社团转型带来了专业化思维方式和开放式学习心态，促使志愿服务组织在运行过程中实现理论与实践的相互转化与动态调整，是组织韧性升级的重要力量。

七　结论与反思

(一) 研究结论

组织韧性体现在组织发展过程中 (Williams et al., 2017)。本文通过呈现一个典型高校志愿服务组织在不同发展阶段中应对逆境和不确定风险的日常化实践，详细剖析了志愿服务组织的韧性形成过程，主要结论包含以下三点：

第一，志愿服务组织韧性呈现动态演化特征。本研究结合组织生命历程的视角，发现韧性伴随组织创设之后的发展情境而不断生成与演化。其演化逻辑主要遵循"韧性基础—韧性激活—韧性升级"三阶段，且每一阶段都围绕"情境—主体—行动"的形成过程。在韧性演化的过程中，前一阶段的韧性又作用于组织后一阶段，组织韧性整体呈现逐级演化、不断积累的样态。

第二，韧性来源多层次间能够相互转化与平衡发展。通过"情境—主体—策略"的分析框架，本研究发现，组织韧性得以不断演化的关键因素是组织各层次要素间的感知与行动。个体层面的卡里斯玛、群体层面的群体认同、组织层面的组织学习分别在组织韧性演化阶段中发挥不同作用。同时，在组织韧性形成的过程中，个体、群体和组织要素不断被整合进组织系统中，最终实现"个体—群体—组织"三维整合的多层次韧性力量。

第三，"群体"力量对志愿服务组织演化韧性具有特殊意义。对于志愿服务组织而言，公共价值取向的精神理念是其在不确定环境下的根基所在。而群体作为连接个体和组织间的"抓手脚"，以一种叙事和情感的力量强化了个体对组织的认同与责任，使得个体的力量能够在组织层面展露，而组织的战略规划也得以在个体层面实践，是组织层面的精神理念和个体层面的价值行动之间的桥梁和纽带。

（二）实践启示

第一，要意识到组织精神和群体力量对于志愿服务组织韧性发展的独特作用。爱心社生命的一径长途中遍布荆棘，但在此过程中它又能够化荆棘为坦途，呈现较强的生命力和感召力。究其根本，在长达25年的生命历程中，爱心社始终坚守着"爱与善"的种子，发挥着其在社会中的独特价值。即使服务内容和形式随着转型需求不断调整，但其根本精神底色从未发生变化。爱心社的社员们则基于共同的精神践行着对善的承诺，用行动勾画出一幅"乌托邦式"的图景。这才使得组织精神不断扩散、传播到组织本身以外的场域，生成超越组织范围的精神力量。由此可见，与一般企业不同，社会取向的、包容开放的组织宗旨与精神理念则是志愿服务组织韧性形成的基础与核心，而这种精神力量往往需要在群体层面得以激活。因此，在当前不确定性环境下，志愿服务组织应首先关注到组织宗旨与理念在社会建设和社会治理中的独特价值，并注重在群体层面的落实和转化，这也有助于组织谋求社会合法性和制度合法性。

第二，注重"个体—群体—组织"的三维韧性培育模式。韧性是在组织发展过程中不断演化形成的，而志愿服务组织作为一种集价值、情感与行动于一体的社会性产物，理应重视对于组织内个体和群体的价值感召、情感支持。"个体—群体—组织"的三维韧性培育模式有助于志愿服务组织韧性的阶段化、分层化培育，使得组织系统各要素都共同作用于组织韧性，助力志愿服务组织的长效性和灵活性发展。具体而言，志愿服务组织和专业赋能组织在支持政策制定时要注重培养领导人和成员的个人韧性，通过培训和教育，提高成员对压力和变化的适应能力；建立包容开放的组织氛围，疏通组织内部沟通渠道，完善志愿者激励机制，加强群体对于组织的认同感和使命感；鼓励培育学习型组织，注重搭建与外界组织的合作关系网络，实现组织之间的信息共享和资源共享，推动组织内外共同体建设。

（三）研究局限和未来展望

第一，组织韧性具有情境性，研究者要根据历史文化脉络和现实情境分析我国本土的志愿服务组织各阶段的发展困境及其应对策略（卫小将、许艳梅，2023）。因此未来研究要关注更多异质性志愿服务组织的演化韧性路径，探寻不同组织间的韧性差异性。第二，面对当前越来越强烈的易变性和不确定性趋势，事物发展的非线性作用和演化的整体性原则使得风险本身难以被预测和管理（文军，2023）。因此，为更好地测量组织韧性的影响因素及其作用路径，未来研究可以在定性的探索性研究的基础上构建衡量志愿服务组织韧性的操作化指标体系，通过大样本问卷调查和定量模型检验志愿服务组织韧性的变量因素。第三，本文侧重于分析组织内部各系统间的韧性作用机制，但组织发展过程中无法避免地受到外界各种因素的影响，因此未来研究可以对更宏观的权变因素，如制度文化、社会环境和数字化技术等进行分析。

参考文献

单宇等，2021，《数智赋能：危机情境下组织韧性如何形成？——基于林清轩转危为机的探索性案例研究》，《管理世界》第 3 期。

马浩，2020，《组织韧性的机制与过程》，《清华管理评论》第 6 期。

马克斯·韦伯，1998，《经济与社会》，林荣远译，北京：商务印书馆。

宋耘、王婕、陈浩泽，2021，《逆全球化情境下企业的组织韧性形成机制——基于华为公司的案例研究》，《外国经济与管理》第 5 期。

田光辉等，2023，《区域经济韧性研究进展：概念内涵、测度方法及影响因素》，《人文地理》第 5 期。

王彦东、李妙然，2020，《志愿服务在构建基层治理新格局中的功能及发展路径》，《齐鲁学刊》第 6 期。

卫小将、许艳梅，2023，《乡村振兴背景下农村志愿服务组织的内生孵化研究》，《江苏行政学院学报》第 5 期。

魏琳、耿云江，2021，《新冠疫情背景下企业韧性评价指标体系的构建》，《当代经济》第 8 期。

文军，2023，《回到"不确定性"：社会风险研究的范式反变》，《浙江学刊》第 3 期。

席军良，2021，《志愿类社区社会组织的孵化与治理——新时代党建引领社区治理的有效抓手》，《中南民族大学学报》（人文社会科学版）第 9 期。

袁彦鹏、鞠芳辉、刘艳彬，2022，《社会创业团队韧性从何而来？——基于单案例的探索性研究》，《研究与发展管理》第 4 期。

张公一、张畅、刘晚晴，2020，《化危为安：组织韧性研究述评与展望》，《经济管理》第 10 期。

Andersson, T. et al. 2019. "Building Traits for Organizational Resilience through Balancing Organizational Structures". *Scandinavian Journal of Management* 1.

Barasa, E., Mbau, R., and Gilson, L. 2018. "What Is Resilience and How Can It be Nurtured? A Systematic Review of Empirical Literature on Organizational Resilience". *International Journal of Health Policy and Management* 6.

Boin, A. and van Eeten, M. J. G. 2013. "The Resilient Organization: A Critical

Appraisal". *Public Management Review* 3.

Burnard, K. and Bhamra, R. 2011. "Organisational Resilience: Development of a Conceptual Framework for Organisational Responses". *International Journal of Production Research* 18.

Buyl, T. , Boone, C. , and Wade, J. B. 2019. "CEO Narcissism, Risk-Taking and Resilience: An Empirical Analysis in U. S. Commercial Banks". *Journal of Management* 4.

Casprini, E. , Pucci, T. , and Zanni, L. 2023. "From growth goals to Proactive Organizational Resilience: First Evidence in Women-Led and Non-Women-Led Italian Wineries". *Review of Managerial Science* 10.

Caza, B. B. et al. 2020. "Conceptualizing the Who, What, When, Where, Why And How of Resilience in Organizations". *In Research Handbook on Organizational Resilience*, edited by E. Powley et al. , Cheltenham: Edward Elgar Publishing Ltd.

Conz, E. , and Magnani, G. 2020. "A Dynamic Perspective on the Resilience of Firms: A Systematic Literature Review and a Framework for Future Research". *European Management Journal* 3.

Dimitriadis, S. 2021. "Social Capital and Entrepreneur Resilience: entrepreneur Performance during Violent Protests in Togo". *Strategic Management Journal* 11.

Do, H. et al. 2022. "Building Organizational Resilience, Innovation through Resource-Based Management Initiatives, Organizational Learning and Environmental Dynamism". *Journal of Business Research* 3.

Duchek, S. 2020. "Organizational Resilience: A Capability-Based Conceptualization". *Business Research* 1.

Herbane, B. 2019. "Rethinking Organizational Resilience and Strategic Renewal in SMEs". *Entrepreneurship & Regional Development* 5-6.

Herrero, M. , and Kraemer, S. 2022. "Beyond Survival Mode: Organizational Resilience Capabilities in Nonprofit Arts and Culture Fundraising during the Covid-19 Pandemic". *Nonprofit Management and Leadership* 2.

Hillmann, J. and Guenther, E. 2021. "Organizational Resilience: A Valuable Construct for Management Research?". *International Journal of Management Reviews* 1.

Hobson, N. M. et al. 2018. "The Psychology of Rituals: An Integrative Review and Process-Based Framework". *Personality and Social Psychology Review* 3.

Holling, C. S. 1973. "Resilience and Stability of Ecological Systems". *Annual Review of Ecology and Systematics* 1.

Jiang, Y., Ritchie, B. W., and Verreynne, M. L. 2019. "Building Tourism Organizational Resilience to Crises and Disasters: A Dynamic Capabilities View". *International Journal of Tourism Research* 6.

Kahn, W. A., Barton, M. A. and Fisher, C. M. 2018. "The Geography of Strain: Organizational Resilience as a Function Of Intergroup Relations". *Academy of Management Review* 3.

Lengnick-Hall C. A., Beck T. E., and Lengnick-Hall M. L. 2011. "Developing a Capacity for Organizational Resilience through Strategic Human Resource Management". *Human Resource Management Review* 3.

Liang, F., and Cao, L. 2021. "Linking Employee Resilience with Organizational Resilience: The Roles of Coping Mechanism and Managerial Resilience". *Psychology Research and Behavior Management* 14.

Linnenluecke, M. K. 2017. "Resilience in Business And Management Research: A Review of Influential Publications and a Research Agenda". *International Journal of Management Reviews* 1.

Li, Y. 2023. "A Systematic Review of Rural Resilience". *China Agricultural Economic Review* 1.

Meyer, A. D. 1982. "Adapting to Environmental Jolts". *Administrative Science Quarterly* 4.

Okamoto, K. E. 2020. "'As Resilient as an Ironweed': narrative resilience in Nonprofit Organizing". *Journal of Applied Communication Research* 5.

Orth, D., and Schuldis, P. M. 2021. "Organizational Learning and Unlearning Capabilities for Resilience during COVID-19". *The Learning Organization* 6.

Queiroz, M. M. et al. 2022. "Supply Chain Resilience in the UK during the Coronavirus Pandemic: A Resource Orchestration Perspective". *International Journal of Production Economics* 3.

Rodríguez-Sánchez, A. et al. 2021. "How to Emerge Stronger: Antecedents and Consequences of Organizational Resilience". *Journal of Management & Organization* 3.

Sabahi, S., and Parast, M. M. 2020. "Firm Innovation and Supply Chain Resilience: A Dynamic Capability Perspective". *International Journal of Logistics Research and Applications* 3.

Salvato, C. et al. 2020. "Natural Disasters as a Source Of Entrepreneurial Opportunity: Family Business Resilience after an Earthquake". *Strategic Entrepreneurship Journal* 4.

Sawalha, I. H. S. 2015. "Managing Adversity: Understanding some Dimensions of Organizational Resilience". *Management research review* 4.

Searing, E. A., Wiley, K. K., and Young, S. L. 2023. "Resiliency Tactics during Financial Crisis: The Nonprofit Resiliency Framework". In *Understanding Nonprofit Organizations*, edited by Lisa A. Dicke, J. and Steven Ott. New York: Routledge.

Tisch, D., and Galbreath, J. 2018. "Building Organizational Resilience through Sensemaking: The Case of Climate Change and Extreme Weather Events". *Business Strategy and the Environment* 8.

van Veelen, R. et al. 2016. "An Integrative Model of Social Identification: Self-stereotyping and Self-anchoring as two Cognitive Pathways". *Personality and Social Psychology Review* 1.

Waerder, R. et al. 2022. "The Role of Nonprofit-private Collaboration for Nonprofits' Organizational Resilience". *VOLUNTAS: International Journal of Voluntary and Nonprofit Organizations* 5.

Williams, T. A. et al. 2017. "Organizational response to adversity: Fusing Crisis Management and Resilience Research Streams". *Academy of Management Annals* 2.

Witmer, H., and Mellinger, M. S. 2016. "Organizational Resilience: Nonprofit Organizations' Response to Change". *Work* 2.

老年退役军人的社区参与：基于行为改变轮理论的案例研究

作者：路忻昀　陈玉晗　许梦颖[*]

指导教师：刘　杰[**]

摘　要：老年退役军人有着独特的参军经历和鲜明的年龄特征，是退役军人群体中需要受到特别重视的群体。在退役和退休初期，他们面临着社区融入的挑战，部分老年退役军人甚至被"困"于社区之中，这显然不符合我国新时代"双拥"思想与老龄工作的导向。由此，如何调适老年人群体的心理问题，以及如何让社区成为老年退役军人群体发挥余热的平台，成为一个重要的理论与实践议题。本文以行为改变轮为理论视角，对老年退役军人从"得到社区帮助，消解融入困难"到"主动服务社区，带动居民参与"这一过程及其实现条件进行了分析。本文的研究发现对促进老年退役军人和基层社会治理的良性互动具有参考意义。

关键词：老年退役军人　行为改变轮　社区参与　社区融入　社区治理

---

[*]　路忻昀，华中师范大学社会学院 2020 级本科生，现南开大学社会学院硕士研究生；陈玉晗，华中师范大学社会学院 2020 级本科生，现四川大学文学与新闻学院硕士研究生；许梦颖，华中师范大学社会学院 2020 级本科生，现南京大学社会学院硕士研究生。

[**]　刘杰，华中师范大学社会学院副教授，研究方向为社会工作、社区研究、基层治理。

一 问题的提出

中国梦引领强军梦，强军梦支撑中国梦。党的十九大报告提出，要"组建退役军人管理保障机构，维护军人军属合法权益，让军人成为全社会尊崇的职业"。① 2022 年政府工作报告也提及"做好退役军人安置和就业保障……做好军人军属、退役军人和其他优抚对象优待抚恤工作"。② 可见，为了回报军人服役期间做出的贡献，表达全社会对于军人职业的尊崇，国家在新时代对军人群体给予了高度重视，并在专业机构设立、法律体系建立、多元支持完善等方面取得了阶段性成果，保障在役以及退役军人的各项权益。

老年退役军人群体是退役军人群体中更应受到重视和关爱的群体。该群体普遍年龄偏大，生命历程也具有鲜明的阶段性。他们经历了从入伍到退役、工作再到退休的重要节点。在这一过程中，社区构成了其展开日常生活的主要场域。然而，老年退役军人群体在重新适应社会生活的过程中，出现了社区融入困境：他们面临着从军人转变为"普通人"身份的心态调适，更要从出生入死的战友情中抽离，开始融入社会层面更为多元的同事、邻里关系中；退休后，随着老年退役军人群体年龄增加，其社交圈逐渐缩小至社区甚至身边少数熟人，部分老年退役军人的分享需求时常得不到满足，导致自我认同降低，情绪低落，孤独自闭（周一菲，2018）。由此可见，虽然社区对老年退役军人群体的重要性越发提高，但在部分老年退役军人的晚年生活中，其身心反而被"困"于社区之中。这一错位现象显然不符合我国新时代"双拥"思想与老龄工作的导向。如何调适老年人群体的心理问题、满足其继续为社会服务的心理需求？如何让社区更好地服务于老年退役军人群体，成为老年退役军人群体发挥余热的良好平台？如何弘扬老年退役军人的精神，激发社区群众参与基层治理的动力？

---

① 人民网，2017，《习近平在中国共产党第十九次全国代表大会上的报告》，http://cpc.people.com.cn/n1/2017/1028/c64094-29613660-12.html。

② 新华网，2022，《（两会受权发布）政府工作报告》，http://www.news.cn/politics/2022-03/12/c_1128464987.htm。

这是本文致力于在经验层面回应的问题。

二 文献综述与分析框架

（一）文献综述

从定义来看，老年退役军人一般是指年龄在 60 岁以上（含 60 岁）的，从中国人民解放军依法退出现役的军官、军士和义务兵等人员。这一定义突出了其年龄特征与鲜明的时代性，使得他们与年轻退役军人群体、普通老年人群体有着许多不同之处。经过文献检索与资料收集发现，目前我国针对老年退役军人这一群体的研究甚少。老年退役军人具有退役军人群体与老年人群体的双重属性，因而，前人关于退役军人与老年人相关的研究对本文具有一定的借鉴意义。梳理过往研究发现，现有研究主要在关于退役军人的宏观制度与微观主体方面有所论述。

在关于退役军人的宏观制度层面，主要聚焦于法律与行政管理视角下对退役军人优抚安置和老年人养老制度的讨论。如王众与刘卫东（2019）指出我国实现了退役军人就业安置机构由协同到整合，安置政策由计划安置到市场调节、由统包统配到积极就业的两个转型；薛刚凌与吴又幼（2012）指出退役军人计划安置管理体制的局限与改革的必要性；李瑰华（2014）认为义务兵退役安置行为性质是一种国家补偿，而军官转业安置行为属于国家机关内部工作调整。有学者以发展型福利的视角审视中国养老制度，认为构建中国的发展型养老政策应首先重塑养老制度安排的价值立场，协调短期目标与中长期战略的关系；还有研究总结了新中国 70 年养老制度的成就与发展，指出我国养老制度经历了三个主要阶段，在新时代以来由三大养老保险制度共存向城乡一体化转轨，今后将进一步完善平等、共享、一体化的养老保险制度。

在关于退役军人尤其是老年退役军人的微观主体方面，主要聚焦于社会工作视角下的社工服务介入以及心理学与健康科学视角下的身心问题研究。从服务方法上看，运用个案工作、社区工作等社会工作方法介入优抚工作的实务研究较多；从研究内容上看，不少学者探讨老年退役军人社会参与、自尊重塑、主观幸福感等方面的内容。如周爱华和廖绪（2019）以中国老年人的心理和情绪健康作为切入点，以香港作为案例，提出并讨论叙事疗法在老年社会工作中的实用性和可行性；叶慧和粟文杰（2022）指出社会支持能显著提升老年退役军人的主观幸福感，发挥主效应作用等结论。郝廷恭（2021）指出老年退役军人社会参与受多方面的综合性因素影响，社会工作介入老年退役军人社会参与是有必要、有成效的。周一菲（2018）则运用小组工作，通过康娱小组介入城市老年退役军人自尊重塑。

在针对老年退役军人的心理学与健康科学视角下的身心问题方面的研究，主要集中在对老年退役军人特质的挖掘上。老年退役军人相较于其他老年人群体具有政治参与积极性高、自我意识较强、文化需求较多、小团体内凝聚力较强的特点。但随着身体机能的退化，他们不得不承认自己已不能像年轻时一样骁勇善战，加上如今社会"拥军"氛围淡化，大众对于老年和退役军人群体也具有一定的偏见与刻板印象，使得其心理落差大，相对剥夺感增强；社会交往圈的狭窄也让他们的分享与交流需求时常得不到满足，导致自我认同降低，情绪低落，孤独自闭。

综上，前人有关老年退役军人群体的针对性研究较少，虽然很多研究都涉及退役军人的心理调适、行为调适，但对于调适的方法、条件和效果缺少研究和实践，同时过往针对老年退役军人群体研究的局限性还存在将老年退役军人视作被动接受服务的客体的局限性，而未能意识到老年退役军人对于基层社区治理的重要价值。笔者认为，激发老年退役军人内生动力，扩大老年退役军人社会参与，不仅对回应老年退役军人的需求和问题具有重要意义，也能发挥他们在基层社区治理中的主体作用。为此，本文将基于行为改变轮理论搭建分析框架，以弥补过往研究的缺憾。

（二）分析框架

行为改变轮理论在2011年由Michie首先提出，该理论是综合19个相关行为改变的理论框架发展而来的，旨在帮助干预方案设计者从行为入手分析问题，从能力、机会及动机三方面综合干预，系统选择最佳干预功能，最大限度地利用个体对行为改变的理解和可用资源来设计干预方案。该理论分为三个层面（见图1）：内层是行为及其来源（能力、机会、动机），中间部分是九大干预功能，最外层代表七大政策类别。该理论的三层相互关联，第一层使用能力、机会和动机模型帮助识别潜在干预目标的行为来源；第二层干预功能帮助识别干预选项，选择最佳方法应用于干预方案，以利用 COM-B（capability, opportunity, motivation-behavior）模型分析出潜在行为障碍；最外层的政策用于辅助干预功能的实施。

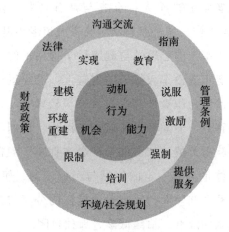

图1　行为改变轮理论的三层面

资料来源：参考余海燕等（2024）相关研究。

　　行为改变轮理论作为指导设计干预方案较为完善的理论之一，最初被国内外学者广泛应用于社区健康促进、卫生管理、护理等领域。笔者根据行为改变轮理论的整体框架，认为在老年退役军人群体中，老年退役军人自身对于政治参与的积极性、寻求自我意识的主动性、追求文化需求的迫切性等内在发展动力可以作为老年退役军人参与基层社区治理的内层行动来源；社会工作者在帮助老年退役军人群体参与基层社区治理中可以用到包括教育、说服、激励等九大干预机制，这也是在未来针对老年退役军人社团开展小组工作时需要重点采取的机制；而除了老年退役军人群体本身、社会工作者、社区工作者等工作人员的努力，还需要包括财政措施、法律、社会或环境规划在内的多重政策为老年退役军人群体更长久、更先进的健康发展保驾护航。因此笔者在了解老年退役军人的整体情况以及这一群体所处的政策环境后，认为行为改变轮理论从能力、机会及动机3方面综合干预，旨在帮助干预方案设计者从行为入手分析问题，系统选择最佳干预功能（蔡利等，2019），这是符合老年退役军人需要的，同时行为改变轮理论也为老年退役军人由被动适应社区转向主动建设社区、由社会参与缩小转向丰富的人际交往与政治参与提供了桥梁和工具。

因此，笔者根据对行为改变轮理论的理论阐释和实际应用，发展并制作了图2的行为框架，利用行为改变轮理论中的九大干预功能，通过积极或消极情绪激发老年退役军人对于主动参与社区建设的内生动力；社区也要主动负责，树立可以参考的、卓有成效的老年退役军人社团实践榜样，提供相应的资源，为老年退役军人提供更多公众参与机会等；最后在政策环境上国家要给予积极参与的老年退役军人、社区、地方政府、社会组织奖励，进一步细化项目在孵化社团、开展老年退役军人小组工作、激发老年退役军人自我服务能力方面的实践，以社区社会组织为平台，以军人志愿精神为动力，服务社区建设和基层治理，以期进一步探索出社区治理与老年退役军人工作发展的良好互动模式。

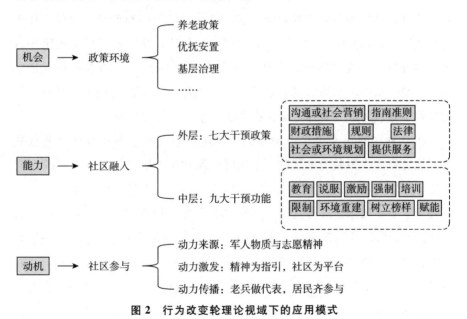

图2　行为改变轮理论视域下的应用模式

资料来源：作者自制，相较图1的表述有所调整。

三 案例介绍与资料收集

D 社区地理位置优越，位于武汉市江汉区 MQ 街道沃尔玛商圈附近。地域范围东起 MS 路，南到 HL 街，西至 CT 街，北靠 TY 街。社区面积为 0.09 平方公里，有军属户、烈属户若干。党总支下设 CFG 大楼、大 J 家院、小 J 家院、XF 巷 4 个支部。在上级政府指导和支持下，社区"两委会"作为党和政府联系群众的桥梁和纽带，以建设管理有序、服务完善、环境优美、治安良好、人际关系和谐的文明社区为目标，实施社区建设"883 行动计划"①和社区建设长效管理、深入开展"城管革命"。社区党总支先后获得武汉市"五好示范社区党组织"与"江汉区先进基层党组织"称号，社区居委会被评为武汉市文明社区、和谐社区建设先进社区和实施"883 行动计划"优秀社区。多次荣获江汉区最佳文明社区称号，并荣获"江汉区思想政治工作优秀单位""江汉区争创和谐社区建设工作先进社区""江汉区平安社区"等荣誉称号。此外，社区已经设立退伍军人服务站等组织，为社区中的退伍军人及其亲属提供一定的服务和发展空间，并举办系列活动邀请退伍老兵分享个人经历以及红色故事，具有良好的实践基础，为进一步深入研究提供了大量宝贵的现实经验。

在 D 社区的众多老年退役军人中，沈爷爷是积极参与社区事务的典范。笔者将其作为典型案例进行了深度访谈和深入研究。沈爷爷，1963 年入伍，1965 年参加援越抗美作战，2003 年起至今居住在 D 社区，2008 年起开始参与社区志愿服务活动，2020 年担任社区网格党支部书记、CFG 自管队队长，2021 年 12 月 18 日带头成立"闪闪红星志愿服务队"，一般负责在社区中巡逻，保障居民的生活安全，提倡居民安全使用天然气等。在疫情期间，负责运输近 1000 位居民所需物资。此外，对于有特殊需求的居民，比如老年人等，为其提供特别的照顾，如帮助其购买一些特殊的生活

---

① 2002 年底，中共武汉市委、武汉市人民政府决定用 3 年时间在全市实施社区建设"883 行动计划"，以"就业和社会保障、城市建设和管理、社会治安综合治理、各类社会服务""四到社区"为主要内容，对全市 7 个中心城区的 883 个社区（2005 年末为 895 个）和 6 个远城区人民政府所在地的 77 个社区，按照既定的标准进行建设。

用品，满足他们的基本生活需要。沈爷爷因对社区建设和发展的突出贡献，被评为湖北省优秀共产党员、湖北省抗击新冠肺炎先进个人、武汉市"模范退役军人"、第五届"感动江汉"人物、"江汉管家"志愿者。像沈爷爷这样的老年退役军人，社区里有很多，大多处于 70~80 岁，他们一方面接受社区的慰问、关怀和物资帮助，另一方面也与沈爷爷一起参与社区中的日常志愿服务活动。

在资料收集方法上，本文以访谈法为主，辅以实地观察法。首先，本文重点访谈了社区书记、社会组织负责人与志愿者，以及老年退役军人及其亲友，了解到社区在上传下达、服务提供、宣传引导、内生动力激发等方面的基本情况、服务过程中遇到的困难以及老年退役军人的生命历程。其次，笔者作为志愿者协助社区进行日常工作，对社区管理尤其是五社联动在社区内的运行情况进行了参与式观察；作为活动组织者参与相关活动承办，与老年退役军人近距离接触，重点观察了老年退役军人在志愿活动等方面参与社区的情况，进一步分析了老年退役军人作为精神源泉对社区文明，如军人精神、志愿精神的作用。同时，通过走访老年退役军人及其家人、朋友深入了解其生活经历，充分运用社会工作知识进行生命历程研究。最后，笔者通过整理分析中国退役军人网、湖北省退役军人事务厅等平台的老年退役军人有关政策、全国特别是武汉市优秀社区宣传资料及老年退役军人相关新闻与媒体账号等内容辅助研究。

四　D 社区老年退役军人社区参与的实现条件分析

新中国成立初期，我国社会以单位制管理为主，基层地区管理为辅，后者主要通过街道办事处与居民委员会开展工作，通称为街居制。这一时期的管理行政功能突出、科层色彩浓厚，大多数城市居民的生活环境高度集中。然而，伴随着改革的深入和社会的转型，现有制度职能超载、职权有限、角色尴尬等困境日益凸显。社区服务和社区建设受到社会各界的普遍关注，成为中国社会发展的重要议题（华伟，2000）。社区制作为对单位制、街居制的一种超越和重整，在改革开放后浮出水面，更加强调人文关怀与居民参与的社区成为人们日常生活的主要场域（何海兵，2003）。

在这样的社会转型大背景下，城市居民面临着从"单位人""社会人"到"社区人"的身份转变，尤其是在当时进行转业与退休后的老年退役军人，在融入社区初期存在人际交往、性格塑造、心态适应等方面的问题。而另一方面，老年退役军人也因其较强的爱国主义精神与社会责任感，在发挥余热进行社区参与方面具有潜在动力与能力。因此，社区作为承载老年退役军人主要生活范围的公共空间，无疑是帮助其更好生活、激发与传播其精神力量的重要平台。

其中，D社区在具体落实方面以老年退役军人参与并带动居民进行社区志愿服务为突出特点。因此，笔者将以D社区及其中的老年退役军人为案例，利用行为改变轮理论对老年退役军人主体从"得到社区帮助，消解融入困难"到"主动服务社区，带动居民参与"这一过程的实现条件进行分析。从研究框架的三个部分看，国家政策从社会认同、老年保障、社区服务三个领域入手，为老年退役军人的社区融入提供了机会；D社区将国家政策落到实处，在七大政策、九大功能的干预下做出了众多努力，形成了诸多成果，夯实了老年退役军人社区参与的客观条件；在此基础上，本文提炼出军人精神和志愿精神这两大老年退役军人的动力源泉，以分析其从动力激发到动力传播，最终带动社区居民参与社区建设的过程，及其展现的社区多方力量共同参与治理的强大合力。

（一）政策支持：构建老年退役军人社区参与的宏观环境

在近年来人口老龄化的社会背景与拥军优属的社会风气下，有助于老年退役军人群体更好生活与发展的宏观政策陆续出台，主要体现在军人身份认同、退役优抚安置、老年社会保障、社区服务支持等方面。这为激发老年退役军人投身志愿服务、进行社区参与的动力提供了最外层的环境支持。

首先，我国当前的优抚政策为老年退役军人的社区参与提供了外部支持。近年来，国家深入贯彻习近平强军思想，深入开展"双拥"活动，让军政军民团结坚如磐石。① 同时，针对退役军人的社会保障也逐渐发展，在法律层面对移交接收、退役安置、教育培训、就业创业、抚恤优待、褒扬激励、服务管理与法律责任等各方面都进行了覆盖；② 成立了作为国务院组成部门的退役军人事务部，同时退役军人专门机构逐级下沉设立，进一步完善机构布局，③ 尤其强调从国家到村（社区）级别的退役军人服务中心（站）在思想政治引领、就业创业扶持、优抚帮扶、走访慰问、权益维护等方面的服务内容，指出打通"最后一公里"的重要性。④ 这些社会支持有利于在保障老年退役军人基本生活的基础上强化其优良军人品质的珍贵性，促使其在精神指引下以社区为平台发挥余热。

其次，我国当前的养老政策为老年退役军人的社区参与提供了宏观指导。近年来，国家深入实施积极应对人口老龄化战略，把积极老龄观、健康老龄化理念融入经济社会发展全过程。⑤ 老年退役军人作为按年龄划分标准下的老年人群体，近年来也在家庭赡养与抚养、社会优待、宜居环境、参与社会发展等各个方面被纳入老龄工作，特别在新时代民政领域退役军人服务保障方面，强调切实履行好民政部门在退役军人救助帮扶、社区服务、养老服务以及引导社会力量参与退役军人保障工作等方面的职责，扎实推进困难退役军人脱困解困，不断增强广大退役军人的荣誉感、获得感和幸福感。⑥ 这些政策的强调为老年退役军人更好进入养老生活，尤其是得到社区服务提供了宏观引导。

---

① 中国军网，2022，《巩固和发展坚如磐石的军政军民团结》，http://www.81.cn/jfjbmap/content/2022-08/03/content_321188.htm。

② 中国人大网，2018，《中华人民共和国退役军人保障法》，http://www.npc.gov.cn/npc/c2/c30834/202011/t20201111_308670.html#。

③ 新华网，2018，《〈两会受权发布〉关于国务院机构改革方案的说明》，http://www.xin-huanet.com/politics/2018lh/2018-03/14/c_1122533011.htm。

④ 中华人民共和国退役军人事务部，2024，《各级退役军人服务中心（站）服务清单》，ht-tps://www.mva.gov.cn/sy/xx/bnxx/202401/t20240122_275409.html。

⑤ 新华网，2021，《〈受权发布〉中共中央 国务院关于加强新时代老龄工作的意见》，ht-tp://www.news.cn/2021-11/24/c_1128096665.htm。

⑥ 中华人民共和国民政部，2021，《民政部退役军人事务部关于做好新时代民政领域退役军人服务保障工作的意见》，https://www.mca.gov.cn/n1288/n1290/n1315/c39317/content.html。

（二）社区筑基：夯实老年退役军人社区融入的中观条件

基层治理是国家治理的基石，统筹推进乡镇（街道）和城乡社区治理，是实现国家治理体系和治理能力现代化的基础工程。在老年退役军人服务层面，社区往往是众多服务开展的主要基地，是沟通老兵需求和政策方针的桥梁。尤其是在"五社联动"实施以来，许多社区在发展公益慈善事业，链接社会力量参与基层治理，创新社区与社会组织、社会工作者、社区志愿者、社会慈善资源的联动机制等方面做出了重大突破，通过利用"财政措施"保障老年退役军人及其亲属的正常生活，利用"法律"完善相关政策体系，利用"社会或环境规划"和"提供服务"等干预政策塑造拥军爱国良好社会氛围，建立切实服务平台等行为改变轮理论中包含的干预政策，为老年退役军人这一群体的行动提供了良好的环境。其中，D社区作为典型，积极响应国家对于基层治理和老年退役军人工作的指导以及武汉市"五社联动"的推广和试行，为老年退役军人融入社区的能力发挥与提升筑牢了基础。

首先，在制度与空间建设层面，D社区针对社区老年退役军人加强档案资料的收集与管理，并与组织部门、民政部门、乡镇以及机关单位等管理主体明确分工，做好上传下达；同时联合外部机构如炎黄养老服务中心，定期为社区中的老年退役军人准备生活物资、传递暖心慰问，为保障老年退役军人切身利益、老年退役军人发挥余热提供了积极环境；包括D社区在内的很多社区也都采取措施完善基础设施建设，为老年退役军人社区活动提供良好环境条件。

其次，在社区工作理念与观念传播层面，社区利用"培训"功能进行干预，引导社区工作人员做到热心、诚心、耐心，具有强烈的责任感和使命感，对老年退役军人秉持发展性的、积极的理念，社区居民认同老兵对国家、对社会富有贡献，他们的晚年生活受到大家的尊重和格外关怀；社区也注重加强专业工作人员与老年退役军人的联络，从而让其感受到政府与国家的重视和尊重，逐渐破除老年退役军人自身"不愿麻烦国家"等消极想法，引导其安心享受应有权益；并且汲取新时代老龄工作探索的优秀成果，针对其老龄特征，尊重他们对自己的照顾和生活品质做抉择的权利，引导其选择适合自己的养老方式；进一步，在面对社会大众上，社区积极宣传针对老年退役军人群体出台的相应政策与老年退役军人发挥余热的案例，并邀请退役老兵分享参与社区建设的故事，扩大其影响力。

最后，在社区社会组织发展与联结层面，D 社区遵循民政部颁布的《关于大力培育发展社区社会组织的意见》，依托武汉市江汉区退役军人服务中心，在社区内成立了退役军人服务站，明确计划总结、请示报告、信访工作、值班应急、议事会议、教育培训、服务管理、安全保密、财务资产管理、考评考核等制度；同时建立以老年退役军人为组织者的社区志愿服务组织，完善社区服务的激励机制，充分加强以老年退役军人为首的社区居民之间的交流，树立如"闪闪红星志愿服务队"的可以参考的、卓有成效的老年退役军人社团实践榜样，调动居民参与社区建设的积极性，促进居民与社区的融合，从而激发社区活力。尤其是以军人军属居多的"红色社区"在这一方面的举措更为明显，充分体现了社区调动社区志愿者、社会资源、社区工作者、社会组织等多方主体的强大力量，以及作为老年退役军人再社会化平台的优势地位。

综上，D 社区进一步开展社区实践，老年退役军人初期融入社区的障碍随着新时代政策的优化被逐渐破除，给予了老年退役军人更加全面、有效的公众参与机会，切实夯实了老年退役军人社区融入的客观条件。

（三）精神引领：发扬老年退役军人社区参与的微观动力

通过深入访谈和实地调研，笔者发现军人精神与志愿精神是联结老年退役军人与新时代的良好"精神纽带"，在这一动力源泉的激发下，老年退役军人不但可以发挥自身特质建设社区，而且可以利用自己的榜样力量带动身边群众共同参与基层治理，实践"五社联动"，形成居民积极参与基层治理的强大合力。

老年退役军人群体作为军人群体与老年人群体交叉的特殊群体，生活经历与时代环境塑造了其鲜明的特质。首先，在军旅生活阶段，我国现有老年退役军人群体大多数参与过抗美援朝等重要战事，其军旅生活相比于现今和平时代更具有革命精神印记，凸显出"自我牺牲""英勇斗争"等军人品质；其次，在社会主义改造和全面建设社会主义时期，老年退役军人群体积极发扬乐观主义精神，热情参与社会建设与保家卫国，涌现出全心全意为人民服务的"雷锋精神"与坚守边疆的"奉献精神"等军人品质。

在退役转业后，他们依然"退役不褪色"。从长期军队生活到回归社会生活，我国现有老年退役军人群体在生活与工作作风上普遍具有较强秩序性与组织性，具体表现在时间观念强、纪律性强、集体荣誉感强、行动力强等层面上。其次，在社会参与上，他们还具有较强社会责任感、政治参与积极性与居安思危意识等特点。进入老年时期，生活阅历的积累与沉淀让老年退役军人群体"身老而心不衰"。他们大多对军旅生活和战争经历记忆深刻，对英雄主义、集体记忆情感浓厚。同时，部分身体条件较好的老年退役军人还常常通过社会参与实现自我和社会价值。以抗击新冠疫情为例，沈爷爷等老年退役军人就发挥了重要的作用。结合沈爷爷这一典型案例和对于老年退役军人的整体了解，笔者总结出他们主动发挥余热的内在动机。

第一，对国家和人民的热爱。在对老年退役军人群体的实际访问和材料分析过程中，笔者发现对于国家和人民的热爱是促使老年退役军人参与志愿服务、持续奉献社会的重要动力。一直植根于每位军人心中的、对国家和人民的热爱充分影响着退役军人对于社会服务的态度。

第二，作为党员的使命感和责任感。很多老年退役军人都是几十年的老党员，对于党和人民的感情是非常深厚的。退役老兵的万荣华退休后仍不忘自己作为一名中国共产党党员的初心使命，疫情期间，自告奋勇为社区防疫做贡献，参与张贴防疫标语等，他最常说的一句话就是"中国共产党就是要为人民服务的，我永远会记得这份初心和使命"；笔者有幸采访到的沈爷爷也曾告诉笔者："做这些事情没有什么特别的原因，就是因为，我是党员，我应当做。"

第三，参军经历的终身影响。笔者所接触和了解的老年退役军人都是上过战场、经历过枪林弹雨、打过实战的。对于战场，他们记忆犹新；对于生死，他们无所畏惧。很多老兵在谈及新冠疫情期间挺身而出的选择时，都会说一句话："战场都上过了，没什么好怕的了。"参军的经历，尤其是战场的经历给予退役老兵过人的胆识和勇气，让他们更加愿意承担社会责任，冲锋在危险的一线。

第四，对社会认同感的渴望。老年退役军人在进入老年时期后，对于社会认同感的渴望日益增强。因此，他们愿意通过参与志愿服务、参加社会活动来获得与外界的联系，加强社会的认可度，缓解内心的焦虑和落差。

退役老兵群体具有强大的社会示范作用和社会影响力，他们的行为、精神往往能够影响无数人向他们学习，从事服务人民、奉献社会的志愿活动和爱心服务。沈爷爷在社区中，既是排头兵，更是领头人。从退役初期融入社区的困难，到复转时期得到社区的帮助，再到退休之后主动奉献余热、贡献社区、服务人民，社区为其再社会化、提升幸福感提供了坚实的平台。沈爷爷居住的社区，基础设施齐全、社会组织丰富、制度程序完善、拥军氛围浓厚，沈爷爷深受其影响，从接受社区的帮助渐渐转向主动为社区、社会提供服务。

在实践层面，抗击新冠疫情期间，作为老兵和老党员的沈爷爷挺身而出，担任社区网格党支部书记、CFG 自管队队长，发挥党员先锋模范作用，组建老兵志愿服务队，为社区居民送菜，参加社区卡点值守，所在社区未发生一例疫情。由于事迹突出，他 2020 年被评为湖北省抗击新冠肺炎先进个人、第五届"感动江汉"人物，之后又带头成立"闪闪红星志愿服务队"，深入社区大小活动，为社区居民提供志愿帮助和日常服务，收获了居民的众多好评和积极响应，吸引了越来越多的社区居民争做志愿者并主动参与到基层治理的过程中来。

在精神层面，沈爷爷受邀参与江汉区举行的先模人物学习习近平总书记"七一"重要讲话座谈会，为江汉勇当全市"五个中心"建设排头兵贡献力量。同时，沈爷爷还参与了街道团工委组织开展的"强国复兴有我 争做新时代好少年"主题实践活动、D 社区"创意党课我来讲"活动、江汉区退役军人事务局联合社区开展的军地联动庆"八一"主题活动等各项宣传、宣讲活动，将军人特质与志愿精神传递到每一位军人、青年人、青少年的心中，将满腔热情由"保家卫国"投向"服务人民"，实现行为改变轮理论外层、中层、内层的和谐互动和相互补充。

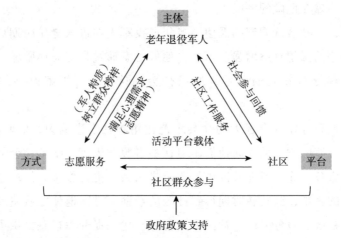

图3　"老年退役军人+社区+志愿服务"链接与互动的研究框架

资料来源：作者自制。

五　结论与讨论

　　笔者基于老年退役军人生命历程中退役、退休这两个重要转折点，从行为改变轮的理论视角切入，分析其初期社区融入困难、得到社区帮助，最终主动服务居民、建设社区，并带动更多居民参与到基层治理与社区建设的全过程和主客观条件，发现在国家政策的保障和老年退役军人的支持下，行为改变轮理论可以作为分析老年退役军人、社区与志愿服务良性互动和相互促进过程的分析工具。但行为改变轮理论在分析多主体时存在一定不足，因此，笔者在行为改变轮理论视角下提出"老年退役军人+社区+志愿服务"的多主体研究框架。研究发现，社区志愿服务不仅是满足老年退役军人心理需求的有效方式，同时也使得老年退役军人群体能够在其中成为群众的榜样，从而达到军人特质与志愿精神的良好转化与利用。老年退役军人在参与志愿服务、满足回馈社会心理需求的同时也进一步促进了社区居民社会参与，三者之间形成高效、良性的链接与互动。

　　由于时间等方面的客观限制，笔者利用行为改变轮理论介入社区服务的模式还未能得到全面的实践，同时对于农村老年退役军人的具体分析较少，但通过数月的观察与研究，根据现有的实践经验，笔者认为，将来可以利用更加专业的社会工作服务回应基层社区建设与老年退役军人群体的现实需求，深入挖掘社区与老年退役军人之间相互服务、相互促进的更多可能性，同时，在"五社联动"的背景下，运用个案、小组、社区工作的方法，协助老年退役军人重新认识自己，提高自信心与人际交往能力，恢复和改善社会功能，使所服务的老年退役军人有更好的社会适应能力，从而积极带动身边居民参与到社区建设与基层治理的过程中来。

参考文献

蔡利、单岩、杜理平等，2019，《国外行为改变轮理论的概述与实践》，《解放军护理杂志》第 7 期。

陈成文、陈建平，2013，《当前优抚安置对象的民生需求与政策选择——以湖南省为例》，《贵阳学院学报》（社会科学版）第 5 期。

陈成文、章双双、何培，2020，《论优抚安置与实现新时代"弱有所扶"》，《贵州师范大学学报》（社会科学版）第 3 期。

陈希思，2017，《退伍军人优抚安置工作中引入社会工作的研究》，硕士学位论文，西华大学。

郝廷恭，2021，《个案工作提升老年退伍军人社会参与研究》，硕士学位论文，安徽工程大学。

何海兵，2003，《我国城市基层社会管理体制的变迁：从单位制、街居制到社区制》，《管理世界》第 6 期。

华伟，2000，《单位制向社区制的回归——中国城市基层管理体制 50 年变迁》，《战略与管理》第 1 期。

李瑰华，2014，《军人退伍安置制度完善研究》，《法学杂志》第 6 期。

刘金杭，2016，《退伍军人社会适应障碍的社会工作介入研究》，硕士学位论文，长春工业大学。

孙悦、包涵，2021，《行为改变轮理论在戒毒康复工作中的应用研究》，《中国药物滥用防治杂志》第 5 期。

王众、刘卫东，2019，《新中国 70 年退伍军人就业安置制度的历史实践与探索创新》，《山东社会科学》第 10 期。

肖大威，2017，《开放空间会议技术介入退伍老兵群体社区帮扶工作探讨》，硕士学位论文，华中师范大学。

许晓晖，2017，《退伍军人档案管理问题及对策分析》，《人才资源开发》第 8 期。

薛刚凌、吴又幼，2012，《退伍军人管理体制改革研究》，《法学杂志》第 7 期。

叶慧、粟文杰，2022，《社会支持对老年退伍军人主观幸福感的影响研究》，《西北人口》第 3 期。

余海燕等，2024，《基于行为改变轮及行为改变技术干预对高血压患者行为、动态血压及生命质量的影响研究》，《中国全科医学》第 22 期。

余翔，2007，《试论建国初期的社会优抚安置制度》，《华南师范大学学报》（社会科学版）第 1 期。

袁寅生，2001，《社会补偿：优抚安置的一种理论阐释》，《中国民政》第 4 期。

张智辉、翁炜佳，2019，《优抚社会工作介入社区的路径研究——基于 S 市 C 社区"老兵亦有价"的项目实践》，《社会福利》（理论版）第 9 期。

周爱华、廖绪，2019，《叙事疗法在老年社会工作的应用——以香港慢性病患老年人为例》，《社会工作》第 3 期。

周一菲，2018，《康娱小组介入城市老年退伍军人自尊重塑的研究——基于 L 社区老年退伍军人的小组工作》，硕士学位论文，华中科技大学。

第三部分

基层治理与乡村振兴

能人治村的实践策略与社会基础

——以广西富村为例

作者：张玺语*

指导教师：田先红**

摘　要：乡贤能人是村庄治理多元主体中的重要一元，在村庄内部之治与基层整体治理中发挥着重要作用。以经济精英为主的乡村精英在参与村级治理与推动乡村产业升级转型等方面均能产生契合其身份特征的特殊功效。本文基于精英结构视角，对能人治村的策略及其社会基础进行了分析。研究表明，在民族、宗族以及地域多重因素交叠的偏远村庄背景之下，精英治村之所以能够取得成效，离不开其嵌入的深厚的社会文化基础。作为乡镇村治的代理人，村庄精英发挥着重要的作用。

关键词：能人治村　精英逻辑　基层治理

本文研究的案例富村位于广西壮族自治区北部，所在区域属于省际交界地带。广西地处我国西南部分，东连广东，西邻云南，北靠贵州湖南，处于众"省"的包围之中，其中不同之处不仅在于自治区与省的行政单位区别，也体现在地方治理和发展之中。由于民族自治区的特殊之处，自治

＊　张玺语，华中师范大学中国农村研究院 2021 级硕士研究生，现为华东师范大学马克思主义学院当代中国政治发展与战略研究所博士研究生。

＊＊　田先红，华中师范大学中国农村研究院教授，研究方向为县域治理、基层信访政治、农村政治学、"三农"问题等。

区内的基层治理环境和地方经济发展样态也有显著不同。从法理上看，根据民族自治区的民族构成因素、历史发展因素，国家在设立自治区时，赋予特定地方区域相当一部分自治权，其自治程度相比于其他同级地方人民政府要高，自治权范围和自治内容也相对广泛。从现实中来看，这种省一级自治权切切实实作用在地方治理过程当中，体现在地方治理和发展样态之中。

一　案例概况与文献综述

（一）村庄介绍

富村所在县域是一个民族自治县，该县得到的政策"照顾"相对较多，而因其自治属性，受到的制约又相对较少。在该县所有行政村之中，富村算是其中体量最小的行政村之一。其下辖三个自然村，分别为富山屯、富下屯和富寨屯，分为五个村民小组。从地理位置上看，富山、富下和富寨三屯一字排开，富下在富山与富寨屯之间，富山紧邻湖南，富寨屯与另一行政村——秀村相连。从宗祠关系来看，富下屯本属于秀村，因土地交错，地权关系复杂，长期以来秀村一族的一部分人们在富山与富寨屯之间的一片土地上耕作。因此，后来在确立行政村时，就自然将这三个自然村划为同一行政村。尽管如此，在重大传统节日和宗族活动方面，富下屯依旧与秀村进行交往活动，与富村并无太多勾连。就如同他们的姓氏一般，富下屯同秀村以毛姓为主，而富山屯与富寨屯则以杨姓、何姓和孟姓三大姓为主。

当地的土地关系和归属问题比较复杂。关于富下和富寨屯部分的土地权属，富村与秀村各有主张。从历史上看，富下与富寨屯的许多土地在秀村人名下，其族谱家训即为主要历史参考依据，而从现实使用和土地确权结果来看又有所不同，因历史依据不能直接作为法律依据使用，因此在土地的权属主张和现实使用的关系中就时常充满了矛盾。秀村依靠自身血脉相承、耕读传家的本土历史优势，认为现居住于富村的人不过是旧时因种种原因从其他地方迁徙而来，在秀村落脚扎根，抑或为秀村人做长工留下来的，不该对土地权益有所主张。而富村人认为富村的后起发展在秀村之上，依靠其自身发展能力和本村人的努力得来，在富村的发展权益所有当然属于本村人，而土地归属问题也早在不同的历史关系之中发生了变化，自然遵从当下的实际使用状况为准，对于秀村一方的主张予以反对和抵触。

富村与秀村均是以发展旅游业为主业的村庄，两个村庄也均在不同阶段得到了上级政府的关心和帮助，秀村依托自身深厚的历史文化底蕴和科举进士与状元村名号①已经得到了相当长时间的发展，而富村也依托作为潇贺古道的入桂第一村将现代旅游打卡发展得如火如荼。秀村与富村两个村无论从土地权属关系还是发展历程来看都有密不可分的联系，也在诸多方面充斥着利益纷争与矛盾，因此，讲清富村的发展环境与条件就不得不谈到秀村。但无论从体量上看还是从发展历史上看富村都与秀村不在同一梯度，而富村的村庄发展也极具特色。富村共有 284 户 986 人，常住人口七八百人，无论从人口还是面积来看都是严格意义上的小村，因此，在发展模式和发展思路上采取自由灵活和小而精的方式，这与秀村等这样的大村就有所区别。富村近年来以经济型农业产业为基础，夯实农业基础，农业收入水平较高，在村内少有撂荒田地。同时，富村大力发展旅游业，大幅提升了村民收入，外出打工青年逐渐回流，返乡创业情况增多。除以上条件之外，富村还有一个显著特征就是，政治注意力的集中使之成为各级政府和部门关注的焦点，也成为多种试点的优先选择，政策、项目携同资金大量注入这个小村庄，致力于打造精品亮点的一个示范村。

从以上描述可以看出，自治区、自治县以及重点镇和亮点村等身份定位，共同带来了一个使当地发展相对宽松不受限，且不缺乏资源的有利环境。这对进一步分析该村成长变化模式以及认识其发展壮大的原因奠定了基础，同时，也有利于解释发生在该地区的种种社会和治理现象。

（二）文献回顾与分析思路

能人治村的概念最早由徐勇（1996）等学者提出，他们论述了村庄能

---

① 相传在秀村曾先后出了 1 名状元和 27 名进士，作为"状元村"已被列为广西 37 个重点旅游建设项目之一，并列为自治区近期培育的重点旅游区。

人的定位，并指出其出现具有特定的社会历史背景。一批懂经营、善管理的经济能人崛起并进入村庄的治理层面，使得特定村庄社会的治理与发展发生极大改变，为学界带来诸多值得讨论的话题。有学者认为，"由于受传统价值观念等因素的影响，经济能人特别是其中的私营企业主因其特殊的社会属性和身份在中国社会中时常招致争议，所谓能人成为村治主体的合法性就需要仔细推敲和验证"（卢福营，2011）。也有学者提出，村民自治制度实行后，村治精英和村民都获得了法律赋予的治理村庄的政治资源，成为决定农村治理成败的重要因素（董江爱、陈晓燕，2007）。

村庄要取得突破性发展关键在于人才。在乡村振兴背景下，乡贤治村是弥补乡村人才短缺，实现乡村人才振兴，带动乡村振兴战略的主要路径（陈晓燕，2020），乡土精英是村治主体的主要精英形态（杜姣，2022）。从能人治村的现实来看，"乡村精英或者能人往往是乡村正式组织的成员，有强烈的意愿和能力去建设改造乡村，守护乡村秩序的精英人群聚合体"（张陈一轩、任宗哲，2021）。许多经济社会的能人接手村庄治理的使命，发挥了重要的引领作用（袁松，2016）。因此，能人治村成为一种热点经验在一段时期内被不同地区参考和效仿。

"从基层政治发展的角度看，能人治理和能人政治只是社会转型时期一种过渡性产物。"（徐勇，1996）民主政治的进一步发展，基层法治的进一步深化都需要克服能人治村影响下的诸多弊端。所以，清晰地认识能人治村模式下村庄发展的必要条件与社会基础，认识现实案例中如何创造破解村庄发展难题的策略，就能够在现有研究的基础之上讨论如何提取能人治村模式下的有效的方法与经验。因此，本文的研究仍然从村庄发展的个案着手，分析新时期能人治村模式的变化和发展，讨论村庄治理中破解难题的具体方法和实践策略，在充分调研的基础上总结和梳理出这一村庄能人治村结构形成的基本逻辑。

二 能人治村的实践策略

富村近年来面临的最大治理难题是村庄转型发展旅游业过程中出现的征地搬迁等问题。村庄发展"潇贺古道"旅游街，就要把过去的"牛屎街"清理和改造出来，涉及的周边房屋都需要农户配合改造，共同缔造一个精品村庄旅游的小道。古道外围的景观，山麓步道的开发与修建，以及停车场、集体经济产业（如民宿等）的修建，此一系列涉及征地搬迁的工作都困难重重。征收耕地的要协调好村民利益，征收宅基地的还要解决村民住房问题，说服村民搬迁他处。多方面利益的协调，不同利益矛盾的化解以及长期共同利益分配机制的制定都考验着一个小村的治理能力。但富村的规模小，也决定了利益协调与纠纷化解有其自身特定的方式与方法，村庄治理与工作开展也有其技巧。

（一）做好"两端工作"

所谓做好"两端工作"，实际上就是村庄在做群众工作时解决好两个特殊群体。富村的两个特殊群体，一是可以带动的党员群体，二是不好啃的硬骨头。2021 年富村在进一步扩展旅游用地和扩大旅游观赏规模的进程中涉及征地和拆房，由土管所负责丈量，村支委协调和动员群众。2022 年共做通群众工作 6 户，2023 年又做通群众工作 20 余户，仍有 6 户群众未拆迁，其中 2 户还在居住。村党支部首先从村党员代表的家庭入手，说服和号召党员发挥带头作用，率先搬迁。由于村党支部对党员的号召力与影响力，这几户农户主动搬迁，为村委工作开了好头。属于典型的动摇派的村民有 7 户，这一类农户对待村委决定和搬迁工作消极懈怠，不愿主动搬迁，村委在不影响大局的前提下给予他们一些利益的让渡，通常也能做通工作。如在丈量土地时，承诺为其多丈量几分，多几平方米，就会多得几千元的实惠，往往这一类农户都能欣然接受。而面对村庄的硬骨头，村委只能对症下药，因人施策。如有的农户希望自己建房，而不去移民小区的，村委给予相应支持；有的人考虑让出宅基地，儿子将来长大后没有地方新建房屋，村委则给予更大面积的房屋补偿；有的农户则认为老屋祖宅为祖宗所传，不能出卖。针对这一类群体，通过村干部长期解释并做思想工作。抓住重点人群解决主要矛盾，同时化解重点人群的担忧与疑虑是村党支部解决问题的关键。村民往往在感受到村党支部的诚意与带来的实惠之后就此妥协。

（二）"拿自己人开刀"

2016年富村委决定抓住机遇，开发村落、发展旅游产业时，首先遇到的问题就是"牛拉屎"的问题。古道需要开发、翻修、整顿，但古道两旁沿街不再住人的老房子全都被当作了原来主人家的牛棚。因为养牛在富村传统产业阶段还是农民的重要收入来源，因此，农户们都不愿意轻易放弃养牛或将自家的牛出卖。但只要古道两旁有牛棚，青石路上有牛往来，就无法解决"牛拉屎"的问题，也就无法解决古道环境整治的问题。所以，这一问题成了村庄旅游发展的首要阻碍。富村委会杨支书在面对这一问题时，决心要将全村的牛卖掉，轰轰烈烈地开展乡村旅游，将脱贫第一枪打响在富村。

为此，他首先找到乡贤理事会和宗祠长辈，做通工作后利用宗祠长辈压力说服各家各户卖牛。但是，仍有一部分群众坚持不愿卖牛，杨支书则通过乡贤理事会每周在宗祠开会，梳理困难、对症下药、解决问题。研究工作方法后，杨支书从自家人和本姓人开始，能做主或代为做主的，他直接做主，如他兄弟家中的牛由他做主代卖，杨支书将卖牛所得费用转交给其兄弟，当杨支书兄弟回家后得知牛已经被卖，也只好作罢。不能代为做主的本姓人，他则通过反复说服的方式规劝，由于都是同一宗族的自家人，众人只好听从安排。在这样的工作方式之下，杨支书用三个月将村中所有牛卖出仅剩三头，在杨支书的争取之下，政府出资为卖牛农户按照每头牛补贴3000元的方式，解决了村中群众顽固不卖牛的问题。拿自己人开刀，一方面，带来的是高工作效率，杨支书在得到本家本姓人的支持后，前期工作比较顺利，也在村中展现了卖牛以整治环境卫生的决心；另一方面，其他村民在看到杨支书拿自己人开刀后也切实地感受到了村委工作的诚意和卖牛以发展旅游业的决心，遂予以配合。

（三）软硬兼施

在村委和村干部处理"钉子户""硬骨头"的过程中，"软硬兼施""软磨硬泡"是他们惯用的也是不可缺少的工作方法。在富村处理几处"钉子户"的时候，村支书利用宗祠召开每周一次的乡贤理事会，周周议事、梳理困难，实际上就是在软磨硬泡，将乡贤"泡"进来，将宗祠长辈"泡"进来，将村委村干部"泡"进来，也将村庄"钉子户"难题"泡"进来。对村庄具有议事权、话语权和宗族权威的人们的软磨硬泡的过程实际上就是构建村庄关系圈层中"农民主体性"的过程，同时也是做通"钉子户"工作，形成在村民共同事业上的伦理动力源泉的过程（薛雯静、宋丹丹，2024）。

除了利用外部环境向钉子户施压，软硬兼施的办法也同样用于应对"钉子户"本身。在处理村庄内部为数不多的"钉子户"时，村干部逐一上门做思想工作，反复、多次做解释工作，情理并用，体现了工作办法软性的一面，村干部提及的多次拜访钉子户并与钉子户一起喝酒吃饭，也是对付钉子户，做通其工作的软性体现。"钉子户"拒绝拆迁，选择持续对抗的原因一方面在于利益谋求，另一方面也在于"面子抗争"。"钉子户"通常是村庄弱势群体，往往需要的是自尊的实现和有尊严的"台阶"。村干部采取持续的柔性措施，实际上是为"钉子户"提供"台阶"的过程。

而工作办法的"硬"则主要体现在对于村内仅剩的 2 户钉子户采取"孤立"手段——对于拒不搬迁的 2 户钉子户，最终决定不予拆迁，在钉子户周围围建，将钉子户隔离，在钉子户面向公共场地影响美观的朝向修筑隔离墙，同时作为展览墙在上面展览村规民约。而杨支书表示，就是要利用这种树立反面典型方法让大家都意识到不配合村集体发展，不服从村集体利益的后果，还要让其子孙在村内感受到这种道德压力。由此，软硬兼施成了村干部做通群众工作的重要办法。

软硬兼施的工作办法体现的是富村村庄精英在领导村庄发展道路中一定要做成事的决心；其采用的手段是柔性与刚性措施的结合，是对村民的规劝与强压结合并用的结果；其手段作用的范围限于村内，而不再涉及更高一级的乡镇，或其他层面范围的如司法调解、诉讼等手段；其工作实施程度在其所能调动的一切资源基础之上。

（四）确定利益分配机制

富村发展旅游产业是上级扶贫的意图与富村产业转型意愿碰撞而共同决定的结果，其中扶贫政策的意志远大于自身的意志。在吸引各层级政府的关注并引来大量项目与资金倾注之后，富村内部产生和形成了诸多的利益分歧。富村在利用各项资源发展产业经济为村庄带来利润与收益的同时，也在自己制定的利益分配机制之下将村庄发展红利转化到村民身上，而这一特定的利益分配机制也是村庄精英治村过程之中构建治理秩序的重要方式。

旅游业为富村带来了大量资金和就业创业的扶植机会、政策红利。拥有利益主导与分配权的村支书杨某在分利过程中构建了一套独特的网络体系。首先，杨支书在给自己人分利时体现了明显的宗族荫庇。在富村古道热度炒起来之前，他就已经为自家挑选了一处最大且地理位置最优的店铺门面，在富村旅游村中，他家经营着门面最大的餐饮店铺，这家店为其家庭带来丰厚营收；不仅如此，村口显眼处一家装修精美的奶茶店也由其子经营，生意火热；在古道中段新装修的一家清吧由其外甥女婿经营，清吧具有创意性与现代性的唱歌、烧烤、打卡等功能；在房屋建筑上，他家的四层楼房也在村中不算多见。诸如此类，都直接体现着利益的分配效果，杨支书利用自己在村的便利为其家庭、宗亲获取在分利上的直接便捷以及获取在分利体系中的有利地位。同时，他还将村庄资源与财产可能为其所获的部分以类似于产权的形式保有，为其子孙留存，如宅基地、房屋、店铺、获利关系等。

其次，对待村庄的精英，杨支书采取吸纳与合作的办法与其分利。如原村主任、现任副支书杨某，同样在村内开了一家规模较大的油茶店，收益颇丰，杨副支书的主要精力也由村务逐渐转移到了家务，开始主要经营店铺生意了。此外，其他有意愿在村创业的村庄精英，杨支书也予以合作或配合，以取得利益互通与人情互通的效果。如一人想在村内开油茶店，另一人想利用村集体土地开办钓鱼场，杨支书均予以支持。对这一群体，杨支书在利益分配机制中使利益有所倾斜，让村庄的经济精英、文化精英也在其中获利，融入杨支书构建的分利机制与秩序。同时，这也使杨支书与其他村庄精英建立利益与人情关系，实现互利互通。

再次，面对普通村民，杨支书采取的态度是共同参与，即允许和鼓励村民共同开发村庄资源，共同经营村庄旅游经济，让大家在村庄旅游产业中共同获利。但问题在于，虽然看似在村内开发产业和"吃旅游饭"是自由竞争、自愿参与、公平分利，但杨支书一家，以及杨支书宗亲在公平参与的外表之下获利更多，他们占据了村庄优势资源，实际上对集体产业经济有虹吸效果，对其他村民有"利益俘获"，在村庄产业下的竞争并非真正公平。村庄旅游产业的"利益蛋糕"在固定的情况下，优势资源早已被村庄精英在这一特定的分利机制下分割一空，许多村民或是在这种趋势下也参与竞争，挤占所剩不多的利益资源，抑或在所谓公平的分利机制与竞争环境中放弃参与和无法参与。

最后，针对村庄内特殊群体，这一特定的利益分配机制采取特殊对待的方式。例如，对待阻碍村庄集体经济和产业发展的"钉子户"，杨支书采取强硬态度，隔绝孤立，不予分利，在设置分利壁垒之后，自然就将这一特殊群体排除在了村庄分利空间之外了。而对待村庄的另一个特殊群体，即贫困户、五保户等弱势群体，分利机制也将他们纳入分配体系，给予他们一定的分利以保障他们的生存与生活，获得这一弱势群体的支持，以确保村庄内部秩序的稳定以及外部政治性压力的化解。

由此可见，在富村旅游产业生根、成长起来的过程中，相应地也成长起来了一套在村庄精英主导下的利益分配机制，这一利益分配机制的运作样态与运作逻辑也反映着村庄精英对村的治理逻辑。富村的精英分利秩序在利益分配上以宗族关系和亲疏关系为同心圆网络，关系由里到外，分利从重到轻，反映的是村支书杨某对于利益秩序的制定、对于利益关系的把控和对于人情关系的经营积累。同时，这套利益秩序与分利机制持续地发挥作用，为富村精英在治理秩序中提供了获利获益、沟通联络、捆绑关系等诸多功能，也体现着能人治村的本质逻辑，构成了富村治理样态的重要部分。

三 能人治村的社会基础

能人治村有其特定的社会历史和文化背景。在富村，能够看到精英治理下的精品小村的一个典型样板，也能够看到村庄内部精英治理的工作方法、社会网络以及其所构建的权力谱系等。以其村庄治理与发展面貌的写照，可以看出富村的精英治理的本质特征，以及乡贤能人在村治中的作用过程，反映出其精英村庄治理的基础、逻辑与效果。思考富村能人治理下精品村庄为什么能够出现、存在并形成特定的治理经验，就要审视在富村有何能人治村的社会基础以及其他可能作用的条件与因素。从这一角度考虑，可以把富村精英村庄治理的社会基础分为村庄外环境与村庄内条件。村庄外环境指的是能够孕育出以富村为典型的精英治理村庄的当地社会环境、政策环境与人文环境等，而村庄内条件则是指能够支持村庄内出现乡贤与能人，并支撑他们成为治理主体，发挥主体作用的条件与要素，其中包括他们在村庄中的身份、角色、人际关系，也包括他们自身的能力、经历和个人素质。

（一）村庄文化传统

前文提到富村与秀村是两个相邻的行政村，但又因为各自下辖的自然村反复调整，因此两个村庄有着相似的历史背景、文化渊源，以及复杂的利益关系（主要是地界不清）。两个村庄事实上都有着悠久的历史文化传统，尤其是秀村，以其"秀村状元"的名号著称，有着"耕读传家"的深厚文化传统。富村在秀村的关系作用与影响之下，也有着崇学尚读的文化传统。在重礼教的文化情怀之下，当地对于历史文化传统节日也格外重视，除大操大办传统礼仪庆典之外，当地人还会把节日当作联络亲族、加强亲缘关系的重要纽带。重礼教、重亲族、重血缘以及重村庄社会关系的种种因素的交织，成为当地能够形成乡贤能人的推选、信任的构建以及村庄精英领导力量等现象的首要原因，这也是富村最为基础的社会文化背景。当然，进一步延伸当地重视礼教文化、亲族血缘的传统，就可以看出富村的村庄社会格局并非现代化进程中破碎的关系网络，而是费孝通先生所述的传统的中国村庄社会的同心圆的村庄网络秩序。加之受地理区位的影响和在村庄的闭塞环境①的长期作用下，当地村庄保留传统村庄社会中的秩序格局、风俗习惯的形态较好。文化传统的传袭以及村庄原始样态的保持、特色的保留为富村、秀村等村庄提供了稳定的村庄秩序和文化氛

---

① 相传当地村庄的来历最早可以追溯至唐开元年间，始祖毛衷在贺州任刺史时在此选址建村，村庄依山傍水，与外界相阻塞，此后1000多年里当地村庄均未被战乱波及。

围，为形成构建权威与服从关系提供了前提性基础与可能。

（二）宗族基础

"社会精英的权力不仅来自他/她自身坚持的伦理和道义，而且来自他/她代表的宗族结构。"（杜鹏，2016）透过富村社会文化各方面的诸多现象可以看出，这是一个典型的宗族性村庄。富村主要有三大姓氏，分别是杨姓、孟姓和何姓，每个姓又有自己的宗族祠堂，三个姓氏交织在一起共同构成了一个宗族性村庄。富村宗族性色彩还可以从其特点鉴别，如村庄社群关系以血缘关系为纽带，村庄网络可以在宗族关系和辈分中将脉络厘清，村庄内身份以宗族内身份为依据，极少有外姓人或外村人掺杂（嫁娶关系除外）村庄内宗族性活动重要性大于传统礼节等其他类似活动，并固定存在于村庄活动之中。传统礼节与节日作为宗族性仪式与活动的载体，其本身并不重要，但在各个重要节点组织和举办的各类活动又极具宗族意义。逢中秋节、重阳节等传统节日，以及宗族内成员婚丧嫁娶、乔迁升学等红白喜事活动，在外务工或出门在外的成员均需返乡回家，扮演宗族内角色，承担其角色要务与职责。在现代性深入影响村庄社会的今天，仍然不会妨碍富村这样的宗族性村庄开展传统性活动。绝大多数的红白喜事类活动均在祠堂内举行，人们在活动之中各司其职，完成礼仪。礼金礼品并不贵重，但敬礼节、重人情的礼性交换在宗族内频繁流通。以各种宗族活动不断强化宗族关系，以血缘关系不断加深村庄社会关系，由此形成一张以祠堂姓氏为划分、以血缘关系为纽带的村庄内部关系网络，其他的任何一切关系，如利益关系、嫁娶关系、用工劳务关系等均依附于这一关系网络。

在这样一个强宗族性背景下的村庄关系网络中，宗族内凝聚性强、意志易集中，宗族内核心人物组织与领导性强，影响力、动员力与感召力大。村庄内三个姓氏之间又存在紧密的嫁娶姻亲关系，往往处于一个宗祠关系中的重要成员，在另一个宗祠关系中也有着深厚的姻亲关系基础和重要影响力。这样的血缘基础，构成了精英村庄治理运行和能人治村成为可能的又一重要基础。

（三） 村规民约与集体情感

村规民约是以公约的形式制定的一种价值观倡议，在现代化村庄治理与法治化村庄治理过程之中发挥着重要的作用，它通常代表的是村庄依据党的方针政策和国家法律法规制定的村级规约，也代表着村庄治理过程中的社会公共道德和村风民俗的选择倾向，还代表着村庄村民的集体利益体现。村规民约的建立依靠的是村庄社会结构中的道德情感（王小章，2023）。在宗族性村庄，村规民约通常作为一种形式意义的存在主要起对集体精神的重叙和形塑作用，具体表现为以一般性村级规约替换宗族性村庄的规矩，即认为其形式仍以社会主流价值观和国家法律法规为指导和载体，但内容内涵却反映的是村庄原生性的集体精神，是宗族性的社会规范与道德。富村即如此，村规民约往往作为集体情感的代表发挥作用，在处理村庄具体事务时发挥规约作用。如富村现任村支书杨书记，他曾带领村民进行订单农业的合作时就是以一种村规民约的形式确定其合作方式，在后来的村庄旅游开发和构建利益分配体制时，也是在村规民约的确立和保障下进行的，其中运用和发挥的就是宗族性规矩的力量。

以宗族规矩作为村庄集体意志在某一项具体村务中发挥规约作用时，其村规民约就具有了这个村庄本身的宗族色彩，村规民约的本质仍然是宗族性村庄集体治村的工具与依据，也是其合理性解释。那么在富村这样的精英村庄，当村规民约可以作为一种约束力在道德标准之上的准法发挥作用时，村规民约就可以被乡贤能人所用，并成为具有道德性、合理性解释的最佳工具，也是代表了集体同意的法定规约。村规民约的制定也就使其成了便捷的村治工具，进而成了某个精英进行村庄治理与意志执行的基础。此外，由于村规民约本身作为准法还发挥着约束作用，在村庄内作为底线性准绳衡量人们行为的道德边界，这也为精英治村提供了助力，减少了掣肘与阻力。在中国，社会治理早已成为一种新的治国理念（顾昕，2023）。从这个意义上讲，动员村庄社会，制定并发挥村规民约在村庄治理中的功效是能人治村的重要凭借。

（四）简约治理

简约治理指的是，治理简约、生活简约、教育简约，但礼不简约。简约治理的另一方面在于基层政府的角色定位，不具体干预产业，而是为产业发展提供服务保障。"正式治理主体注意力的有限性也使得完全的正式治理不可能"（史云贵、薛喆，2022），因此，简约治理的功能就有极大的发挥空间。富村的村治变迁与产业发展呈现了简约治理与基层政府和基层社会的关系问题。前文交代当地的政治背景与政策环境相对于其他地区来说较为宽松与自由，由于自治区、自治县、民族地区、省际边界等多方面因素的加持，该地区基层社会工作样态就展现出较为宽泛的活动空间和更有纵深的工作尺度。因此，该地的基层治理首先是一种富有弹性与空间的治理。而与之相关的另一种治理样态，也是为之影响和传导下的简约治理。由于村治工作自主性大，村庄行政化、半行政化程度不高，科层压力往往停留在乡镇一级政府，村庄本身并无太多责任压力与考核压力。

村干部不为行政所累就有更多的自主空间和精力放在村庄、村民自身的事务上，同时也避免了许多形式主义的工作流程，简化了村庄工作事务，结果就成为"有事才治理，没事不治理，治理有用的"这样的简约高效的工作样态。在村庄体系方面来看，村庄自治体系保持完好，未被行政化侵蚀，村组干部也不依赖财政供养，依赖性不强，行政化、职业化程度不深。因此，当地村庄自治体系完整且村组干部体系生态没有被破坏，为简约自治提供前提性基础。村组干部不依赖财政供养，且该村村干部队伍精炼，由几名主要村组干部构成，就说明长期在村内且发挥作用的村组干部均为村庄事务的积极参与者，这为简约自治提供了另一方面的前提基础。

在基层治理普遍追求高效率的过程中，大量村庄组织被卷入行政机器，首先出现的现象是"工资化"，即政府为下沉村庄一级承担公共服务的人员也提供报酬，以购买其劳动力，激发其积极性；随之出现的就是"体制化"，政府为提升用人效率将这一种模式正式化，用体制的方式加以规定和规范；在这种体制之下运行工作，差遣村级干部，就将村庄工作"任务化"，随之又会出现从上至下的压力传导，对工作任务进行考核，就出现了"考核化"。所谓工资化、体制化、任务化、考核化这一链条就是典型的行政化链条，这些特征也就是行政化特征。

富村在自治过程之中没有受到过多的行政干涉，大量治理工作均由村庄社会主导，治理主体也由村组积极分子担任，国家行政力量渗透十分有限，那么行政化链条的传导及其带来的弊端就没有在这里出现。反之，对应出现的是一种非行政化、非体制化和非考核化的特征，以及一种简约自治的村治方式。在这样一种简约的环境之下，村治主体不需要背负过多责任压力，承担过多体制化的冗杂事务，就有足够的治理空间与治理权限发展村庄产业，主导产业转型与升级，化解村庄利益矛盾，自主调解村内关系与纠纷。当村庄精英能够发挥更大的主体性，拥有更多的自主性时，其创造工作价值的积极性就得以提高，村庄传统的自治效果就得以显现，这为村庄精英提供了治理的自主空间和主观能动的积极性。

（五）能人资源

富村的精英治理体现的是以杨支书为典型代表的村庄能人在回归或融入村庄治理后展现出的过人能力，他们往往具备传统村庄治理过程中老一代人不具备的创新思维和个人素质。杨支书在回归村庄治理前是从事农产品贸易的中介生意人，忙碌于农产品销售对接、人脉积累、生意往来联络以及低收高卖赚取差价，多年的积累让他获得了传统中农不具备的生意头脑、人脉资源和较高的商业沟通与对接的素养。而富村产业发展与升级的推动正是以他为带头人做出的改变与决策。所以，在改变富村的面貌与发展方向的过程中，正是这种传统村庄发展中所缺乏的创新创业精神带给富村转型时所需要的不一样的村庄精神。除了创新创业的精神，富村能人强干的第二个方面体现为他们的人际关系能力，也可以延伸作是关系运作能力。因为商人在积累生意关系和人脉资源的过程中需要锻炼较高的人际关系运作能力和人际关系协调能力，以确保在商业洽谈、生意对接等环节的高效和顺利。杨支书在这方面的能力为富村抓住了许多机遇，如县、市、自治区领导考察调研时，推介富村亮点，引来项目资源与政策倾斜，再如，央视记者来访时，同样与记者同吃同住，深入介绍富村。杨支书在协调外界来访时也扩大了对富村的宣传效果，引来了政府部门、媒体和大众的关注，为发展旅游产业创造了前提条件。

在富村开展产业转型等工作时，村庄能人还有一个典型特征就是做工作讲究效率、不留余地。这也体现为杨支书在开展工作时无论亲友一视同仁，不讲情面。这样的"快"与"狠"的工作方式极大地提高了开展工作的效率，也明确了村庄工作中的原则性和公平性。这样的工作方式与方法，态度与原则，同样属于能人治村中不可或缺的一个要素，也是村庄能人可以强干的基本能力。

能人村庄治理之中的核心就在于能人，村庄能人采取的工作方式、村庄能人所具备的特征与气质都影响着村庄发展的过程，一定程度上决定着村庄的特征与气质。例如，富村的许多村民，包括村庄中能干的一些经济能人，都有去广东打工的经历，村庄中大多数人兼顾家庭与打工的青年，几乎都会选择去广东打工。因此，他们就具有一种守正创新、富有活力的集体特征，具备一定的创新精神，也具有一些现代性的特征，同时不忘传统，重视亲族与家庭。这也是许多富村人在外打工但仍然回归家庭与村庄的原因。村民的创新创业精神在村内体现为对村庄产业转型与创业发展的支持，对新村庄发展模式的接受与贡献，那么村庄经济能人，在外创业已有所成，有能力与资源的积累，他们的创业品质在村内的体现即为对村庄治理、村庄发展和带动村庄产业经济等方面。

四 结语

从富村能人治村的发展与治理面貌来看，村庄产业转型与发展在多元主体的共同构建之下已经步入正轨，旅游经济已经实现了让村庄、村民共享红利的目的，也达到了改变村庄发展与治理面貌、实现全面脱贫的效果。但这样的发展格局和以此形成的利益体系能否长期稳定存在并发挥作用，能否形成稳定的利益格局，尚待实践的检验。首先，大量经济精英返乡创业、回归村庄，成为村治主体，带来了资本下乡的结果。但精英主体将特色农产品种植与加工产业化后，带来的直接后果就是村庄中坚农民的农业相关产业和生计被经济精英所挤压，也就是说他们发展资本下乡以挤压中农为前提。从目前富村农业产业结构来看，存在一部分中坚农民种植规模在 30 亩到 70 亩，种植作物除了与国家烟草签订协议的烤烟，还有具有一定经济价值的芋头等作物。烤烟与芋头等作物的经营需要大量的劳力和有强度的劳作方式，因此还在富村当地形成了一种特定的劳务雇佣模式。从这些方面来看，富村当地存在相当一部分中农虽然享受微弱的旅游红利，但并不主要依靠旅游吃饭。他们仍然忙于常年熟悉和习惯的经济作物的种植产业，在力所能及的情况下逐年扩大生产，根据市场需求而不断调整生产。由此，资本下乡带来的后果对富村中农的冲击应当如何缓解是富村需要思考的问题，而在此冲击下富村失去中农的后果也是一个新的风险。如果村庄旅游业面临市场环境的制约，农业产业的稳固基础和村庄多元化的产业发展方式显然是强有力的支撑条件，但是中农的消失和被兼并无疑对富村的产业结构是一种风险，而消失的中农群体转向何处维持生计也为村庄带来治理难题。其次，富村目前的村庄发展红利和旅游热度在很大程度上导源于村庄能人对于政治注意力的吸引，多年来县、市、自治区不同领导对富村的关注、来访和关照关心为富村带来了诸多政策资源、项目资金，同时也为其带来强大的宣传效果和社会热度。但村庄能人的更替、村庄发展模式的变化、村庄利益关系的调整等因素都在影响着富村能否长期维持着政治注意力的青睐，能否长期得到政治资源的加持。同时，上级政策的调整和政策倾向的变化发生后，村庄能人还能否跟上政策的脚步带领村庄做出调整，这也是村庄面临的挑战与风险。

参考文献

陈晓燕，2020，《精英结构视角下的乡贤治村——基于山西 G 村的案例分析》，《中国农村研究》第 2 期。

董江爱、陈晓燕，2007，《精英主导下的参与式治理——权威与民主关系视角下的村治模式探索》，《华中师范大学学报》（人文社会科学版）第 6 期。

杜姣，2022，《乡村振兴背景下村治主体精英结构的转型及其影响》，《探索》第 3 期。

杜鹏，2016，《精英结构视角下的村治逻辑与类型》，《探索》第 5 期。

顾昕，2023，《共同富裕的社会治理之道——一个初步分析框架》，《社会学研究》第 1 期。

李祖佩、梁琦，2020，《资源形态、精英类型与农村基层治理现代化》，《南京农业大学学报》（社会科学版）第 2 期。

刘锐，2015，《富人治村的逻辑与后果》，《华南农业大学学报》（社会科学版）第 4 期。

卢福营，2011，《经济能人治村：中国乡村政治的新模式》，《学术月刊》第 10 期。

史云贵、薛喆，2022，《简约治理：概念内涵、生成逻辑与影响因素》，《中国人民大学学报》第 1 期。

王小章，2023，《结构、情感与道德：道德转型的社会学探索》，《社会学研究》第 2 期。

徐勇，1996，《由能人到法治：中国农村基层治理模式转换——以若干个案为例兼析能人政治现象》，《华中师范大学学报》（哲学社会科学版）第 4 期。

薛雯静、宋丹丹，2024，《圈层中的"农民主体性"：基于 S 省芳林村"美丽乡村保护项目"的研究》，《社会》第 2 期。

袁松，2016，《监管与反制：乡镇政权与"老板村官"群体的权力互构——以浙中吴镇为例》，《中共杭州市委党校学报》第 4 期。

张陈一轩、任宗哲，2021，《精英回乡、体系重构与乡村振兴》，《人文杂志》第 7 期。

文化移植与产业重构

——城乡融合背景下的乡村振兴路径研究

作者：宋书宇　胡星宇　黄亚停　杨凯雯　李孜涵[*]

指导教师：刘　杰[**]

摘　要：城乡融合发展对于破除城乡二元体制、解决城乡发展不平衡、实现共同富裕具有重要意义。新村位于河南省南部，该村基于社区逻辑、专业逻辑、市场逻辑，与高校合作开发了"三院七坊"的发展项目，积极探索"文化移植"的产业振兴道路。通过对新村这一典型案例的分析，本文发现"三院七坊"依靠对优秀传统文化的有机移植，在为乡村发展赋能的基础上能够有效激活农村各产业关联，对于推进城乡融合具有一定的参考意义。

关键词：文化移植　产业重构　城乡融合　三院七坊

一　问题的提出

党的二十大报告强调，全面建设社会主义现代化国家，最艰巨、最繁重的任务仍在乡村。我国作为历史悠久的农业大国，乡村发展关乎国家发展、社会进步与人民幸福。广大乡村地区既扮演着经济社会发展奇迹的重要角色，同时也承担着中国式奇迹背后的发展代价（温铁军，2013）。乡

---

[*]　宋书宇、胡星宇、黄亚停、杨凯雯、李孜涵，华中师范大学社会学院 2021 级本科生。

[**]　刘杰，华中师范大学社会学院副教授，研究方向为社会工作、社区研究、基层治理。

村作为城市发展的重要支持，自身却面临着内源性动力缺乏的发展困境，由于城乡资源的长期单向流动，城市地区发展反而导致乡村区域的衰败，农村"空心化""原子化"等问题不断涌现（周祝平，2008；胡小武，2023）。伴随着中国式现代化进程的推进，实现乡村振兴、推进城乡融合进程成为我国社会经济高质量发展的必然要求。在此背景下，挖掘乡村振兴新模式，激发乡村发展的内源性动力，既是实现城乡发展水平协调推进的重要前提，也是实现共同富裕、提升人民幸福感的必然要求。

近年来，在乡村振兴背景下，我国广大乡村积极探索实现城乡融合的发展路径，通过发展模式的创新实现乡村产业、人才、文化、组织与生态的全方位多层次振兴。其中，"文旅乡村"模式可以充分调动乡村自然、历史与人力资源，从而综合推进乡村文化、产业与生态振兴（张祝平，2021）。然而，在探索文旅乡村模式的过程中，盲目效仿、动员不足等问题常常使得许多乡村文旅项目走向失败。由此，如何基于自身资源秉赋培育文旅乡村，如何对特色乡村文化进行创造性转化以使其在新时期焕发出生机与活力，以及如何打造长效的文化创新机制以推进城乡深层次融合等问题，引起了政学两界的关注。

新村位于河南省南部，该村积极探索"文化移植"的产业振兴道路，打造出"三院七坊"的发展模式，取得了瞩目的成绩。本文基于"文化移植—产业重构"的分析路径，对参与新村"三院七坊"文化移植模式中多元主体的互动逻辑进行总结，并对后续产业重构过程展开讨论。

二 文献综述与分析框架

在中国经济社会的发展进程中，城乡二元制度曾经发挥了重要的历史性作用，但在社会转型中，城乡二元制度的积弊也逐渐显现。在新时代背景下，实现城乡融合，对于解决城乡发展不平衡、实现共同富裕具有重要意义。而城乡融合发展，离不开产业、文化、生态振兴的有机结合。由此，本文将首先对城乡融合与产业发展、社区文化与社区发展等相关的文献展开梳理，然后据此提出本文的分析思路。

（一）城乡融合的相关研究

城乡发展不平衡是国家现代化过程中较为普遍的历史现象，城乡关系分化与利益对立，亦即工商业劳动与农业劳动的分化与对立关系，是社会经济发展与社会分工的必然后果（马克思、恩格斯，2014）。而在发展过程中，乡村对于城市发展水平的结构性依赖以及城市对于乡村土地与劳动力资源的攫取，是经济发展的客观需求和国家战略的历史选择交互作用的结果。中国长期处于城乡关系结构不平等的状态，资源单向流动的状态较难扭转，而破除传统的城乡二元格局、促进城乡融合，对于实现中国经济社会改革目标达成具有重要的激活与释放作用（国务院发展研究中心农村部课题组、叶兴庆、徐小青，2014）。因此，化解城乡结构性不平等，实现城乡融合，需要更深层次的国家行动。

城乡融合作为国家经济社会发展的必然要求对于扭转城乡不平等关系，实现共同富裕具有重要意义，学界也在促进城乡融合与协同发展方面进行了众多探讨。譬如，学者们认为，城乡融合发展需要进一步深化改革户籍制度、提升农业生产能力、重塑农村金融财政体制、加大对农村基础设施与社会公共服务的投入力度，推进城乡基本公共服务均等化对于促进城乡融合、缩小城乡发展差距具有重要的现实意义（蔡昉，2006；杨迎亚、汪为，2020）。而在互联网时代，网络信息技术、人工智能、能源技术等新技术支持，使得新近发生的城乡融合呈现新的社会形态和发展趋向（田毅鹏，2021）。新村在城乡融合模式上有着自身的区位优势，依靠文化移植发展文旅产业核心村，城乡融合既是其背景亦是其目标，本文将探讨新村在城乡融合的背景性要求下如何依靠自身发展模式不断深化城乡融合进程。

（二）产业发展的相关研究

作为社会经济发展的核心命题之一，"产业发展"一直受到经济学、政治学与社会学等学科关注，而在市场与产业发展的有关研究中，政府往往扮演着重要角色（尼尔·弗雷格斯坦，2008）。国家在统一产业市场的生成与发展中发挥着主导作用（卡尔·波兰尼，2020），不同国家的政治文化特性也导致了产业发展的差异性结果（弗兰克·道宾，2008），政府对于产业政策的制定反映着国家、市场与专业逻辑的耦合，在不同历史时期具有权变性（罗格尔·弗利南德、罗伯特·R.阿尔弗雷德，2008：252）；而产业政策的出台与实施反映着政府能力与参与程度的差异，彰显了差异性的市场体制（符平，2018）。在中国社会经济的发展进程中，地方政府作为利益主体广泛而持久地投身于地方产业发展，参与塑造了地方产业格局（杨善华、苏红，2002）。

乡村社会是中国经济社会发展的稳定基石，而在中国经济社会发展中，乡村地区同样承担了众多发展代价，其产业发展也长期陷入困境。在经济体制改革背景下，旧有的城乡二元发展格局逐步破除，其在促进社会结构转型和经济体制转轨两者相互交叉，相互作用的同时（孙立平等，1994；郑杭生，2009），也导致了地域性与城乡间的结构性差异，形成了农业传统部门依存于工业现代部门的产业格局（王国敏，2004）。农村经济陷入了经济产业结构单一，劳动力单向外流的发展困境。在中国城市化大潮之下，实现城乡有机融合，发展农村产业，需要地方乡镇政府积极探索，打造促进农村发展的产业政策。

自市场化改革以来，农村地区积极进行产业重构的尝试。在市场化早期阶段，乡村地区进行了众多乡村工业化的尝试，探索自身特色发展模式（冯小红，2005；张天泽、张京祥，2018），但其发展模式都具有特殊性和短暂性等特点，并存在资源浪费、农村特色消失等潜在危机（张天泽、张京祥，2018）。党和政府近年来高度重视乡村振兴和农业现代化建设，实现农村产业融合发展成为乡村振兴的重要议题。在生态振兴与文化振兴的共同要求下，发展文旅融合产业，与乡村振兴形成互馈机制（龙井然等，2021），成为乡村振兴的可行路径。其通过整合乡村文化资源、构建旅游意向、依托政府帮扶，取得了较为亮眼的成绩（耿松涛、张伸阳，2021）。以文旅融合促进城乡融合，带动乡村经济，成为推进城乡区域协同发展的有效举措。发展乡村文旅、促进城乡融合，过往成功经验对于乡村自然与历史资源禀赋有着较高的基础性要求，而本文将基于新村"文化移植"的产业发展政策，对其产业重构过程进行探讨。

（三）社区文化与社区发展研究

社区研究经历了由物质基础到文化内核的研究转向，其在研究转向中逐步超越了旧有研究的物理边界限制：在文化视角研究中，社区是一群拥有共同的活动和（或）信仰、主要通过情感、忠诚、共同价值观或个人忧虑而捆绑在一起的个体，文化社区基于类似的文化特征得以传承和发展（Brint，2001）。文化产业作为文化的物质形态，其包含"文化的经济化"和"经济的文化化"两个方面——"文化的经济化"意味着文化走向日常生活，而"经济的文化化"则表明经济发展愈发呈现文化的特征（张晓明，2006）。乡村社区的发展既需要经济基础，也具备自身的历史性与独特性，因而，发展乡村文旅，带动产业转型已经成为众多乡村社区实现产业、文化与生态振兴有机结合的重要路径。

何种文化应当利用与发展？许多乡村选择发扬优秀传统文化打造文旅振兴模式，而非物质文化遗产作为重要传统文化，其具有传统性、国家性、人民性与现代性特征，与乡村文化振兴呈现有机互洽的关系（黄永林、任正，2023）。而在文化的利用与有机改造方面，"文化发明"概念呈现了文化的塑造、整合与创新过程，展现了文化的市场潜力（郭占锋等，2021）。而有关"非遗工坊"的经验分析则总结出乡村依靠"技能培育、产品化与认同塑造"的多重路径，从而打造乡村社区多形态的文化资本振兴模式（刘智英等，2023）。上述研究阐述了以"传统文化"作为工具推进乡村振兴的途径，而缺乏文化禀赋的乡村地区可以依靠传统优秀文化与村庄环境的嫁接和有机融合，实现优秀文化的"移植"。基于以上讨论与实际案例情况，本文采用"文化移植"的概念对新村的振兴路径进行集中呈现。

（四）文献述评与分析框架

通过对以上文献的回顾，我们可以发现社区文化底蕴对于村庄发展的重要作用。作为村庄发展的核心与关键，实现村庄的产业兴旺需要尊重其特殊的文化背景。反之，打造村庄文化，使其发挥文化资源的禀赋与优势，同样可以成为发展村庄产业的可行经验。

"文化移植"作为产业政策，其以文化外在化与工具化为前提，积极推进文化移植与成长。而乡村作为一个多重制度系统杂糅的广阔场域，面临着多方主体与多重制度逻辑的互构或冲突（Long，2001）。社区、专业与市场的多重制度之间的关系成为新村发展进程中必须面临的重要课题。而依靠对于优秀传统文化的移植，可以推进多重制度逻辑的耦合，进而依靠多方力量实现产业重构。基于以上讨论，本文将依据"文化移植—逻辑耦合—产业重构"的分析框架，对新村振兴模式（见图1）进行集中探讨。

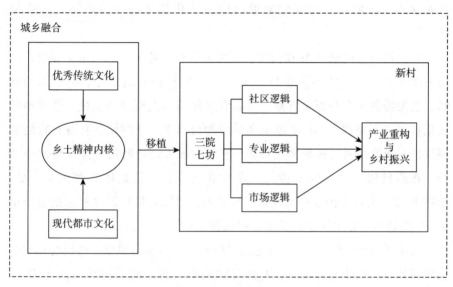

图1 新村振兴模式

资料来源：作者自制。

具体而言，在乡村振兴过程中，首先要面临社区逻辑，即如何有效动员村民的考验。社区逻辑承担着有效动员村民的内源性作用，它是实现"政府主导"到"村民自发"的动力转变机制，为乡村振兴提供基础性支持。乡村文化移植在动员过程后，则需要科学的模式与思路。"高校+村庄"的专业逻辑植入为村落的长效发展提供了关键性智力支持。而实现乡村振兴，遵循市场逻辑，重塑自身产业发展动力与结构，借助文化移植与产业重构，促进人才、资金等发展要素向农村流动，是推进城乡要素高效配置，推进城乡深度融合的必然要求（周振，2023）。

三 案例概况与资料收集

个案研究有助于全面、深入、详细地掌握个案的具体情况，了解个案的内在结构、关系、过程、功能或机理，也有助于归纳总结形成概念命题，以提供某种一般性的理论解释（风笑天，2022）。新村作为城乡融合示范村落，在文化移植和产业发展方面具备丰富的实践经验，通过对这一个案的解剖，我们能够归纳出文化移植的具体路径及其适配结果。

新村地处豫南地区 M 镇西部，属平原浅丘陵地带，是三市交界处，村域面积约 8 平方公里，下辖 13 个村民组。该村没有山水等自然资源的禀赋，也无特色人文等历史资源，曾以农业作为其主要经济支柱，是典型的文化贫瘠"平原村"。在 M 镇城乡融合的号召下，新村结合自身独特的地理区位，兼收并蓄的区域文化特征，转变发展方向。利用"豫风楚韵"的特点在新村植入"三院七坊"，[①] 游客在此可以沉浸式体验并优选产品。2019 年该村列入全国乡村治理示范村名单，被知名报社以《村庄的清新重生》[②] 为题整版报道了该村美丽乡村建设工作。

团队于 2023 年 7 月对新村进行了调查，通过参与观察、座谈会和半结构访谈的方式收集调研资料。对新村"两委"班子成员进行座谈会访谈，并对村内 34 名人员进行了深度访谈。访谈内容涉及乡村的产业振兴、文化振兴、生态振兴、人才振兴以及组织振兴等各个方面。访谈对象主要包括：党员代表、合作社负责人、返乡创业人员、普通村民和过往游客等。按照学术惯例，对人名等信息进行编号匿名处理。访谈对象的具体情况参见表 1。

---

① 三院七坊：三院指拙匠书院、拙匠书舍和艺术家工作室；七坊指拓印坊、陶艺坊、雕塑坊、茶艺坊、豆腐坊、播divided坊、酒坊。
② 出于研究伦理考虑，文内对相关信息进行了匿名处理。

表1　新村访谈人员信息一览

序号	访谈编号	性别	年龄（岁）	职务/身份	序号	访谈编号	性别	年龄（岁）	职务/身份
1	CZS	男	46	村书记	18	NJL	女	46	农家乐老板
2	ZH	男	42	书院负责人	19	PTY	女	36	葡萄园老板
3	DGH	男	71	党员	20	XGH	女	37	绣坊老板
4	WQL	男	63	党员	21	XMB	女	57	小卖部老板
5	ZCY	男	37	党员	22	YLB	男	38	农家小院老板
6	WLD	男	71	党员	23	GZH	男	34	养鸽户
7	LDY	男	56	党员	24	BGT	男	46	工人
8	SSZ	女	60	村卫生所所长	25	HTY	男	45	村环卫工
9	WQL	男	62	村民小组长	26	JZG	男	64	建筑工
10	XSJ	女	22	大学生	27	KM	男	55	养殖场看门
11	JC	男	23	大学生	28	FYS	男	76	养羊村民
12	XHY	女	13	学生	29	KCY	男	67	村民
13	NC	男	24	大学生	30	XKC	女	65	农民
14	GLS	男	32	培训教师	31	HTY	女	56	村民
15	ZLS	女	74	学校教师	32	GZN	女	67	村民
16	LBY	女	54	翠竹园老板	33	XJC	男	63	村民
17	LJB	男	36	合作社老板	34	WZY	男	62	村民

四　新村的文化移植与产业重构

在城乡融合背景下，发掘村落乡土精神、引入优秀传统文化、结合现代都市文化是乡村旅游可持续发展的重要原则。在这一现实背景下，新村充分发挥高校在旅游研究方面的前瞻性作用，探索出一条"高校合作指导+实践团队打造+研学基地建设"的长效发展路径。该路径在文化移植过程中坚持以乡土精神为基点，融入优秀传统文化和现代都市文化，实现对本土文化的创造性转化，丰富了新村的旅游文化与乡土精神内涵。具体而言，新村的文化移植与产业重构共经历了三个关键时期。

（一）拨穗育苗期

新村虽然是一个缺乏资源优势的村庄，但其拥有优越的地理位置，离所属的 M 镇仅 4.6 公里。从区位看，该村位于省内两个地级市的中间地带，距离两市均在 60 公里左右，其客户群可以辐射两个地市。M 镇有高铁站和飞机场，交通优势明显，未来发展潜力较大，随着村内环境的不断优化，未来可以吸引全国客户群。融合发展是城乡关系调整的根本方向和高级形态，也是社会生产力不断提高的必然取向（涂圣伟，2020）。面对得天独厚的区位优势与城乡融合发展的大背景，新村积极扬长避短，选择文化移植路径，引入符合本地特色的优秀传统文化。新村的区域优势，契合了城乡发展的条件要求，减少了城乡资源配置的交易成本，提高了新村与邻近城市融合发展的适配性。

> 新村是非常普通的一个乡村。从大的这个区域来看啊，它其实有自己的底蕴，整个世纪以来与中南地区，在整个中国的版图中，这是一个南北交界的地方。（访谈对象：ZH）

高等教育院校具有服务社会的基本职能，是促进地方经济发展的重要动力来源之一（郭平，2012）。2014 年，新村美丽乡村建设计划正式启动。在政策推动与制度支持下，H 学院与新村于 2017 年建立了战略合作联盟，发挥高校的积极作用，承包新村乡村规划建设，帮助新村明确自身发展定位。在深入了解当地文化特色后，H 学院最终采取以文化复兴和人才振兴驱动乡村产业振兴的发展逻辑与"分类型、分阶段、以点带面"的发展策略。首先，H 学院在充分调研的基础上为新村文化移植注入专业力量，为其提供理念设计和智力支持，制定了"三院七坊"建设计划。其次，以市场为导向移入传统非遗文化并精心"栽植"，建设更具吸引力的农旅融合项目，打造"一院一品"，融入中式文化元素感受平原典型村庄小院的文化魅力，设置文化体验式项目，让游客体验更具文化底蕴的活动。最后，新村的建设与发展并非盲目脱离客观环境，而是根植于具体实际，保留村民的方言交流形式，传承传统村落的文化价值，使新村整体呈现传统华中农村风情，形成典范。

　　"三院七坊"以"拙匠书院"为核心。"拙匠书院"是 H 学院服务新村乡村振兴的"驻扎地"，也成为 H 学院的实践教学基地。书院建成后，H 学院通过拙匠书院平台，持续服务新村的规划设计、产业研究和运营管理工作。整合高校的教育资源，为周边的留守儿童学校开展教师培训工作，为村民开展"乡风文明教育"。书院的成立带来的不仅是 H 学院人才资源，还吸引了大量周边村庄的民俗爱好者和乡土艺术家与设计师，他们带着自己的"文化"来，希望可以借助书院资源在宣传自身非遗文化，在新村"扎根"的同时助力乡村振兴，这进一步丰富了新村的文化内涵。其中最成功的案例是借助书院规划和外来艺术家联手打造的"拙匠木语"，其创造的具备浓厚乡土气息，独具特色的木制手工业成功进入市场，获得了众多消费者的青睐。新村的发展以民俗文化为抓手，将发展文化创意产业和教育产业置于其未来发展规划的核心地位，着力推进"以文化促发展"的振兴进程。

　　借助 H 学院的规划，新村的每一阶段都生动体现了专业、市场、社区三种逻辑的耦合，合理规划，满足游客外来消费和农民本地生活的双重需求，也推动了乡村第三产业的融合性发展。

（二）快速成长期

　　新村通过与高校合作，制定了符合本村实际情况的发展蓝图。在落实规划过程中，新村将外界市场需求与自身社区文化相结合，积极总结村落发展实践经验，合理利用本村现有自然与文化资源，打造乡村休闲游、农业体验游、文化创意游全产业链，探索出一条农、文、旅有机融合的乡村振兴新路径。

　　文旅融合的发展模式能够解决文化事业内生动力不足的问题，其利用乡村文旅发展村落特色文化产业，丰富自身产业属性（宋子千，2019）。在快速成长期，新村依靠自身努力打造了优秀传统文化、都市现代文化与村落乡土精神内核"三位一体"的发展机制。

　　在优秀传统文化的传承方面，新村从现状与困境出发，利用村庄闲置资源探索村庄文化建设的新路径。城镇化进程使得人口外流与空心化成为众多村庄共同面临的问题。人口空心化造成了村庄劳动力人口与治理人口的流失，也同时造成了大量资源的闲置，大批无人耕种的"撂荒地"和无人居住的"空心院"亟待得到再次利用。新村在借鉴土地承包流转的政策下，积极创新推行"空心院"改造计划——在征求村舍所有人的同意下，村集体对其进行装修改造，并将文化元素如传统手工、乡间美食、耕作体验等民俗特色填充进"空心院"，使其物尽其用。改造后的村舍获得的旅游收益将收归村集体，为村内环境设施、文化建设提供可持续物质基础。秉承"尊重自然环境、尊重村庄肌理、尊重群众意愿，不挖山、不扒房、不砍树、不填塘"的"三尊四不"原则，在保留村庄原始风貌的同时，引入了现代设施和功能，协调多方力量将过去破旧不堪的村舍改造为焕然一新、充满文化底蕴的"三院七坊"。在赋予村舍新的文化内核的同时，也重新发掘出其潜在的经济价值。游客在"三院七坊"可以沉浸式体验不同的传统工艺，不仅可以体验制作豆腐、拓印花鸟的乐趣，也可以品尝到传统酿酒、手擂菜品的新奇，慕名而来的客源为工坊带来源源不断的效益。

> 三院七坊都是这样（改造）来的。这样一方面美化了村内环境，另一方面村集体也因此富了起来。我们每次改造后都会拍照，贴在墙上，记录改造前后的变化，现在我们的改造还在进行，以后还会改造更多的院落，产生更加多元的文化。（访谈对象：WJH）

在都市现代文化的利用方面，新村在"三院七坊"经济效益的带动下逐步发展旅游配套产业，客栈、民宿、农家乐等场所如雨后春笋般兴起。不同于普通的民宿产业，新村的民宿和客栈突出清水墙、布瓦房、木门窗的鲜明豫南风格，不仅将传统建筑的特色融入现代村舍之中，也提高了乡村整体环境的美化程度。独具特色的民宿和农家乐也为游客提供了饮食与住宿，极大程度地提升了游客满意度与村落口碑。

在乡土精神内核的发掘方面，新村注重保留其自生的乡土精神，将"旧乡愁"与"新乡土"有机结合。"一米菜园"通过有效利用农村闲置资源，打造干净、自然的田园风光；"DIY（手工制作）""养成系"等一系列体验式活动吸引游客眼球，贴合当代城市居民对于新鲜、绿色、健康的农产品的消费印象，在保持和继承农业文化的同时，唤醒人们心中那份难以忘怀的乡愁。

优秀传统文化、现代都市文化、乡土精神内核"三位一体"，相辅相成，成为吸引游客的抓手。同时，借助文化资源与农业自然资源，村庄的种植养殖、餐饮、住宿、蔬菜配送等产业相互联结，成为相互依存的循环系统，实现了乡村产业的高质量发展与乡村文化的新时代赓续。

（三）巩固拓展期

乡村旅游的发展由初期的资源主导、农业主导和政府扶持阶段过渡到了当今的市场主导阶段，市场的发展逻辑带动了乡村文化的商品化，进而为产业的发展注入生命力（郭占锋等，2021）。然而，市场导向下乡村产业发展有其逐利性与盲目性，众多村庄纷纷效仿发展文旅产业，并为其发展投入了大量财政与人力。但平原村庄缺乏自然资源的现实状况，使部分村庄对文化旅游存在认知谬误和文化焦虑（李金来，2020），文旅内容的同质化也降低了游客的旅游体验，无法保证乡村文旅产业的"复游性"，难以形成长期稳定客源。新村吸取过往乡村文旅模式发展陷入困境的经验教训，依托前期"三院七坊"的经验与人气的积累，致力于打造乡村文旅发展新模式，打破文旅发展同质化困境。

新村依托政策支持在"宜居示范村"的打造过程中建立起完善的基础设施，使当地的游客最大容量范围不断扩大，具备较强的游客接待能力。近年来红色研学的流行使得"教育+实践"的教学模式受到众多家长追捧，新村抓住这一机遇，利用已有特色民居和特色观光农业打造出"中小学研学体验基地"，例如大米生产基地、养殖观光基地以及葡萄采摘体验基地。基地的运作巧妙地将本地已有的产业类型与旅游观光结合在一起，将体验式乡村研学融入农业种植过程，采取亲自种植和体验、长期观察和实践的研学模式，为当地其他产业的创收提供了广阔的客源，拓宽了当地文旅创收的产业链。

> 比如说我们可以搞一个研学基地，水稻从种到收可以全程体验，然后在这里吃饭、住宿，这是一个连锁的产业链。（访谈对象：XCY）

该模式将不稳定的旅游观光效益建立在稳定的生产效益之上，同时有效地利用旅游创收投入农业生产的机械化、体验化的实践中，提升生产效率，逐步增强村庄发展的主体性地位，降低对旅游客体的依赖性。

立足于本村产业进一步升级的需要，新村从与"拙匠书院"合作的经验中寻求村庄长效发展的手段，探索出"村庄+高校"的合作机制，实现"文旅创收+人才引入"的双循环。

> 因为这两年有大学的学生过来学习，我们也希望能借助学生联系到背后的学校，让学校给我们的发展出出主意。（访谈对象：CZS）

新村抓住了各高校鼓励或带领学生团队下乡的机遇，借助本村前期建设积累的名气，积极与各高校对接建设高校实践基地，一方面获得来自高校相对稳定长期的游客收益，另一方面获得了高校的人才输出——高素质人才的驻扎为乡风文明的建设树立典范，也参与到了"技能培训"之中，促进了当地村民素质与技能的提升。村民意识与技能的提升倒逼乡村产业升级，从"观光农业+产品生产"进一步转型为"观光农业+产品加工+品牌打造"，延长了当地产业链，提供了更广阔的就业空间，激发了农民的参与动力与积极性。

新村创造性地通过高校助力的契机，抓住人才振兴的关键点，构建起"旅游基地建设—人才吸引—高校驻扎—产业升级—内生动力激活"的良性循环发展模式，促进了一二三产业融合，为未来人才的流入与回归创造一定空间，有助于新村的长远发展，同样为其他资源匮乏乡村的发展提供了可供参考的路径。新村将自身发展定位在高校合作基地，积极发展研学经济，延长乡村文旅产业体验周期，克服文旅经济的波动性的固有弊端，成为乡村文旅产业的带头村和先进村。

五 文化移植促进乡村产业发展的逻辑

（一）社区逻辑：提升人居环境，打造生态和美乡村

国家计划项目与地方具体实践之间往往存在结构性矛盾（斯科特，

2019：4)，国家生态治理的"自上而下"行动往往要求村民自觉内化生态保护价值并积极付诸行动，而在地方实践层面，村民则利用"生态保护"的价值进行策略性行动，加之政策下放过程中遭遇较多阻滞因素，生态治理实效往往在落实中产生畸变（李金龙、武俊伟，2016）。化解国家项目与地方实践这一结构性矛盾，需要破除经济发展与生态保护价值层面上的冲突，而乡村文旅业的发展在满足村民经济利益的基础上回应生态环境保护的要求，从而得以成为村民由被动到主动保护生态的价值生长点。

新村基于文旅业发展与城乡融合的共同要求，大力推进乡村基础设施建设，实现了由原本破败不堪的垃圾村到生态宜居的和美村的巨大转变：柏油路的铺设不仅便利了村民的日常出行，也为当地旅游业的发展奠定了物质基础；村内房屋的统一改建也打造了古色古香、视觉统一的村落新风格，极大丰富了游客的旅游体验；"厕所革命"要求下旱厕向水厕的改造升级不仅提升了村民幸福感、改善了村内环境卫生状况，也推动了村民卫生习惯的改变，更新了村民的卫生观念。

在生态环境改善层面，新村引进覆盖式的人工湿地污水处理系统，为村民处理黑臭水体提供设施支持；村内设置垃圾集中处理厂、分类中心与竹编的垃圾分类筐，派专人统一回收处理进行细致再分类，构建完善垃圾分类回收体系；M镇政府将新村垃圾分类行动落实到户，引导村民在家中自觉分类投放，帮助村民养成垃圾分类的良好习惯。

更重要的是，M镇政府通过将垃圾分类行动落实到户，引导村民在家中自觉分类投放，进一步强化了社区动员的逻辑。这种自下而上的动员方式，不仅提高了村民的环保意识，也使得生态保护行动更加深入人心。通过这种方式，新村成功地将生态保护与社区发展紧密结合，实现了从"垃圾村"到"和美村"的转变。

> 现在我们村环境好多了，看见有垃圾村民都会主动捡起丢到垃圾箱里，村里也多了保洁员，自己门前的小路修好了，自己没事也打扫整理，我觉得村里人的卫生意识都提高了。（访谈对象：KCY）

在生态经济效益方面，随着新村环境卫生条件的持续改善，村民们逐渐认识到，一个干净整洁的村庄不仅能够吸引外来游客，而且能够为他们带来实实在在的经济收益。他们深刻理解到生态振兴与产业振兴是相互依存、不可分割的。在现实利益的驱动下，村民们开始自发地维护村庄的清洁与美丽，同时也意识到这是实现脱贫致富的关键途径。

在政府的引导和支持下，新村成功地从一个环境脏乱的村庄转型为一个充满荷叶和清澈溪流的美丽乡村示范村。村内的文旅产业随之蓬勃发展，村民们通过开设农家乐、旅馆等旅游相关业务，实现了经济上的增收。更重要的是，他们开始自觉地为维护村庄的整洁和美丽贡献自己的力量，这不仅体现了他们对生态保护的重视，也彰显了社区动员在生态建设中的重要作用。通过社区生态环境建设，新村的村民们被有效动员起来，积极参与到村庄的环保行动中。他们通过实际行动，不仅改善了自身的生活环境，也为村庄可持续发展做出了贡献。这种由内而外的社区动员逻辑，不仅提升了村民的生活质量，也为乡村振兴战略的实施提供了有力支撑。

（二）专业逻辑："高校+村庄"合作模式

打造农业农村专业知识的有效沟通机制需要高校、农村经济组织和农村行政组织等主体的紧密联系与互动（解涛等，2019）。在城乡融合背景下，高校以知识与技术传播的方式联结城乡，为乡村振兴提供了人才与智力支持，从而实现了农业技术和知识在城乡间的有效流动。

借助"村庄+高校"合作模式的成功运营，新村吸引了 C 校、N 校等高校签署合作协议，通过"短期调研实践"和"长期驻扎实习"两大类高校服务有机结合，集中资源打造大学生实践拓展基地。短期调研实践通过参与观察、调查研究或开展活动，为当地发展建言献策；长期驻扎实习则鼓励学生进行丰富的实践服务活动，以社会实践投身于村庄的建设改造。在"三院七坊"的发展模式下，当地政府和高校合作打造酒坊、拓印坊、绣坊等产业文化舍，吸引外来专业人才常住参与当地产业的日常生产与管理，为推进产业综合发展奠定人才与产业基础。

实现城乡有机融合，需要完善城乡要素流动与配置机制，让城镇发展资源和要素有序有效向乡村地区流动，推进实现城乡间相互促进、相互融合、互惠互利；同时更需发挥村民主体性，让其能够真正受益于市场化改革和城镇化建设，以"外源内生"的实现路径综合推进城乡要素合理配置（唐斌尧等，2021；李海金，2023）。在与高校合作的基础上，新村联结外来人才和本地精英成立"培训学校"，免费对乡村建筑工匠、家政服务等进行培训，以此提升村民的就业能力与机会，将高校专业知识转化为村落居民的人力资本和构建后续高质量发展的能动基础。

"高校+村庄"的合作模式，是专业逻辑服务乡村振兴的有益尝试，村庄需要高校提供智力支持，高校也需要村庄提供实践田野，村校合作是城乡共生的生动展现，也将铺就未来乡村振兴的广阔前景。

（三）市场逻辑："第三产业核心村"模式推进产业融合

产业融合是农村经济阶段性发展的必然要求，如何推进乡村产业融合，是乡村产业振兴的重要课题。乡村产业发展存在规模受限、范围较小、脱离市场等弊端，且乡村产业振兴模式大多存在路径依赖，产业关系较为割裂，因此乡村产业振兴需要积极探索新思路、新模式。创新乡村产业振兴模式，需要将技术创新、主体利益、市场需求和政府政策等驱动因素有机结合（赵霞等，2017）。历史经验已经证明，传统乡村工业化模式已经与市场逻辑相脱节，因此以新兴文旅产业为动力，实现农村产业综合发展，成为乡村农业与制造业高质量发展的新路径。

> 传统的第二产业现在的生存空间十分困难，我们现在在村里做工厂，交通、管理各个方面都比不过人家，只做一个生产型工厂，现在已经行不通，只有发展第三产业，把工厂变为"体验型工厂"，才有出路。（访谈对象：ZH）

"第三产业核心村"模式，即以第三产业为核心，以服务业发展带动制造业与农业生产，推动产业高质量综合发展的新型乡村振兴模式。作为新村综合产业链的核心环节，文旅产业可以充分带动周边农业与制造业发展，从而实现资源的有效整合。新村基于体验式经济的市场逻辑，将自身主体区域打造为以文化旅游与农业体验为亮点的一站式旅游基地，从而实现村落产业创新发展。

　　新村利用城乡区位优势，结合自身兼收并蓄的文化特征，利用"豫风楚韵"的特点积极移植新的文化形态，在村中植入并包装了"三院七坊"，并打造了千亩油菜田、百亩荷花园、瓜果采摘园和农家乐、乡村风情民宿等特色文化旅游项目，以此丰富乡村文化内涵，增强乡村旅游体验的氛围感。此外，新村通过发展"前院服务体验，后厂产品加工"的全产业发展模式，成功塑造乡村式"前店后厂"，实现农村产业深度融合。在科技飞速发展的背景下，新村主动依托"互联网+"的新模式塑造地方品牌、拓展营销渠道，提高当地文旅产业知名度。打造"第三产业核心村"，是市场逻辑与乡村产业振兴的共同选择。实现"文旅乡村"，更应合理利用多方主体的资源优势，充分发挥第三产业在乡村振兴进程中的积极作用，以第三产业发展推进全产业有机融合。

六　结论与讨论

　　新村曾经是一个垃圾遍地、极度贫困的小型普通村庄，经历了文化移植和产业重构以后转变成"乡村振兴示范村"，可谓是中国乡村振兴中的一个成功案例。"三院七坊"的特色景观带动的旅游业作为新村近几年发展出来的新兴产业，呈现良好的发展势头。具体而言，新村文化移植路径是基于社区逻辑、专业逻辑、市场逻辑下的产业重构与乡村振兴（见图1）。首先，保留社区传统文化价值并营造本社区独特氛围，如修建特色仿古门楼和传统翘脚屋顶，依托村落建筑特色，展现地区乡村文化，使新村整体呈现典型的豫南民居风情。其次，新村借助高校的专业力量和智力支持，结合村庄实际，对村庄发展做出了科学的规划，在房屋建筑、基础设施、文化社区三方面塑造了独特的新村风貌。最后，移植优秀传统文化，引入现代都市文化，以市场逻辑为导向，建设村史馆、村博物馆、村图书馆、北文化广场、特色民俗等乡村文化社区，既丰富了乡村设施，美化了村内景观，提升了村内宜居度，也设计并发展了契合消费者需求的文化项目与文化产业。

　　尽管经历发展高峰期后，面临"人才难以为继、后继无人"的困境，但近年来，新村采取的一系列举措也带来了从困境中突围的可能性。首先，新兴研学实践与暑期夏令营等为该村发展注入了新的血液。其次，村内各企业、种植园通过"前院后厂"的形式，推动了村内企业互动、产业联动，为村民提供了更多的就业机会，吸引了更多人返乡，实现了从人才数量稀少、质量参差不齐到人才数量增长、类型丰富的转变。此外，新村还借助自身社会关系网络联系新村外流人才，吸引周边人才返乡，主动向镇政府寻求人才引入的政策支持，并探索高校可持续合作模式，吸引更多高校队伍和精英人才到新村。

新村的经验是新时期城乡融合发展下的有益尝试，该模式不仅使村内景观更加美丽、更具本村特色，同时也回应了村民的精神文化需求，增加了村民幸福感，对于部分资源禀赋处于弱势的普通村落具有一定的借鉴意义。

参考文献

蔡昉，2006，《"工业反哺农业、城市支持农村"的经济学分析》，《中国农村经济》第1期。

风笑天，2022，《个案的力量：论个案研究的方法论意义及其应用》，《社会科学文摘》第8期。

冯小红，2005，《高阳模式：中国近代乡村工业化的模式之一》，《中国经济史研究》第4期。

弗兰克·道宾，2008，《打造产业政策：铁路时代的美国、英国和法国》，张网成、张海东译，上海：上海人民出版社。

符平，2018，《市场体制与产业优势——农业产业化地区差异形成的社会学研究》，《社会学研究》第1期。

耿松涛、张伸阳，2021，《乡村振兴背景下乡村旅游与文化产业协同发展研究》，《南京农业大学学报》（社会科学版）第2期。

郭平，2012，《地方高校服务地方的使命、功能与推动策略》，《求实》第S1期。

郭占锋、张森、黄民杰，2021，《旅游文化发明与乡村市场体系重构——对一个关中村庄的社会学剖析》，《社会学评论》第6期。

国务院发展研究中心农村部课题组、叶兴庆、徐小青，2014，《从城乡二元到城乡一体——我国城乡二元体制的突出矛盾与未来走向》,《管理世界》第 9 期。

胡小武,2023,《因村施策:农村人口空心化陷阱及发展路径转型研究》,《苏州大学学报》(哲学社会科学版)第 6 期。

黄永林、任正,2023,《非物质文化遗产赋能乡村文化振兴的内在逻辑与实现路径》,《云南师范大学学报》(哲学社会科学版)第 2 期。

解涛、杜建国、许玲燕,2019,《高校服务乡村振兴的知识溢出实现路径与政策建议》,《农业现代化研究》第 3 期。

卡尔·波兰尼,2020,《大转型:我们时代的政治与经济起源》,冯钢、刘阳译,北京:当代世界出版社。

李·丁·阿尔斯通,2003,《制度经济学的经验研究:一个概述》,载李·丁·阿尔斯通、思拉恩·埃格特森、道格拉斯·C. 诺思编《制度变革的经验研究(第二辑)》,罗仲伟译,北京:经济科学出版社。

李海金,2023,《"外源内生":乡村人才振兴的实现路径》,《人民论坛》第 17 期。

李金来,2020,《困惑与突围:文旅融合的发展模式探析》,《社会科学家》第 2 期。

李金龙、武俊伟,2016,《社会建构理论视域下我国基层政府政策执行的难题及其求解》,《东北大学学报》(社会科学版)第 5 期。

刘智英、马知遥、刘垚瑶,2023,《非遗工坊的生成逻辑、基本意涵与实践分析》,《民俗研究》第 5 期。

龙井然、杜姗姗、张景秋,2021,《文旅融合导向下的乡村振兴发展机制与模式》,《经济地理》第 7 期。

罗格尔·弗利南德、罗伯特·R. 阿尔弗雷德,2008,《把社会因素重新纳入研究之中:符号、实践与制度矛盾》,载沃尔特·W. 鲍威尔等编《组织分析的新制度主义:当代经济社会学丛书》,上海:上海人民出版社。

马克思、恩格斯,2014,《共产党宣言》,中共中央马克思恩格斯列宁斯大林著作编译局译,北京:人民出版社。

尼尔·弗雷格格斯坦,2008,《市场的结构:21 世纪资本主义社会的经济社会学》,甄志宏译,上海:上海人民出版社。

宋子千,2019,《从国家政策看文化和旅游的关系》,《旅游学刊》第 4 期。

孙立平、王汉生、王思斌、林彬、杨善华,1994,《改革以来中国社会结构的变迁》,《中国社会科学》第 2 期。

唐斌尧、谭志福、胡振光,2021,《结构张力与权能重塑:乡村组织振兴的路径选择》,《中国行政管理》第 5 期。

田毅鹏，2021，《乡村未来社区：城乡融合发展的新趋向》，《人民论坛·学术前沿》第 2 期。

涂圣伟，2020，《城乡融合发展的战略导向与实现路径》，《宏观经济研究》第 4 期。

王国敏，2004，《城乡统筹：从二元结构向一元结构的转换》，《西南民族大学学报》（人文社科版）第 9 期。

温铁军，2013，《八次危机：中国的真实经验》，北京：东方出版社。

杨善华、苏红，2002，《从"代理型政权经营者"到"谋利型政权经营者"——向市场经济转型背景下的乡镇政权》，《社会学研究》第 1 期。

杨迎亚、汪为，2020，《城乡基本公共服务均等化的减贫效应研究》，《华中科技大学学报》（社会科学版）第 2 期。

詹姆斯·C. 斯科特，2019，《国家的视角：那些试图改善人类状况的项目是如何失败的》，王晓毅译，北京：社会科学文献出版社。

张天泽、张京祥，2018，《乡村增长主义：基于"乡村工业化"与"淘宝村"的比较与反思》，《城市发展研究》第 6 期。

张晓明，2006，《认识文化产业发展不平衡规律科学制定文化产业发展战略》，《理论与当代》第 1 期。

张祝平，2021，《以文旅融合理念推动乡村旅游高质量发展：形成逻辑与路径选择》，《南京社会科学》第 7 期。

赵霞、韩一军、姜楠，2017，《农村三产融合：内涵界定、现实意义及驱动因素分析》，《农业经济问题》第 4 期。

郑杭生，2009，《改革开放三十年：社会发展理论和社会转型理论》，《中国社会科学》第 2 期。

周振，2023，《农村集体经济混合经营的实现路径：基于陕西省礼泉县袁家村的案例分析》，《南京农业大学学报》（社会科学版）第 5 期。

周祝平，2008，《中国农村人口空心化及其挑战》，《人口研究》第 2 期。

Brint, S. 2001. "Gemeinschaft Revisited: A Critique and Reconstruction of the Community Concept". *Sociological Theory* 1.

Long, N. 2001. *Development Sociology: Actor Perspectives*. London: Routledge.

第四部分

基层治理的数字化转型

政务服务的整体智治：基于江北"一件事"改革的创新实践分析

作者：魏玉欣 马 康 郭睿晗[*]

摘 要： "整体智治"是新时代我国社会治理的新模式、新动向，政务服务改革更是社会治理创新的着力点。位于我国数字化改革先行省份的浙江宁波市江北区开创了"一件事"政务集成改革创新模式，以此为实证考察对象，分析地方政府借助数字化转型实现整体智治的探索历程、运作机理及现实成效。江北区基于政务流程烦琐、民众需求不聚焦、跨部门协同难的现实困境，实施政务事项的全生命周期闭环流程、搭建主体间的扁平化高效协同机制、运用数字技术创建线上平台与掌上应用系统的集成化举措，以政务服务为切口，赋能全方位系统性多层次地建成整体性、智慧化的数字政府。个案展现了以数字化转型实现政务服务和社会治理智慧化的建设方案，为助推地方治理体系和治理能力现代化探索了先行经验。

关键词： "一件事"改革 政务服务 数字技术

---

[*] 魏玉欣，华中师范大学政治与国际关系学院2022级硕士研究生，现为华中科技大学公共管理学院博士研究生；马康，华中师范大学政治与国际关系学院2022级硕士研究生，现为华中师范大学政治与国际关系学院博士研究生；郭睿晗，华中师范大学政治与国际关系学院2022级硕士研究生，现为武汉大学政治与公共管理学院博士研究生。

[**] 袁方成，原为华中师范大学政治与国际关系学院教授，现为深圳大学政府管理学院教授、深圳大学全球特大型城市治理研究院研究员，研究方向为基层治理与中外政治制度。

困扰政府和公民的庞杂、千头万绪的政务服务如同"绳结"难以疏解,从何处着手,如何办理,如何打造便民利民的政务服务也是多年难题,正如"亚历山大的绳结"① 一般。如今,位于浙江省宁波市的江北区人民政府针对政务服务这一困扰其多年的无头之结,不墨守成规,运用创新性思维,化繁为简,将公民的"全部事"都转变为"一件事",以此开启政务服务的"一件事"改革。从繁杂的政务事项办理中打破常规,另辟蹊径,用最直接的办法解开了困扰公民多年的"绳结"。"一件事"改革借助多面发力的"集成化利刃"直落地砍断绳结,被分解为四段,分别对应被针对性赋能的"整、体、智、治",打造了政务改革的复合型实践样态。

2017 年,"一件事"改革正式实施,随后得到了国家、省、市领导的充分肯定和群众与企业的广泛认可。改革期间,国务院推进政府职能转变和"放管服"改革协调小组、国务院办公厅、民政部等部门对江北区政务服务工作给予高度肯定。改革当年,宁波市江北区就在《中国法治发展报告 No. 19(2021)》中的县级政府透明度评估结果中位居全国第一,实现历史性跨越。在宁波市行政审批服务群众满意率的第三方测评中,江北区连续四年位列全市第一。浙江省委、改革办批示肯定江北区"一件事"改革模式,鼓励推广其经验做法。宁波市委书记在市委常委会(扩大)会议上就推动数字化改革工作作出指示时称"江北区'一件事'改革做法值得推广"。

江北区政府推出的"一件事"改革,创新了政府的服务供给模式,提升了基层工作效能,成功探索出一条化解基层社会矛盾纠纷"止之于未萌、绝之于未形"的有效路径,已成为政务改革的省级乃至全国范围内的典型模板。对江北区"一件事"改革的深度剖析,有助于具体把握政务改革的基层经验与政策创制,在回答国家治理现代化的时代命题中找寻基层

---

① 公元前 223 年,亚历山大大帝进兵亚细亚,到达弗尼吉亚城时听说城里有个著名的预言:几百年前,弗尼吉亚城的戈迪亚斯王在其牛车上系了一个复杂的绳结,并宣告谁能解开它,谁就被称为亚细亚王。因此,很多人都来看戈迪亚斯打的绳结,但总是连绳头都找不到,他们不知从何入手。亚历山大仔细观察了良久,始终找不到绳头,这时他突然想到"为什么不用自己的行动规则来解开绳结呢?"于是亚历山大拔出剑来,对准绳结,绳结被砍成了四段掉落在地上,亚历山大最终也征服了亚细亚。面对数百年难解之绳,从无头之结中找到头绪,亚历山大用最简单的思维、最直接的办法,找准目标,行动起来,不仅解开了绳结,更成了王。

治理数智并行的模式突破与转型之道。

一 分析框架

本案例的分析框架由现实困境、赋能机制、实效经验三部分展开。瞄准江北区改革前的现实困境，找寻改革契机；分析赋能机制，作为本案例研究的重点内容；总结实效经验，综观改革的体系格局，三部分自上而下接续展开。多面剖析江北"一件事"具体案例，着眼于困境、要素、机制等方面，构建围绕集成化赋能整体智治的"绳结式"理论框架（见图1），分析如何借助政务服务的改革"点"，撬动基层政府全方位系统性的建设"面"。

（一）明确政务服务的现实困境，锁定改革开展的问题导向

任何经验的总结和理论的发展都是在认识和解答问题中形成和发展起来的，坚持问题导向，解答时代留下的问题是改革创新发展的根据。改革前期，政务服务的现实困境就是江北区改革开展的突出问题、重点问题和难点问题。因此，江北区政府对近100万条政务服务办件与沉积的52万多条信息进行统计分析后，明确得出政务流程烦琐冗杂、跨部门事务职能交叠、难以聚焦公民"急难愁盼"需求的现实困境，以此为改革导向，针对性运用集成化举措。

基于助推治理体系与治理能力现代化，实现整体性政府与数字化转型的国家发展战略导向，使改革符合及紧跟国家对基层治理的要求与目标。落地于基层政府，具体从现存问题着手展开，致使改革既保障大方向正确，又可有效解决地方政府公共服务的现实困境。江北区基于需求把握不精准、跨部门协同难等现实问题，推出"一件事"改革新思路，深入研究其发育土壤和运行机理，有助于明确问题导向，持续完善服务供给体系，进而打造政务服务升级版。

（二）剖析整体智治的赋能机制，展现集成化举措的针对性效用

聚焦改革的工具应用与理念遵循，深入剖析整体智治的赋能机制，江北区运用集成化举措针对性赋能流程、主体、平台与场景，相应达成

"整、体、智"的效果，多项措施并举，共同实现良性"治"效。"整理"再造政务事项办理与政府业务"完整"的全生命周期流程——"整"；"主体"协同，单个部门独立式到集成式"一体"转变，助推政府内部与政民间协调合作——"体"；"智能"运用数字平台与应用系统线上操作、区块链技术共享数据与终端保护数据安全，"智慧"打造个人与企业政务事项多样态服务场景——"智"；"一件事"改革成功减少跑动次数、降低协调成本、提高办事效率，政府公开透明度与人民满意度大幅提升，最终实现数"治"、善"治"。

江北区政府以"一件事"改革撬动全方位系统性政务建设，凭借数字平台的强大支撑，主体、资源、功能协同等集成化举措，营造了良好的数字化、智慧化的整体性治理生态，沿"小前端+大平台+共治理=富生态"路径，建设整体性、智慧型、服务型、透明的、人民满意的数字政府。

（三）梳理政务改革的实效经验，凝练现代化治理的高质量发展之路

作为政府整体性建设与数字化转型的基层经验，江北区以政务改革为切口，构建集成化赋能的新模式，推进公共服务供给侧改革，为服务型政府建设提供了良性经验。

江北区"一件事"改革，形成了党政统筹的组织体系、条抓统抓的制度格局和整体智治的运行机制，以提升政府数智并行的改革治理能力，构筑促进治理体系和治理能力现代化的经验蓝本。注重党建引领与政府主导的协同化改革，党政机关、条线部门职责整体重构，通过畅通条块之间的对接渠道，解决上下联动不紧密、业务难统筹的问题。根据事权财权统一、权责对等、分级负责的要求，建立部门与街道（镇）联动协同机制，治理重心下移，打通部门间壁垒，资源共享、信息互通、协作畅通地处理基层政务事项。数字技术助力地方政府整体性智慧治理，基于数字平台与应用功能体系，优化数据采集、汇聚、共享、应用机制，实现全区治理信息"一网归集""一屏掌控"。通过大数据分析，精准感知群众需求，推动基层治理需求线索收集触角向基层延伸到底。

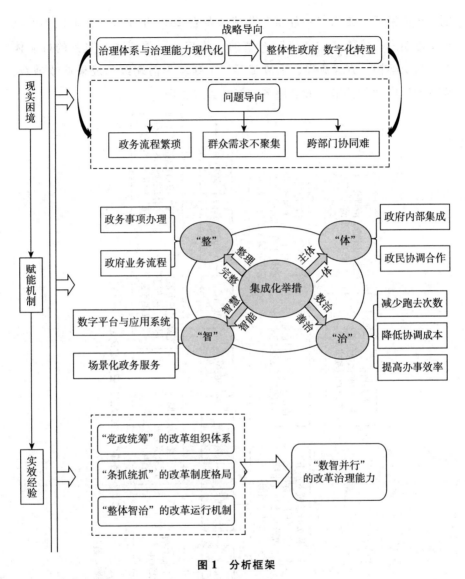

图1　分析框架

资料来源：作者自制。

二　案例正文

"一件事"具体指将群众办理的多环节、多部门、多流程、多清单的单个政务事项，集合、浓缩、畅通为完整一件事，实现单个场景政务事项的一张表格、一个窗口、一个对接部门的全流程闭环办理。改革以此为主题，全面推开。江北"一件事"集成改革自2017年实施，在近六年的改革实施期内，伴随"一件事"改革的政策流变，重塑政务服务的机制体制、组织架构、方式流程、手段工具，不断基于前端改革成果持续创新，完善和推广"一件事"政务服务创新模式（见图2）。

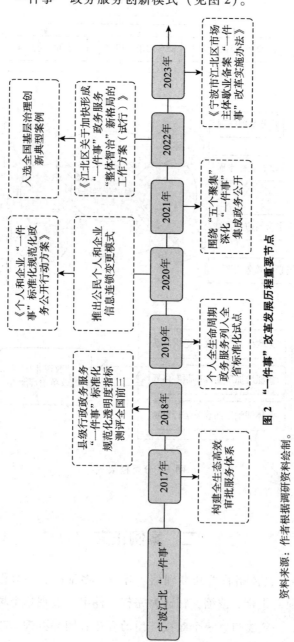

图 2 "一件事"改革发展历程重要节点

资料来源：作者根据调研资料绘制。

（一）绳结之困：政务痛点、堵点、难点惹矛盾

问题是创新的动力源，也是创新的起点（翟云，2022a）。为准确把握改革方向，江北区对行政服务中心掌握的每月近 1 万条网上、电话、现场咨询和近 100 万条政务服务办件与基层治理四平台沉积的 52 万多条信息进行统计分析后，发现现存政务流程烦琐冗杂、跨部门事务职能交叠、难以聚焦公民"急难愁盼"需求的问题困境。就此，江北区明确锁定改革导向，针对性运用集成化举措。

1. 痛点：政务流程烦琐冗长

政务服务运作程序繁杂低效，服务流程冗长，办事来回跑周期长，有群众反映：

> 我儿子在国外学的是冷冻技术，回国之后想要创业，他让我提前来帮忙打听一下办理的流程。我们都知道要去申请生产经营许可证、获得场地、缴费纳税之类的，但是搞不清楚要去跑哪些部门，准备什么材料，一想到这么多事就头疼。（NBJB20230802）

目前，群众需求的结构正在发生深刻变化，数量不断增长，主体不断扩大，政务办理要求更加严格，但传统政务办理方式耗时长且速度慢，难以有效解决问题。政务事项办理涉及各种文件、手续和流程，使群众感到十分烦琐。在江北区，政务服务工作流程烦琐一直为民抱怨，制约政府行政服务工作效率的提升和公信力的维持。

此前，群众办理一个证件要经过许多环节，填写多个表格，花费大量时间，大大增加了办事成本。有不少人提出意见称"在办事指南之外增加新的审批条件""未在承诺时间办结""多头跑窗口和部门""需提供办事指南之外的申报材料"等（见表 1）。可见，政务办理的流程、材料繁杂，时间过长，已成为群众抱怨、政府无力的极大痛点。

表1　办事人意见收集

姓名	办理事项	办理机构	评价内容
市民P	个人权益记录查询打印	人力资源和社会保障局	在办事指南之外增加新的审批条件
市民Y	居住房屋出租登记	公安局江北分局	未在承诺时间内办结
市民S	个人权益记录查询打印	人力资源和社会保障局	多头跑窗口和部门
市民G	申请出租汽车驾驶员从业资格	住房和城乡建设局	需提供办事指南之外的申报材料
市民H	合法稳定居住证办理	公安局江北分局	无理由超过法定办理时间

资料来源：作者根据调研资料绘制。

2. 堵点：跨部门协同壁垒

我国以属地管理和部门管理为基础的政务职能设计特征决定了政务办理具有典型的"团队生产"特性（颜海娜、刘泽森，2022），这意味着要实现政务服务的便捷、快速、高效、直接办理，需要民政、公安、人社、住建等多政府部门间的相互协调和紧密合作。然而，江北区在改革前，当遇到涉及职能部门过多的事务时权责模糊，这就导致数据壁垒、推诿扯皮的现象，甚至出现政务服务方面的"九龙治水"问题，造成政务办理的"肠梗阻"。同时，各审批部门因信息不共享，将取证的责任转嫁给民众，加大了民众的办事烦忧，"群众要办点事，不知跑多少腿、磨多少嘴"。

江北区深受部门边界和协调机构之困。在基层事务的跨部门协同过程中，职权边界模糊，无法确定协同事项办理的部门责任，造成"有利益则一拥而上，无利益则相互推诿"的为难局面。根源在于，政府部门是依据某一类事务的专业性特征进行分类建立的，但对于江北区这一基层政府而言，其所面临的现实事务和问题往往是交叉和综合的，如办理新生儿户口，则涉及助产机构、公安、医疗保障、人力社保等部门的材料提交和审核。秉持专项专责理念建立的职能部门、机构单位专司其职，各部门间往往设置壁垒，无法实现业务协调和数据共享。

囿于条块分割的政府管理体系，各类政务信息都依靠专业部门独立收集、加工、整理、储存和使用，分散化、碎片化现象严重，这无疑加大了跨部门协同的困难力度。在政府组织中，数据即资源，信息即权力（颜海娜、张雪帆、王露寒，2021），各部门可以依靠对数据和信息的垄断来强化自身的作用和地位，在部门博弈中维护自身优势。因此，部门间尚未实现数据共享，进而缺乏业务协同的内生动力。

3. 难点：精准聚焦群众需求难

无法准确感知群众需求导致公共服务的低水平供给与公共服务责任的缺失，进而无法回应群众诉求，是当代公共行政的最大合法性危机。在实施"一件事"改革前，群众往往面临需求不知如何办，政府回应速度慢的问题，甚至与公务人员产生矛盾冲突，反映行政服务大厅工作人员的"服务态度较差"。

传统政务模式往往采用自上而下的需求识别方式，导致基本公共服务的单向供给。然而，原先江北区政务服务中心针对居民提出的意见建议采取视而不见的态度，导致大量民意沉积，无法了解群众办事所需，则无法改进服务机制，最终民意失落。

由于技术、制度、观念等多方面制约，改革前的江北区政府对个体和群体的差异性需求识别不足，而且主要集中在宏观层面，只得依靠群众的自身判断，基本沿着"需求判断—政府提供—被动接受"的路径办理政务服务，办事人的需求识别若出现偏差，则致使服务获取和需求目标脱节。可见，正确办理政务事项已成群众办事的难解之题。

（二）解绳之机：集成化举措赋能基层政务改革

在明确问题与困境的基础上，江北区审管办发散创新性思维，打造出"一件事"理念，开始了此次政务服务改革。时任区审管办的主任的作为江北区"一件事"改革的"领头羊"，深知公民办事的困难，他说：

> 啃硬骨头多、打攻坚战多、"动奶酪"多，是"最多跑一次"改革的特点，这就特别考验改革者的决心。老百姓的一生，要办各种大大小小的证，但是在哪里办，怎么办，一直是大家最为头疼的事。（SGB20230802）

为此，他还提出：

以群众、企业办事主题为视角，我们分析、研究并提前解决他们在行政审批过程中的需求和可能遇到的难题，整合多方数据，梳理审批清单，简化审批流程，让他们办事尽可能地便捷一些。（SGB20230802）

在带领改革团队进行深入的调研与分析后，最初按照个体"我要出生了、我要上学了、我要工作了、我要结婚了、我要退休了"等5个板块，集结了人社、民政、公安等10余个部门的259项事项，汇编成《百姓个人全生命周期办事一本通》。就此，江北区正式结合集成化举措，在全区范围内实施推广"一件事"政务服务改革。

1. 系统设计全生命周期业务流

在"最多跑一次"改革和全省数字化改革浪潮的影响下，江北区从群众和企业的生命需求出发，梳理分析群众、企业想要办成的跨部门、跨领域单个事项间的逻辑关系、法律关系、数据关系，厘清事项边界，将部门负责管理的"单事项"集成为服务群众、企业的"一件事"。通过需求研判分析、厘清事项边界、跨部门协同合作、制定规范评价标准等配套措施，推行事项、流程、政策、服务集成化改革，形成聚合效应，"一件事"可实现一次告知、一表申请、一套材料、一窗受理、一网办理、一口发证，塑造政务服务的全周期管理（见图3）。

从个人和企业需求出发，围绕个人出生到死亡、企业准入到退出两个"全生命周期"，将传统由群众重复对接的多个单一事项整合形成多方协同的"个人申请—政府办理"的关联事项。其中，个人全生命周期事项包括出生、上学、就业、婚育、置业、救助、就医、退休、养老、身后等；企业全生命周期包括企业开办、场地获得、员工招聘、生产经营、权益保护、清算注销等。政务服务改革达到的全生命周期效果，基于流程再造，指向"整体智治"中的"整"——"整理"再造政务事项办理与政府业务"完整"的全生命周期流程。

生命周期最初是用于描述生物体从诞生、成长、成熟直至衰亡过程的生物学概念，主要关注事物在不同发展阶段、内部之间的相互影响，后经引申和发展逐渐成为一种重要的研究方法，现可将其定义为从事务的萌芽状态到消亡的全部过程。"一件事"改革符合全生命周期理论的核心理念，

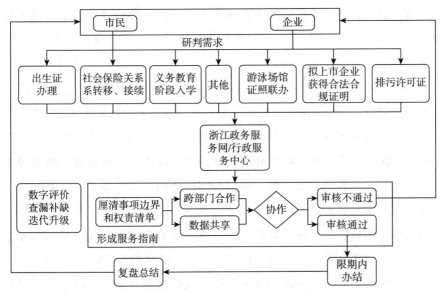

图3　政务服务全生命周期业务流

资料来源：作者自制。

集成同件政务事项从办理前、办理中、办理后的开始到结束的全生命周期，以此梳理政务服务事项的全过程流程与环节，相串联形成"一件事"。为使"一件事"改革顺利实施，首先必须厘清"单个事项"，或者称之为事项"组件"。为此，江北区首创事项梳理综合集成法，从个人办事、企业办事、单位办事、项目审批4类不同办理主体视角入手，全域排摸、梳理、集成事项名称、申报材料、办理流程、办理时限等事项基本信息。

以全生命周期管理理念构造基层治理"一件事"闭环链条，以系统化思维爬梳基层治理跨场景事项。在个人层面，江北区政府在改革时自问"百姓一生3万多天个人生命周期到底要办多少个'一件事'？"设身处地地为百姓先后打造了"我要出生了""我要上学了""我要工作了""我要退休了"等16类"一件事"主要办事场景，共涵盖1167个事项；企业层面，全生命周期办事"我要企业开办了""我要市场行业准入了""我要要素保障了""我要企业注销了"等12类"一件事"主要办事场景，共涵盖 3045 个事项。①

而后再次发问，"我的孩子改姓名了，会涉及哪些证照变更，能不能做到'一件事'一次变？""农民群众利用自己的房屋，身边的山山水水，如何办成农家乐、民宿客栈'一件事'？""我的企业要到国外投资了，这'一件事'我该怎么办？""新产品研发，如何从'一件事'的系统角度，打通各类研发关卡？"政府站在公民个人和企业法人的角度进入"一件事"中，前瞻性设想各事项所需要的材料、所涉及的部门等。在此基础上，以"事件"串联基层治理全周期闭环管理，针对跨部门、跨层级、跨领域的重大事项，建立系统联动机制，部门与部门之间、事项与事项之间的政务服务形成逻辑组合，以"我要出生了一件事"为例（见图4）。按需服务、分类治理、集群发展，各场景的"一件事"办理机制都形成了从问题发展到监督评价的闭环全链条，营造出"1+1>2"的"化学反应"。

针对单个事项一次办清、办完，如个人信息连锁变更，因个人身份信息变更后，随之需要的社保卡、学籍卡、预防接种证等 13 个证照信息进行分别变更，政府受理后可自行将公民生命周期后将涉及的其他证照进行一表申请，进行多米诺骨牌式的连锁变更。经数据统计，此项改革已精简原先 60% 的申报材料，平均办理时间从 3 天缩短到 3 个小时（见图5）。企业层面，如需上市的企业获得合法合规证明，将原先企业需要分别向资规、住建、农业农村等 16 个部门分别提出申请，现可在区行政服务中心实现一窗办理，并系统设计为一张申请表，精简申请材料 64 份，推动拟上市企业获得合法合规证明工作效率提升 70%。

2. 搭建整体性扁平化高效协同机制

江北区聚焦业务协同，推行多部门联办"一件事"。通过部门协同敏捷化，支持一口子收件、一平台流转、多系统联办，实现多部门联办"一件事"。一表申请、一套材料、一次提交、一次办结，切实推动群众企业办事由"找属地""找部门"转为直接"找政府"。

依托前端"县乡一体、条抓块统"的改革成效，遵循"一件事"系统

---

① 数据来源：江北区行政审批管理办公室《江北区个人全生命周期办事一本通》（2021 年）；江北区行政审批管理办公室《江北区企业全生命周期集成服务一本通》（2021 年）。

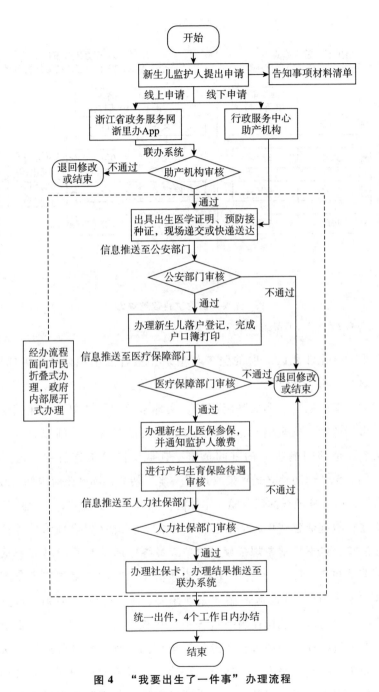

图4 "我要出生了一件事"办理流程

资料来源：作者根据调研资料整理绘制。

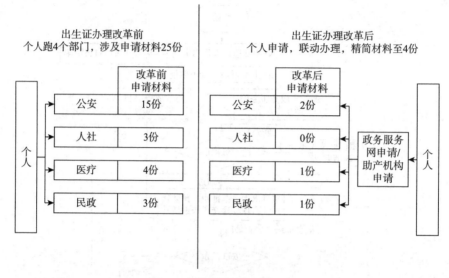

图5 改革前后材料数量对比

资料来源：作者自制。

思维，推动优化江北区政府的服务与治理相融合的组织体系。纵向层面，构建"区—乡镇（街道）—村（社区）"的三级组织架构，上下协调、集成联动。横向层面，形成基层部门、属地事项权责清单，构建基层生态环境、市场监管、安全生产、平安建设、便民服务等重点领域的"一个部门牵头、N个部门响应"的首问负责、其他协同的工作机制。通过"主体"协同，单个部门独立式到集成式"一体"转变，助推政府内部与政民间协调合作，以事务轴线的任务驱动主体间协同合作，实现"体"之成效。

首先，梳理流程清单，明确各部门职能。江北区以事项清单为依据规范责任清单，以责任清单规范权力清单，最终梳理设计了83项街镇属地管理事项清单和70项"一件事"部门职能清单。其次，聚焦流程重塑，理顺业务"上下游"。江北区遵循"条块统筹，上下衔接"原则，重点针对乡镇政府和部门派驻机构在服务过程中存在权责交叉的领域、职责重叠的部门、业务流程烦琐的环节和法定权限模糊的事项，按办件逻辑、法律规定分类归集，明确执法主体、厘清执法边界、规范执法程序，解决相互推诿、扯皮、多头管理等问题。各职能部门在"一件事"中根据事项需要整体联动，由最直接部门负责协调与领导，其他相关部门历时性、程序性参与，形成整体性领导型扁平化政务行动机制。

整合散落在各部门的碎片化信息，从原先的单个事项分别多次获取信息、独立申报办理，优化为"一件事"整体一次获取、一次办理。数据协同，在纵向层面，"一件事"专网直接在浙江省政务服务网中设置超链接，打通省市区三级政务数据的上下级壁垒；在横向层面，"一件事"政务服务线上办理实现"一网通办"，建立全区统一的云平台和全市链条的政务外网、权属汇聚的大数据中心，形成全区范围内的"一云一网一中心"，政务数据信息已向全区 27 个职能部门授权开放。同时，处理完闭环事件后，负责单位需将完整事件链录入数字平台，呈现线上完整闭环，便于民众的评价与监督，助推政府的数据治理从"各自为战"到"协同作战"。借助技术手段突破政府部门内部的职责分工与层级界限，促进政府各部门之间的多向信息流动，以数据开放助推政务服务"共同生产"甚至"共同创造"的新形式。

3. 引进数字技术平台与应用体系

江北区凭借数字技术搭建包含线上平台和 App、微信小程序的应用系统，通过区块链技术实时上链，动态汇集业务部门的政务数据信息，利用"云玺"智能综合执法平台终端加密保存，借助大数据系统可实现政务信息跨部门自动提取，平台和应用可实现公民和企业政务事项的 100%线上预约和办理。浙江省被称为我国的"移动办事之省"，借助全省全市的数字化建设的发展契机，江北区强化平台支撑，推动政务服务"一网通办"。围绕个人从出生到死亡、法人从准入到退出 2 个全生命周期，实现省、市、县三级统一办事指南、统一办理流程、统一表单材料，线上线下无差别办理、同标准受理。

2020 年，江北区个人和企业"一件事"标准化政务公开专窗模块正式上线。江北首批 14 个个人"一件事"和 9 个企业"一件事"通过浙江省政务服务网和浙里办 App 手机端同步集成向社会公开，同时打通手机端、电脑端与系统端数据链路，方便个人和企业办事查询，实现"一件事"关联审批事项"预知办、连锁办、简化办、快速办"。"一件事"平台专窗整体公开"一件事"标准化目录和办事指引，并制作对应二维码。个人和企业可以通过"浙里办"App 扫码，一步进入办事界面，即可在线查看办事指南、填写申请表单、完成在线申请、查询办理进度，部门在线审查核准，审批结果证照批文线上推送或快递免费送达。

紧跟浙江省政务服务系统升级至 2.0 版本，江北区探索开展政务服务"数字导航"，在区政府门户网站上线导航模块，将区域实际有办事需求的 652 个高频事项，按照"个人单个事项""个人跨部门事项""企业单个事项""企业跨部门事项"设置 4 个界面，所有事项一屏展示，实现"一屏找事项、一点即办理"。经团队成员多次进入线上平台体验办事服务，得知办事人只需 30 秒左右的时间，即可找到对应事项，进入办理流程。2022 年，"一网通办"率已高达 98.23%。以固定污染源治理为例，形成了区街联动联办的数字感知、数字告知、数字审批、数字监管、数字执法融合贯通的"一件事"治理方案。综合执法队员原先需要凭借介绍信到各部门调取证据信息，现在只需要通过"云玺"智能综合执法平台向区市场监管、公安、交警、住建等部门发送调取请求，获取所需信息，从而快速锁定违法主体和违法事实，并用区块链保留完整证据链。

江北区以数字赋能政务服务，逐渐完善数字技术应用的配套措施。数字身份统一认证和电子证照互信互认，开发电子数字档案资源、财政电子票据服务、统一公共支付、电子印章等基础性智能化公共数字组件。区级层面，细化数字系统为"四平台"——综合治理、市场监管、综合执法、便民服务，覆盖江北区基层治理全面事项。为保障公共数据安全防护，升级应用数据加密、数据脱敏、数据水印、数据备份、数据溯源、隐私计算等数字技术，全面提升云、网、终端、数据、应用的防护性能，保护个人信息隐私和政务信息安全，加强公务人员的数字素养和数据安全业务培训，安全可靠与便捷高效地运用数字技术。在我国数字政府建设的全面版图中，基于浙江省作为省级政府的引领型地位和宁波市作为市级政府的引领型地位的独特优势（孟天广，2023），江北区以政务服务为切口，助推政府全方位的数字化转型。

4. 培育民本价值观与良性治理效能

江北区在深化"放管服"改革的基础上，实施"一件事"集成改革，已成功破解办事主体事项难找、反复查阅、多头询问等问题，让办事群众"事易找""事好办""事办成"。截至目前，减少办理环节 222 个、申报材料 415 份，减跑动 73.2%、减时间 68.2%、减环节 65.1%、减材料 44.1%，减少群众、企业跑动次数 6 万余次。① 通过流程再造、职责重塑、数据共享，将多事项、多部门、多层级整合为一套标准、一链通办、一点即办、一站可办，原本千头万绪"许多事"，变为如今亲民便捷"一件事"，极大提升群众、企业办事的获得感和幸福感，助力区域社会治理体系和治理能力现代化。政府全体公务人员融入改革体系，在潜移默化中培育和强化为民服务、以民为本的行政价值观，服务供给侧化被动为主动，营造了全区关心、支持、参与基层治理的融洽氛围，实现了"数治""善治"的良好成效。

用户驱动、以民为本是服务型政府公共价值的核心内容，集中体现在面向公众、能够满足公众偏好及需求的公共服务设计与交付中（李小妹，2021）。江北区坚持建立健全为民办事的实效机制，是习近平总书记以人民为中心的发展思想的生动实践和重要源泉。有市民称：

> 我们是新宁波人，在这里定居不久。孩子出生对我们来说是一件大事，刚开始有点犯难，不知道怎么去办孩子的户口本、出生证，感觉事情很多，后来来这（江北区行政服务大厅）一问，工作人员教我用手机在"浙里办 App"操作了一下就好了，很快很方便。（SMFT20230802）

某公司法人代表称：

> 原先营业执照拿到后，还要去社保、公积金、税务等部门继续办理，现在在工商窗口就把相应资料都提交了，不用再跑其他地方了，给企业带来很大方便。（XZDT20230802）

通过数字平台技术应用形成公共服务前台文化，公共服务供给从以部门为中心转变为以服务对象——公民个人和企业为中心，从政府部门照章

---

① 数据来源：宁波市司法局，《江北"一件事"改出政务服务"加速度"》，http://sfj.ningbo.gov.cn/art/2023/2/16/art_1229058218_59020303.html。

办事转变为针对用户需求提前预测、集成服务。"数字化转型+服务型政府"形成了"在线亲民"的服务价值理念。

"一件事"集成改革推动基层治理整体智治，提升政府管理质效，消除各类社会风险，为企业创造稳定和谐的营商环境。同时，为国务院提出的推动政务服务"减时间、减材料、减事项"的顶层倡导探索出了一条有效路径，减少了跑动次数，提升了办事效率，降低了协调成本。江北区政务改革推动基层治理从点到面、由表及里，变基层治理被动应对处置为整体智治主动预防，化解了各类社会矛盾纠纷。良好的政务环境有力地保障和助推了全区经济社会事业的健康发展，江北区生产总值增幅连续 4 年保持全市第一，经济社会发展各项指标持续走在全市前列。

（三）纾绳之效：改革释能塑造"智慧江北"新基调

在中国现代化治理场景中，技术视角存在从"数字化"到"智能化"的目标期待，社会视角又进一步追求从"智能化"到"智慧化"的价值期待（宋君、沙巨山，2022）。江北区政府作为我国基层社会的治理主体，通过数字化转型，以政务改革为切口，实现智慧治理的生成和发展。进而，基于改革的分散化思维，系统性实施集成化举措，搭建和巩固了基层治理的整体性架构，形成了更加稳定的智慧治理模式。

1. 强化生态：数字化转型助推智慧型建设

推进基层智慧治理，要利用大数据优势，搭建一个具有动态整合性和多元交互性的智慧平台，实现基层治理由分散化向整体性迈进，从工具理性和价值理性层面促进基层治理新格局的形成（潘艳艳，2023）。江北区政府跳脱出传统单一物理空间的思维惯性，按照网络空间、物理空间并存的行为逻辑，构建基层治理和公共服务秩序，充分利用信息技术优化服务流程，精准识别治理问题，及时回应群众需求，提高了基层治理效率，强化了治理的智能化理念。

智能化通过数字化实现，智慧化是对智能化的包容和超越。江北区客观上打造了一个基层治理的数字化轻应用场景。场景建设之初，对大量初始、离散、无序和混乱的数据依据专门的要求进行政务形式的格式化后，数据产生了激发改革的特定应用价值，从庞杂海量的数据中提取观点、信息和知识成为江北区数字赋能政务改革的基础环节和关键要求。同时，基于网络化在区级层面的覆盖和延伸，实现政务数据信息的互联互通和共享，通过大数据和网络技术的综合应用，基层政府具有了对社会治理感知、决策和执行，跟踪、调整和反馈的能力和才智。智慧治理则强调将技术工具合理地运用于现实情境中，以有效解决问题。江北区面对复杂的政务服务"绳结式"困境，灵活、自主与适应地利用现有的资源、主体、技术、信息，精准、协同、高效地启动改革，并在过程中不断完善和深化，有效地解决了政府和公民面临的棘手难题。并且，将技术工具理性深入政府管理体系之中，将公共价值理性深入行政文化之中（赵建军，2004），实现了政社和谐、超越改革的智慧治理样态。

江北区"一件事"改革责任配置明确，技术和主体的互嵌，是科学性和人民性的共同创造（褚添有、朱仁森、李静怡，2022）。"一件事"基层改革变"群众跑部门"为"数据多跑路"，变"群众跑多次"为"群众跑一次"，减少群众办事跑动次数和办理时间，缩减办理环节，不断提升为民服务的智慧能力，实现群众服务事项规范化、个性化办理。更进一步追求在解决当下的同时，预防未来。江北区将数字技术应用至防灾减灾、安全生产、公共卫生、消防救援等领域，构建了源头可溯、过程可查、风险可控、结果可测的风险治理机制。借助社会矛盾纠纷多元预防、调处、化解的综合机制，实现信息摸排前移、宣传引导前移和多元调解前移，小事不出网格、大事不出社区，数字感知让社会矛盾第一时间受理、第一时间解决，提升基层政府的应急管理能力、矛盾协调能力的同时，充分释放基层政府的服务效能。

2. 巩固结构：集成化举措架构整体性支撑

基层智慧治理要坚持整体化思维，以集成化举措实施改革的同时推动政府的整体性建设。集成化举措并非替代关系，而是嵌合和共进的关系。江北区集成化针对性指向流程、主体、平台、场景层面，多管齐下，全方位、多立体、系统性搭建与巩固改革的整体性架构，最大限度地消除政府的机制漏洞和结构缺陷。

流程层面，"一件事"以治事为线索，按照"事"的规律性设计政府流程。以需求为导向，紧紧围绕需求"产生—传递—满足"构建流程的

"起点—节点—终点"（孙志建，2022）。以是否有利于最终目标达成和需求满足为准绳，规划和设计政务流程环节。政府以"问题—原因—对策"框架为底层治理逻辑，以问题倒逼启动政府流程，避免被动处置的流程开启逻辑。"一件事"改革促使政府行为化主动为被动，将逻辑转变为"感知—认知—行动"，推动基层治理从被动处置型到主动发现型，显著提高了基层政府的预防性和敏捷性治理能级。

主体层面，江北区改革主体间围绕"一件事"政务模式，形成了党政核心引领、综合调节；政社双向均衡、内外有序的互动格局。"一件事"改革就如同"一盘棋"，对于基层政府和社会公众、市场主体之间的关系互动，基层党委从全局出发，制定规划，协调各方。政府具有法定的基层治理职责，是基层治理的第一责任主体，具有更多的能力要求、资源、经验，需承担更多治理事务，是基层治理的关键力量。江北区人民政府是"一件事"改革的首创者，明确改革架构后，开放性接纳多行动主体，将治理重心下移，增强乡镇（街道）层级在政务服务中的基底力量，又在引导公民办事的过程中，提升了其自助服务意识和能力，既成了首要践行者，又担当了行政力量支撑。

技术层面，江北区借助大数据、云计算、区块链等现代信息技术，强化数据信息的挖掘、收集、整理，实现跨层级、跨部门、跨系统、跨地域的数据整合，打造信息互联、业务互通、资源共享的数字治理模式。同时，以惠民、利民、便民为出发点，促进政务服务网、"一件事"模块专网、App、微信小程序等平台的信息公开、实现线上100%预约和办理。政府充分考虑了不同群众需求，推动线上线下系统融合共通的政务服务模式，为群众提供更加人性化、个性化、便捷化的服务。

场景层面，"一件事"的背后是服务场景的打造与沉浸式办理。江北区打造个人全生命周期的16个"一件事"办事场景，如"出生一件事""上学一件事"等，企业全生命周期的12个"一件事"办事场景，如"我要企业开办了""我要市场行业准入了"。公民个人和企业法人根据所需进入线上或线下相应"一件事"场景之中，办事主体成为场景的主人翁，进行沉浸式办理。每个场景都是江北区政府对于事项及其组件的功能集成和流程再造，属于融合性场景，是对传统繁杂冗长的政务服务进行的功能分区型的升级改造，更是对不同的碎片化流程和部门的无形链接。每个"一件事"都成了一个微空间，其内部场景基于技术要素的嵌入，成了满足办事主体需求的重要载体。

三 结论与讨论

江北区以"一件事"改革为"小切口"实现整体智治的"大问题"，助推智慧型数字政府的深度变革。庞杂的政务事项持续困扰政府与公民，实施真正便民的政务服务也是多年难题。基于此，江北区政府化繁为简，将公民需要办理的单个全部事项集成为"一件事"，从遍地开花的政务改革中打破常规，用"一件事"这一最直接之法解开了困境。科学管理之父泰勒认为"根治效率低下的良药在于系统化的管理"，江北区政府借助集成化的措施体系赋能整体智治的全面系统实现（见图6）。

政务服务的"一件事"模式秉持全生命周期理念，打造针对办事需求的精益分解的正式运转过程，属于"灵敏感知—快捷回应—持续协调"的动态循环机制，映射了以公众为核心的行政价值流。以政民协同代替政府的单打独斗，以跨部门协同代替部门间的独立负责。从"一件事"改革的整体框架看，形成了"一核两级"的执行主体架构，以党组织为"核心"，以政府和民众为政务服务的"两级"的"强强联合"，多元主体间功能互补和行动协同，增强了改革团队的行动效力。信息技术带来大数据集成效能，大批量收集与迅捷分析政务数据信息，成为公共部门决策的重要证据来源。江北区创建数字智慧平台，根据严密性、适当性原则将相应范围内的数据授权给不同的主体，横向层面，各部门数据共享，纵向层面，呈现"市—区（县）—街道（乡镇）"的由高到低的数据等级梯队，在数据协同的基础上实现业务协同。

数字政府概念的提出正是对国家整体性治理的本土化回应（翟云，2022b）。江北区政府树立"以人民为中心"的用户思维，坚持人民至上，同时使所有公共服务都能以数字化方式提供，不断扩大数字福利，不断探索智能化政务服务更新公众服务途径，切实满足人民群众对美好幸福生活的新需求，创造群众对各项智慧型数字服务的最佳使用体验，真正建立以

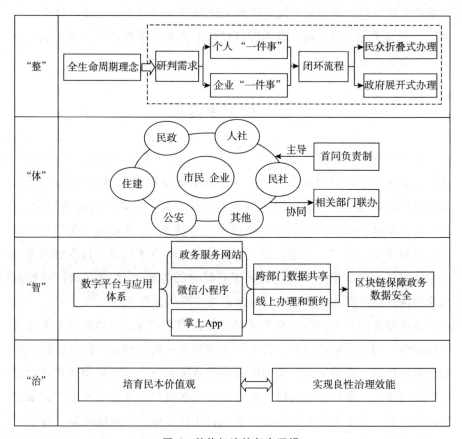

图6 整体智治的复合逻辑

资料来源：作者自制。

人为本的数字政府（李军鹏，2020），由此实现基层治理的"整体智治"效能。"一件事"改革着力解决企业与公民办事的难点、痛点和堵点，推动所有政务服务事项与公共服务事项实现网上办理和掌上办理，建成全区统一的智能化政务服务体系。

然而，江北区政务服务改革正处于改革进行期，难免存在薄弱之处，前期改革出现了悬浮化倾向。参与改革的基层干部表示"一件事"改革尚未延伸到社区中，江北区群众服务审批事项高达1167个，企业服务审批事项高达3045个，仅有86项"一件事"完全下沉到乡镇（街道）。同时，江北区作为我国基层政府，仍存在技术瓶颈风险。区级虽然不承担重大技术升级任务，但平台和程序的服务端维稳任务同样繁重。系统崩溃、网页故障等基础技术保障问题是基层面临的主要技术瓶颈，直接关系着政务数据信息的可及性。为避免政务改革的效力失灵，亟须解决政务服务"最后一公里"和数字技术的稳定性能保障的问题，不使良性改革中途而止。

　　江北区政务服务改革是一项复杂的治理变革的整体性工程，更是伴随公共治理技术发展而递进升级的持续性过程。江北区政府针对改革难题，坚守改革初衷，进一步凭借集成化举措赋能，理顺关系、明确权责、重置流程、嵌入技术，从深层次驱动地方治理现代化能力的提升，顺应社会治理水平跃迁而进行主体调适和内生发展。江北区政府借助"一件事"改革这一转型契机逐步进入技术治理"蝶变"的创新升级期，赋能综合竞争力，配合数字化转型，全方位撬动智慧型、整体性数字政府建设。

参考文献

褚添有、朱仁森、李静怡，2022，《算法与人民性互嵌：基层智慧治理中的行动者网络建构》，《中共天津市委党校学报》第 5 期。

李军鹏，2020，《面向基本现代化的数字政府建设方略》，《改革》第 12 期。

李小妹，2021，《技术赋能数字政府构建动态能力的机理与实施效果探析》，《领导科学》第 20 期。

孟天广，2023，《2022 中国数字政府发展指数报告》，北京：清华大学数据治理研究中心。

潘艳艳，2023，《以信息技术推动基层治理智慧化的逻辑理路、实践困境及优化路径》，《新经济》第 8 期。

宋君、沙巨山，2022，《数字治理到智慧治理的演进逻辑、风险管控与价值实现》，《领导科学》第 10 期。

孙志建，2022，《平台化运作的整体性政府——基于城市运行"一网统管"的个案研究》，《政治学研究》第 5 期。

颜海娜、刘泽森，2022，《从"九龙治水"到"一龙治水"？——水环境跨部门协同治理的审视与反思》，《吉首大学学报》（社会科学版）第 1 期。

颜海娜、张雪帆、王露寒，2021，《数据何以赋能水环境跨部门协同治理》，《华南师范大学学报》（社会科学版）第 4 期。

翟云，2022a，《中国数字政府建设的理论前沿问题》，《行政管理改革》第 2 期。

翟云，2022b，《走向数字政府》，北京：国家行政学院出版社。

赵建军，2004，《技术理性的现代展现及其未来命运》，《自然辩证法研究》第 10 期。

Brown，D. C.，& Toze，S. 2017. "Information governance in digitized public administration".
Canadian Public Administration.

Petrillo，A.，De Felice，F.，Jannelli，E.，Autorino，C.，Minutillo，M.，& Lavadera，
A. L. 2016. "Life cycle assessment（LCA）and life cycle cost（LCC）analysis model for
a stand-alone hybrid renewable energy system". *Renewable Energy*.

"技术负能"变"技术赋能"

——武汉 D 社区智慧养老供需问题研究

作者：张孙吉典　武紫月　黄梦洋[*]

指导教师：孙永勇[**]

摘　要：本案例将湖北省武昌区水果湖街道 D 社区作为重点研究对象，通过文献研究、实地调研等方法，以服务链理论为基础，搭建了智慧养老服务链研究框架，深入分析该社区在智慧养老服务接入方面存在的问题、原因及对策，探究社区智慧养老的构建模式及优化路径，致力于为解决众多社区智慧养老资源浪费、服务供需失衡问题提供理论指导。研究发现社区开展智慧养老存在产品服务利用率低、老年人对智能技术有排斥心理等问题。其背后的原因是缺乏三大网络——互动沟通网络、监管督察网络、协同合作网络。将技术"负"能变为技术"赋"能需要政府、社区、机构的协同合作，链接政府端政策财政支持、机构智慧养老服务以及老年人的需求反馈，关键要做到：一、供给侧聚合内外资源，构建互动网络；二、传输侧多方协同共创，激发内生动力；三、需求侧培育动态机制，持续高效发展。由此才能实现社区智慧养老资源的有效配置，并促进建立老年友好型养老环境。

关键词：智慧养老　服务链　社区治理

---

[*]　张孙吉典、武紫月、黄梦洋，华中师范大学公共管理学院 2021 级本科生。

[**]　孙永勇，华中师范大学公共管理学院社会保障专业副教授，研究方向为社会保障理论与政策、社会保障基金管理。

中国老年人口数量众多，截至 2020 年，60 岁及以上的老年人口已经超过 2.6 亿，占总人口的比例约为 18.7%。同时，老年人口比例呈逐年增长的趋势。预计到 2035 年，老年人口比例将超过 30%，老龄化问题将进一步加剧，养老压力进一步增加。传统养老方式难以满足当代老年人养老需求。养儿防老不再适用，子女缺乏精力和时间照护老年人，另一方面，专业养老院费用较高，普通家庭难以承担，且老年人对养老院具有抵触心理，担心子女被人议论为不孝。这对养老服务模式的转变提出了更高效、更细微的要求。在老龄化工作中，智慧养老是创造老年人宜居环境必不可少的一项重要工作，这对夯实"以居家为基础、社区为依托、机构为支撑"的"9073"① 养老服务格局具有重要意义。

"智慧养老"是指通过利用物联网、大数据、云计算等技术手段，让老年人享受较为便捷、高效的"智慧养老"服务，帮助一些出行不便的老年人群体享受到医院、社区、养老机构所提供的便捷养老服务内容。推动智慧养老有助于基于老年人养老需求实现对社会养老服务资源的有效调用和高效配置，也能为庞大的养老人群提供全面、完善的智慧养老服务内容。

武汉市陆续推出一系列政策文件以应对老龄化不断加深的问题。《武汉市养老事业发展"十三五"规划（2016—2020 年）》明确提出到 2020 年，全面建成以居家为基础、社区为依托、机构为补充、医养相结合的养老服务体系的目标，突出了智慧养老服务的重要地位。《武汉市"互联网+居家养老"服务设施建设标准（试行）》（武民政〔2018〕20 号）对社区嵌入式、中心辐射式服务网点和统分结合平台提出了具体的功能要求，制定了明确的标准。

作为我国智慧养老社区的典型缩影，武汉市武昌区 D 社区智慧颐养中心的发展过程并非一帆风顺，尤其是技术的应用和社区治理的融合经历了一系列的波折与磨合。但 D 社区最终克服困难，根据老年人需求，提高治理能力，调动社会力量，使技术回归人性，造福老年人的生活，从"技术

---

① 2005 年，上海市率先提出"9073"养老服务格局的目标，即 90% 的老年人居家养老，7% 的老年人社区养老，3% 的老年人机构养老。此后，国家和各地养老服务体系建设规划大多沿用了这种目标框架。

负能"到"技术赋能",获评"老年宜居社区"。案例小组成员走进 D 社区,对社区居民、社区工作人员以及社区驻点的智慧颐养中心负责人员进行了深度访谈,了解其各阶段困境和对策方案。

一 武汉 D 社区概况

武汉市武昌区水果湖街道 D 社区是一个智慧养老服务发展态势良好的老旧小区。社区已有 40 年历史,老年居民占 20% 以上,老旧小区和老龄人口众多的双重"枷锁"使得社区开展智慧养老的禀赋较差,一度处于低活力状态,工作难以推进。而现如今,在政府的扶持和社区的创新治理下,D 社区作为武汉市第一批"人工智能养老示范区",建设起人工智能养老社区服务骨干网,智慧养老事业开展得如火如荼,并获评"全国示范性友好型社区",获得中国新闻网、《湖北日报》、长江网等多家媒体的报道。

D 社区在养老服务和融入智能化信息化养老方面付出了长久的努力,并达成了良好的效果,在养老服务供需匹配方面具有可供其他社区借鉴的优良经验。

(一)逆水行舟:政策资源齐入社区,落地却如石沉大海

1. 基层政府全包揽,养老机构入社区

在政府的政策支持下,D 社区成为武汉第一批"人工智能养老实验社区"。D 社区为充分保障养老服务项目的顺利实施,向上级街道有关部门申请拨付社区居家养老服务项目实施经费,获得每年 10 万元的项目经费保障。2021 年,D 社区养老服务项目的内部资料显示,社区利用 7 万元经费购买了社会工作服务中心的专业服务,为该项目提供专业的督导和服务内容策划。社区还另将惠民资金 10 万元运用到社区智慧养老服务项目中,共有 20 万元经费用于服务开展。

在政策引导和资金支持合力下,L 智慧颐养中心入驻 D 社区,并进行服务布局。中心在国家倡导"互联网+"大背景下,基于物联网、大数据、云计算和生物传感技术,专注于生命传感网络穿戴式健康电子类产品研

基层社会治理创新的中国案例

发,依托其自主研发的云智能智慧养老服务云平台,打造全国 L 智慧健康养老连锁服务中心。

(1) 服务内容

L 智慧颐养中心以社区为基础,提供 7×24 小时全天候健康监测、7×24 小时紧急救助、7×8 小时社区上门便民服务、健康异常提醒、护理看护、健康管理、康复照料、紧急救助、慢性病全程防治管理、医院预约挂号、转诊导医、O2O（Online to Offline）线上线下个性化生活服务、陪护陪诊、在线远程 1 对 1 医疗咨询、个性化体检、心理咨询、健康指导、送餐服务、助浴服务、家政服务、用品代购等服务。

我们的腕表功能是很多、很强大的,而且我们不断在研发。根据实际情况,还有一些特殊需求,我们的这个团队一直在更新。现在主要的、基本的是监测功能,老人的体征监测可以实时反馈到我们的后台,包括我们的移动端 App 上面,家属和我们这边可以第一时间收到老人的提醒信息,这个是最基础的。然后还有一键开锁、一键呼叫、电子围栏、久坐提醒、吃药提醒等,这些都是有的。(20230728wlj001)

(2) 医护康养管理

L 智慧颐养中心内部设有日间照料中心、医务室、康复健身室等,其特色产品是氧舱理疗,社区内配备有一台上百万元的氧舱仪器。医护康养的运作方式是办卡制,办一次卡可以来特定次数,老人办了卡之后,随时都可以来享受服务。

养老中心的康养结合服务,遵循一套"非医非药"的健康生活方式,通过快乐心情、均衡营养、科学运动、沐浴阳光、健康好水、轻氧呼吸、细胞修复等方面的管理,利用检测设备和智能穿戴设备进行 24 小时不间断的健康数据采集,再根据这些数据制定个性化的健康管理方式,从而为老年人健康保驾护航。

我们提供的不仅是"三助一护"服务,还有"多助多护"服务,

230

即在原来的助餐、助洁、助医基础上，增加助行、助急、助浴、精神陪护、安全防护等全方位的为老服务功能。每天都有专人为老人上门做饭、打扫卫生、做理疗、上门送餐的。相信在我们的不懈努力下，在各级民政部门和街道社区的支持下，在 AI 智能养老技术的不断完善下，我们的居家养老服务内容将越来越全面，辐射范围也将越来越广。（20230731wlj002）

D 社区还和医院进行了签约，每周四颐养中心都会在医疗室免费为老人体检。体检包括内科、外科、生殖系统和五官科的专科检查，功能检查包括心电图、胸部的 X 光透视、肝、胆、脾、肾和生殖系统 B 超的检查。此外，还包括血、尿、大便三大常规检查以及血糖、血脂、肝功能、肾功能以及乙肝五项检查。

2. 对话平台有缺失，服务完善无人问

在项目前期，社区将部分老年人代表召集起来举行了"养老需求讨论会"，收集了老年人对社区工作的期待、对社区智慧颐养中心的建议。然而项目蓝图很美好，实际情况却是居民很少前来，众多养老服务无人问津，项目建设后期对话平台的缺失导致居民尚不了解社区智慧颐养中心的工作内容、服务项目和收费情况。我们随机采访了居民。

（平时和社区沟通得多不多？有没有去颐养中心享受过服务或是线上服务？目前是以什么方式养老的呢？）我根本不知道有这些养老服务，没听说过。平时就是找社区交交资料，没有事情也不往那边去。（20230416wsjh003）

（二）回船转舵：多元主体协同参与，渐进嵌入暖化民心

1. 党建引领一股绳，组织聚力建机制

D 社区建立健全"街道党工委—社区大党委—小区（片区）党支部—楼栋党小组—党员中心户"五级组织架构，建强 10 个实体型、4 个功能型小区党组织，形成"支部引领、党员担当、群众参与、小区自治"的治理

思路。完善以社区党组织为核心，居委会、业委会、物业企业、驻区单位、群众团体、社会组织共同参与的"1+6"区域化组织体系和治理模式，构建"党建引领、组织聚力、精准服务、赋能发展、融合治理"的基层治理格局。由此，社区形成区域内各类党组织共建、共治、共享的工作机制，提升了区域化党建一体化的凝聚力和战斗力。

2. 议事大会不可缺，共谋共督增信任

社区在老年大学基础上，探索出"班长议事会"居民自治模式，将楼栋长选为班长，每月组织召开"班长议事会"，集中商议解决社区治理难题。在"班长议事会"的推动下，通过群众参与、决策共谋，社区还出台了《智慧颐养中心工作制度》等管理规定，社区教育与基层治理融为一体，居民对服务不了解、对收费有疑虑等诸多问题都迎刃而解。社区还着力打造"乐享驿站"，位于驿站三楼的"协商议事厅"则是居民共商共议共谋社区大小事的主阵地，在这里，社区、机构、居民、街道代表人员、社会组织和志愿者们就智慧养老的运行建设情况进行交流和探讨，共同推动急难愁盼问题得到解决。其中，社区起到重要的协调作用。

（1）社区对上级负责，畅通联结和反馈渠道

社区协调多个主体如社工、社会组织和社区志愿者参与到智慧养老服务提供的过程中，实现融合发展。社工、社会组织和社区志愿者能够针对服务开展过程、形式、呈现的效果、存在的问题以及社区慈善资源的链接和利用情况对社区进行及时反馈和汇报，再由社区将相关情况和服务成效进行汇总反馈给街道相关部门，促进顶层设计层面的完善和后续养老服务的优化。

（2）社区提供坚实基础，畅通沟通和服务渠道

社区提供了专业化的服务平台和场地，对养老服务起到支撑性作用。L智慧颐养中心建立在社区党群服务中心内部，有场地，有人员，也能够及时联动社会组织和社工相互协作链接养老服务所需资源。社区借助老年大学平台和志愿者团队，鼓励大学生志愿者和老年人中会使用智能设备的居民等来免费开班，促进老人使用智慧养老服务。其中一个典型案例是82岁的独居老人肖奶奶。社区开办培训班，召集大学生志愿者，用时两个多星期教老人学会使用智能手机之后，肖奶奶加了很多微信群，交到很多

老年朋友，参加了老年人"朗读之声"，还学会了在网上买菜、团购食品。如今，老人可以熟练用微信跟在上海的女儿视频连线。

3. 群众发动靠活动，渐进服务蕴温情

在众多社区，普遍存在老年人对数字产品存在抵触心理、接受度不高的现象。但 D 社区采取渐进式嵌入、文娱破冰的多元化柔性策略，打消老年人对智慧养老的疑虑。

在 D 社区 L 智慧颐养中心的二楼，建立了各类文体休闲类活动场所，将这些功能集聚在一个场地，解决老年人不愿离开熟人环境但又需要专业照护的矛盾，使得颐养中心在老年人的认知中不仅是单纯的护理，也具有娱乐和温情的部分。此外，D 社区围绕老年人精神文化的需求，还开展了丰富多彩的活动。社区成立了老年大学，由青年志愿者、热爱老年工作的中老年人和学有所成的老年人担任老师，下设书法、绘画、音乐、法律、英语、押花、编织、布贴等专业培训班，从老年人喜闻乐见的文娱活动开始，以渐进式服务逐渐消融老年人的心理防线，培育该群体对社区和政府的信任，削减对使用智能技术融入养老的排斥感。

（三）乘风破浪：服务反馈尤显不足，技术赋能提效增质

在多方协同共助下，社区幸福食堂和 L 智慧颐养中心的老年人客户越来越多，但是 D 社区书记注意到夏天来临后老年人有所减少，待在休闲空间的时间有所缩短，经过询问，她才明白原来智慧颐养中心内安装的空调对于老年人来说风稍显刺骨，并不是所有的智能设备都适合于老年人，D 社区 L 智慧颐养中心便关闭部分空调，换上了风扇，收获一众好评。

考虑到老年人的记忆能力有所削弱，需要建立起即时反馈平台，加之老年人的需求是不断变化的，于是为了构建长效发展机制，D 社区在线下议事会等平台之外，也着手搭建起线上的沟通反馈平台。

1. "网格"工作持续推，织就社区便民网

D 社区网格员坚持固守战线，采用线上线下结合的方式，也承担社区养老服务的各项任务。网格员当好信息联络员，建立居民信息簿，掌握单元居民的基本情况，及时上报动态信息；通过电话或上门走访，掌握社情民意，做到上传下达；当好服务宣传员，协助社区开展养老活动如"健康

讲座""免费体检"的宣传工作,借助网络平台促进信息高效传达。当好监督调解员,监督 D 社区党务、政务以及 L 智慧颐养中心财务公开及养老工程实施情况。

2. 智慧东亭云平台,"微邻"程序全覆盖

共同缔造,关键要让群众站"C 位",技术赋能需要技术与人性的结合。一方面,D 社区积极挖掘包括党员在内的居民骨干,组建行动团队进行宣传带动和服务引领,完善志愿服务制度化建设。线下采用"时间银行"存折等积分激励制度,线上通过"武汉微邻里"系统,引导更多居民积极参与社区智慧颐养中心的基础服务。一边是 4000 多户、1.5 万名居民,一边是仅有十几人的社区干部队伍,D 社区管理服务井井有条,居民和睦相处。D 社区的"微邻里"是社区和 L 智慧颐养中心的一大重要举措。"微邻里"平台开通不久,就有 4000 多名居民加入,基本做到了一户一人。"微邻里"平台不仅将居民聚在网上,还把为居民提供服务的辖区单位、养老机构、医院、超市门店也"搬"上了网。打开"服务导航",政务、生活、法律、文体、志愿服务等一应俱全。借助"微邻里"平台,老年人可以更轻松更及时地选取和获取服务,提供反馈意见。

(四) 行稳致远:供需匹配合作共赢,共建共享美好社区

让所有老年人都能老有所养、老有所依、老有所乐、老有所安,是全面建成小康社会的重要内容。D 社区智慧颐养中心采取社会化运营方式,在运营管理、功能设施、服务内容、人员配置、满意度评价、社会反响等方面展现出较高的综合能力,在武汉市社区养老服务设施等级评定中被评为 4A 级。社区未争取到 5A 级评定是因为颐养中心面积不足,但是社区通过整合资源,合理分配场地、建设设施,在服务提供领域已经达到了 5A 级标准。

对老年人来说,智慧养老社区建设可以提供更加便捷和舒适的生活环境,满足他们的养老需求,提高生活质量和幸福感,让他们享受到更好的医疗、健康、文化和娱乐等服务。"歌唱东亭好风光,我唱一曲送给你,歌唱幸福的新天地,美妙的心情多欢喜,和谐社区传友谊……"这是湖北

省武汉市 D 社区 78 岁老人李贻清为社区创作的歌曲《魅力东亭鲜花永伴》。李贻清已在 D 社区居住了 35 年,"虽然房子一年比一年破,但幸福指数一年比一年高。"

对社区来说,一方面,智慧养老社区建设可以减轻家庭和社区的养老负担,提高养老服务的效率和质量。社区可以通过提供全方位的养老服务,包括居家养老、社区养老、机构养老等多种形式,满足不同老年人的需求。另一方面,社区在智慧养老方面的实践有助于提升基层治理能力,走好"最后一公里"。

对政府来说,智慧养老社区建设是落实国家养老政策的重要举措。通过建设智慧养老社区,政府可以提高社会保障和福利水平,满足老年人的养老需求,维护社会稳定和谐。

对国家来说,智慧养老社区建设是一个全面提升社会福利和促进社会发展的重要举措。智慧养老以其智能化、信息化优势,弥补传统养老的不足,能够高效地提高社会保障和福利水平,实现技术赋能。

二　案例分析

(一) 文献综述

20 世纪 70 年代,国外人口老龄化问题已出现,在 20 世纪后期尤为突出。目前,世界上的发达国家均面临着严重的人口老龄化问题,庞大的养老人群规模使政府不得不开辟"在家养老"等养老服务模式。"智慧养老"(Intelligence Aging)最早由英国生命信托基金会提出,当时称为"全智能化老年系统",即老人在日常生活中可以不受时间和地理环境的限制,在自己家中过上高质量高享受的生活;又称"智能居家养老"(Smart Home Care),指利用先进的信息技术手段,面向居家老人开展物联化、互联化、智能化的养老服务。其核心在于应用先进的管理和信息技术,将老人与政府、社区、医疗机构、医护人员等紧密联系起来(刘婵君、李爽、郭锦言,2023)。

在老龄化与"互联网+"背景下,智慧养老作为一种充分利用现代信息技术手段、整合养老资源、提升养老服务效能的新型养老服务模式，具有显著的实践意义。国家对养老问题的重视和现实的养老压力使诸多学者对智慧养老服务的相关问题进行探究。针对智慧养老服务的相关文献集中在以下三个方面：一是概念梳理和发展路径。二是地方实践和平台构建。三是优势、困境及对策。

张博对整个智慧养老产业的现状、意义和发展方向进行了归纳和总结（张博，2021）。关于智慧养老的内涵，学术界主要有以下三种观点。

第一种观点认为智慧养老是技术的运用。即强调以物联传感系统和信息平台为代表的技术在智慧养老发展中的核心作用（吴玉霞、沃宁璐，2016），在运用先进的信息技术的基础上，搭建智慧健康养老平台，整合家庭、社区、医疗卫生机构等资源（杨晶晶、姜旭、黄卫东，2022）。

第二种观点认为智慧养老是服务模式的创新。于潇、孙悦提出智慧养老是模式创新基础上的产业升级，技术只是在智慧养老生态系统中的运用手段（于潇、孙悦，2017）。陈友华、邵文君强调智慧养老是利用多元化的信息技术，将老年人、家庭成员、社区、医疗机构、医护人员，甚至政府相关机构等紧密联系起来，使老年人的日常生活处于远程监控状态，高效响应老年人的多元、差异化需求，以实现老年人的身体健康和生活便利（陈友华、邵文君，2021）。郝涛、徐宏等倡导PPP（Public-Private-Partnership）融资模式（公共私营合作制）对接养老服务产业，根据政府部门与私人部门各自的特征，寻找两者有效融合的均衡点，探索通过健全社会养老服务扶持与监管体系、处理好政府引导与市场主导的关系、创新养老服务产业PPP融资模式等路径来增加养老服务的有效供给（郝涛、徐宏、岳乾月，2017）。

第三种观点认为智慧养老是产业组织管理模式的创新。廖喜生认为国内外研究者目前对于智慧养老的运用手段和发展方向等问题虽已基本取得共识，但仍未能从产业链视角对智慧养老发展的问题、模式及前景进行系统性研究。智慧养老的内涵不仅是新兴信息通信技术的集中应用，更是通过整合优化产业链上的生产组织、生产要素、生产方式，释放出智慧养老产业发展的新动能（廖喜生、李扬萩、李彦章，2019）。

目前将服务链理论应用到养老服务的文献较少，且大多对养老服务过程从理论上进行划分并提出对策，缺乏实践层面的支持和验证。朱礼华和杨晴将智慧养老供需各主体以"服务链"的形式进行整合，厘清供给侧各主体的权责关系和存在问题，论证需求侧老年人的基本需求及需求表达特点，立体化地展示出整个服务的运行和延伸路径，剖析智慧养老服务的各方面难点问题并提出相应对策（朱礼华、杨晴，2021）。

以上研究都创新了智慧养老服务的发展路径，丰富了智慧养老服务内涵。

地方实践中，基于智慧养老服务平台的整体架构和重要特征，青岛市青鸟软通提出"互联网+养老"服务新模式，构建了线上智慧养老和线下嵌入式养老；武汉市以"一键通"为例探究了老年人对智慧养老产品的实际接受状况。睢党臣等剖析数字技术通过数字化、高效化和网络化的特点推动养老服务高质量发展的内在机理，提出了"多元互动""服务导向"和"质量提升"这三个关键的变革方向，深化数字技术推动养老服务高质量发展的建设路径（睢党臣、吕心妍，2023）。

智慧养老服务具有传统养老服务所不可及的优势，有些学者认为智慧养老具有需求识别、服务供给、服务利用这三大优势（金昱希、林闽钢，2021）；青连斌总结智慧养老具有以下六个优势：第一，促进供需有效匹配。第二，优化养老服务资源的配置和整合。第三，有效节省人工成本。第四，更好满足老年人多层次、多样化和个性化需求。第五，促进养老服务的智能化、专业化和标准化。第六，提高养老服务的水平和质量（青连斌，2021）。

由于国内起步较晚，智慧养老实践仍存在很多问题。左美云和于越认为，当前智慧养老主要存在三个问题。一个是老年人隐私保护问题，一个是规范统一的问题，还有一个则是企业和机构的参与问题（左美云、于越，2023）。从服务链理论来看，易艳阳、周沛指出合作链、生态链与递送链是社区康养结合服务链中的子链条，在实践中可能蕴含着失衡、寻租、脱嵌、失序、错位、道德等风险（易艳阳、周沛，2021）。基于服务链理论，我国社会化养老服务产品在设计、输送和利用等阶段，分别存在目标服务群体设定偏差、信息不对称、服务内容及方式的供给导向、专业人员匮乏，以及传统观念和消费能力制约服务利用等问题。社会化养老服务链整体效用的提升，有赖于在服务设计、递送各阶段整合资源、优化路径。

对此，部分学者通过地区数据对智慧养老服务平台认知水平和使用情况进行梳理，并从产品性能优化、政府政策完善等角度展开研究，进一步明确现阶段老年人群体的实际需求，有效解决现阶段国内智慧养老服务设施、服务体系、服务产品层面存在的不足，同时为后续研究的开展提供一定基础和思路。

（二）理论基础

1. 服务链理论

服务链是一种以信息技术为基础，链接政府、机构、企业、社会组织等多种主体，为实现消费者需求将服务有关的各个环节按照一定的方式有机组织起来，进而形成的完整的消费服务网络。服务链理论最早于1999年由 Edward G. 提出："为了更好地满足公众的服务需求，将政府机构、企业、社会组织、志愿组织等不同的服务主体连接起来，形成互助合作的链状关系，从而有效地提高服务供给效率和质量。"（Ruggles，2005），在原始服务链理论框架中，服务组织或机构的服务分为三个阶段，即服务前期、服务中期和服务后期，每条服务链上有许多不同的"节点"，相关的服务企业、服务机构和组织组成"链"上的"节点"，为消费者提供所需要的服务（Gorsky & Sheard，2015）。在养老需求日趋增多的今天，用服务链视角来分析社区智慧养老服务，有助于提高养老服务的质量与效率。

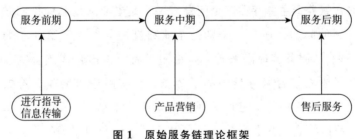

图 1　原始服务链理论框架

根据原始服务链理论框架，在智慧养老服务领域，服务的前中期需要重点关注三个核心组成部分：服务的供给侧、传输侧及需求侧。供给侧包括提供智慧养老服务的组织或者机构。具体来说，机构包括政府、私营机构；组织包括社会组织、私人组织以及家庭组织。在本研究中，供给侧主要有政府、社区和机构，享受智慧养老服务的老年人群体构成了需求侧，传输侧是指将智慧养老服务从供给端传输到需求端时所使用的媒介，包含智慧养老产品和老年人数字素养。

政府、市场组织、志愿力量、社会组织、基层社区与服务对象分别构成了服务链的主导性、协作性、集成性、平台性与需求性节点要素。供给侧是服务链的源头，也是整个服务链的统筹协调者。供给侧的具体责任分割方面，政府是公共服务供给的首要责任主体，承担着制定政策、督促服务实行的职责。社区是智慧养老服务的服务协调者，发挥着"承上启下"的作用。"承上"是指秉承政府政策规范，贯彻落实规章制度，"启下"是指整合社区资源，动员社区居民，切实对老年人负责。机构作为智慧养老服务的专业服务提供者，具有专业的医疗服务、生活照料等服务功能，配备着各类智慧养老产品，以此向老年人提供高质量、高效率的专业化服务。

2. 马斯洛需求理论

（1）理论定义

马斯洛需求层次理论于 1943 年由马斯洛提出，该理论将人类需求分为五级模型，通常被描绘成金字塔内的等级。从层次结构的底部向上，分别是：①生理需求；②安全需求；③归属和爱的需求；④尊重的需求；⑤自我实现的需求。这是理论中人们最高的需求，满足人们自我渴望得到的需求，可能是工作上的，也可能是生活上的，更可能是精神上的需求。人们通过不同的努力方式，实现自己一直渴望的理想，收获自己一个希望的生活，在精神上得到满足。前四个级别通常称为缺陷需求，而最高级别称为增长需求。

（2）理论应用

马斯洛需求层次理论与社区智慧养老服务的适配性在于，社区智慧养老服务是运用现代科技手段为老年人提供精准服务和智慧养老产品，让老年人能够享受到更为舒适、便捷的养老生活，而这些智慧养老服务和智慧养老产品需要以老年人为中心，考虑老年人的实际需求，制定出能够与老年人相适配的养老服务产品和养老服务项目。这样才能让老年人在需求层面上得到更好的满足，使老年人能够感受到更多的尊重。在该理论指导下，研究能够更清晰地分析老年人多层次、多样化需求，指导供给端提供更契合、更丰富的产品和服务。

3. 理论分析框架

服务链主要由服务前期、服务中期及服务后期三个环节构成。其中，在服务前期主要进行指导和信息传输；在服务中期主要进行产品的营销；而在服务后期主要进行售后服务。

根据服务链理论，智慧养老服务的供给侧主要涉及的主体有政府、社区以及养老机构。其中，政府承担着政策引导、资金支持、监督评估的重要责任，而社区和机构则通过资源共享，形成合作网络，共同为老年人群体提供智慧养老服务和产品。前者可以搭建平台，后者则可以提供专业服务，二者是平等合作的关系。传输侧则包括智慧养老产品、服务及老年人的数字素养，二者缺一不可。需求侧是老年人群体。除此之外，通过信息传输流和需求反馈流，将需求侧和供给侧相连接，实现二者的双向沟通。信息传输流从供给侧向需求侧单向传输，需求反馈流则相反。以上各主体、各环节的紧密相连使得智慧养老服务链最终得以实现。

（三）问题研究

1. 智慧设备闲置高，空有技术难利用

社区安装了很多智慧养老服务设备，但设备的智能应用却没有跟上步伐。例如安装了很多人脸识别设备，但真正投入使用的较少；不同养老设备使用不同平台，居民需要来回切换使用；社区有智慧洗衣房，但根本没有老人会去用；智慧设备闲置率高，设备之间的互联被搁置，技术也派不上用场。除此之外，硬件和软件没形成完整的生态系统，智慧养老平台数据之间无法实现共通，有效供给不足，无法转化成智能化和便捷化的管理与服务。

2. 政府投钱搞建设，单一主体难持续

社区智慧养老需要硬件和软件支撑。信息化设备的购买、安装以及平

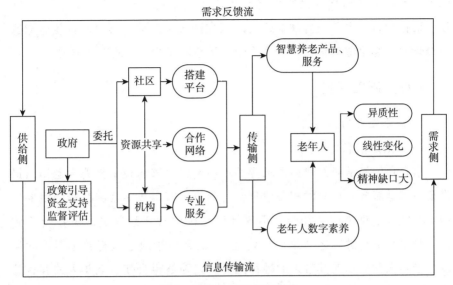

图2　智慧养老服务链模型

台的搭建和运维都需要资金支持。政府出台相关政策并且投入大量资金购买养老服务支持社区智慧养老建设，由街道及社区承接养老服务项目。然而仅靠政府单枪匹马投入是不可持续的。建设中也要不断完善和改进，这意味着资金要持续供给，而这又会给政府带来沉重的财政压力。许多社区虽然拥有多种资源，但缺乏必要的协同合作网络，不能实现政府、社区、机构、医院等多主体在内的多方联动与合作。内外资源无法整合、资源的有效利用也无从实现，导致智慧养老服务的开展效率不高，智慧养老的模式也单一化和样本化（马跃如、刘旖旎、易丹，2020）。

3. 目标群体设定偏，平台反馈难对接

在研究初始，产品研发企业并没有收集老年人的需求，因而也难以击中其核心痛点。而在产品销售之后，老年人也缺乏即时的反馈机制和途径，使其难以表达诉求、建议和意见，导致智慧养老产品难以真正满足老年群体的需求，并适时地进行更新和改造，进一步扩大了老年人对相关智能产品的排斥感。

4. 数字难融缺信任，信息传输难打通

除此之外，缺乏信息传输途径时，社区、机构对智慧养老服务宣传不到位，导致实施初期社区很多老年人不了解情况，觉得智慧设备使用麻烦、价格偏贵。老年人群体缺乏与之匹配的数字素养，难以对智慧养老这一概念建立起足够的信任，更遑论使用智慧养老这一新的养老方式。

（四）原因探究

1. 缺乏互动沟通网络

（1）缺乏信息传输途径

信息传输即从供给侧向需求侧的单向传输。该途径承担着为老年人提供智慧养老服务及产品的相关信息，为其打通获得数字素养途径的重要作用。当缺乏信息传输途径时，不仅社区、机构对智慧养老服务宣传不到位，难以打通智慧养老"最后一公里"，而且由于缺乏获得数字素养的途径，老年人常要面对其带来的种种阻碍，这最终也会使得老年人放弃智慧养老的方式。除此之外，当缺乏有效的宣传时，老年人群体便难以接受智慧养老这一概念，或者积极参与和使用相关产品和服务。

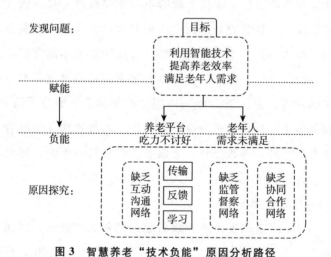

图3 智慧养老"技术负能"原因分析路径

（2）缺乏反馈渠道

用户的反馈是对产品升级和改进的重要基础和信息来源。但在智慧养老领域中却一直缺乏必要的信息反馈。智慧养老服务的提供者往往缺乏与老年用户面对面的交流，进而无法真正了解他们的使用体验和需求变化。且许多智慧养老产品在设计和推出时，并没有建立系统的反馈机制，老年用户很难找到能够表达意见或建议的途径，这使得他们的声音无法被及时听到和重视。此外，一些老年人对现代技术不够熟悉，使用手机应用或在线平台反馈问题的能力有限，技术壁垒导致他们无法顺畅地表达自己的需求和体验。

（3）缺乏学习机制

老年人的数字素养是智慧养老服务必须关注的关键问题。老年人的数字素养在智慧养老服务实施与落地的过程中起到至关重要的作用。但在实际生活中，大多数老年人由于受教育程度低等缺乏数字素养，与此同时，老年人又缺乏相关的学习途径和学习动力。种种这些，最终都阻碍了老年人享受智慧养老服务。在此种情况下，我们必须建立学习机制，为老年人提供学习途径，同时提供相关激励机制和激励措施，通过渐进式学习逐渐打动老年人的心理防线，培育该群体对社区和政府的信任，削减对使用智能技术融入养老的排斥感。

2. 缺乏监管督察网络

监管督察网络主要由政府监督和民众监督构成，二者缺一不可。政府作为供给侧的主体之一，承担着制定相关政策、法规，统领、引导和监督的重要作用。如果政府的监督缺位，便会给予社区、机构极大的自主权，最终导致各社区、机构智慧养老服务的质量参差不齐。另外，民众监督也能有效地减少智慧养老领域内专业性不足、产品质量不过关等类似问题，提高智慧养老服务的发展水平。

3. 缺乏协同合作网络

社区虽然拥有多种资源，但缺乏协同合作网络会导致无法整合内外资源、实现资源的有效利用。社区的养老资源主要包括政府资金支持、周边医院的医疗资源以及养老机构的合作，因为各主体在资源、信息、服务、目标等方面存在差异，多方参与时，沟通的复杂性也有所增加，缺乏明确的合作框架和制度保障也可能导致合作过程中的责任不清、权利不明，影响各方的积极性，实现政府、机构、医院等多主体在内的多方联动与合作需要社区这一基层治理平台具备较强的统筹与组织能力。且除了实现资源的有效利用，协同合作网络还能大大提高智慧养老服务的开展效率，增强实施效果。因此，建立多主体的协同合作网络也是发展智慧养老的必要条件。

（五）模式分析

1. 供给侧——聚合内外资源，构建互动网络

供给侧是服务链的源头，也是整个服务链的统筹协调者，具有引导作用。D 社区在实践智慧养老的过程中所建构的社区服务链，政府、社区、机构是主要构成要素，智慧养老机构作为外围服务机构主要提供技术支持服务，具体参与的主体包括街道办事处、社区居委会、签约医院、居民志愿者等，通过各主体的相互合作、信息共享来提供智慧养老服务，这就需要明确社区服务链中的重要主体角色和关系网络。

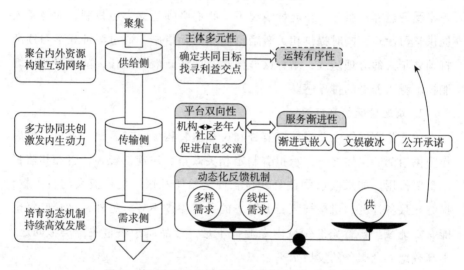

图 4　基于案例的智慧养老"智慧赋能"模式路径

（1）主体多元性

随着人口老龄化程度的加深和经济的发展，养老服务需求不断增加，应对这一现状，利用数据分析和智能化管理能够更高效地实现养老资源的优化配置，提高资源利用效率。智慧养老作为一个新兴产业，对于社区来说是一个全新的理念和领域，缺乏相关经验和了解。同时，老年人对于智慧养老的概念和应用也相对陌生。因此，政府的政策扶持和引导显得尤为重要。

①政府

政府始终是公共服务供给的首要责任主体，担负着制定政策、督促服务实施的职责。政府起到引领和指导的重要作用，统领整个供给侧的服务

秩序，其余的机构、社区、企业和家庭在党建引领下严格落实各自职权。在中央政策引导下，武汉市为进一步促进人工智能与养老服务深度融合，深化拓展武汉市"智慧养老"新模式，构建有武汉特色的居家、社区、机构"三位一体"智慧养老服务体系，根据《武汉市人工智能养老社会实验社区建设试点方案》，经社区、街道、区民政部门三级推荐，结合市民政局专班实地调研，每年选定10个人工智能养老社会实验社区，政府对其提供财政支持。

②社区

社区是进行智慧养老服务的重要平台。智慧养老服务需要提供全方位的支持和服务，包括医疗健康、社交互动、安全保障等多个方面。因政府主体服务能力有限，政府单一部门难以提供全面的服务，需要与社区、企业、非营利组织等多方合作，形成合力，共同满足老年人的需求。一方面，社区是老年人社交互动的重要场所，老年人在社区中有着密切的社交关系，智慧养老服务可以通过社区来促进老年人之间的交流和互助，增强社区的凝聚力和归属感。另一方面，社区具有社区居委会、居民委员会以及其他社会组织，可以发挥组织力量，协调各方资源，与政府、企业、非营利组织等进行合作，共同提供智慧养老服务，推动智慧养老的发展。

③养老机构

养老机构作为智慧养老服务的专业服务提供者，负责智慧养老产品设计生产、配备以及创新改进。首先养老机构根据老年人的需求和社区环境特点，提供个性化的产品配备和安装服务，将智慧养老产品引入老年人的生活环境中，确保老年人能够方便地使用这些产品。提供服务是一个长期的、动态的过程，随着科技的发展和老年人需求的变化，机构进行市场调研和技术研发，推出更加智能、便捷、实用的产品，以满足老年人不断变化的需求。

（2）运转有序性

智慧养老是一项成本较高，较为复杂的服务机制。将智慧养老服务下放到社区，可以更加灵活地组织和管理服务，提高服务效率，但社区作为一线平台如果未能较好地协调多方关系，不能较好处理智能技术与人文关怀融合的问题，则可能影响到智慧养老服务的可及性和普及性的问题。

D 社区在政府引领和辅助服务方的配合下，下游各机构借助自身优势发展智慧养老服务，社区、机构、家庭之间进行资源共享，以便于为终端提供全面化、多样化的智慧养老产品和服务。

①社区内部资源

作为智慧养老服务的平台，D 社区通过"班长议事会"、社区社会组织、志愿者团队等力量提供便利的服务接入、丰富的资源支持和社交互动的机会，为老年人提供更好的养老体验和生活质量。

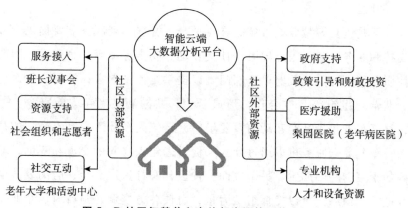

图 5　D 社区智慧养老内外部资源协同体系示意

D 社区利用社区协商议事平台"班长议事会"，召集老年人代表收集需求和建议，"班长议事会"依托社区老年大学建立，老年大学内各院校班长共同组成了这支队伍，在居民中具有一定影响力。同时，社区集合注册志愿者们和社区"七宝巡逻队"一起参与到提供智慧养老服务的队伍中，在助餐、助洁、助医等具体领域中提供帮助。"七宝巡逻队"是基于"班长议事会"发动，由一群老年志愿者组成的巡逻队，日常负责巡逻社区并及时发现问题，该队伍在居民中具有良好的口碑，有助于深入群众收集反馈与提供服务。"年轻老人"在帮助高龄老人的过程中，不仅能够为高龄老人减轻负担，还能在此过程中增强自身自信心，在一定程度上满足老年人的自我实现需求，有利于增强社区居民的活力。

D 社区 L 智慧颐养中心在社区党群服务中心内部建立，D 社区将党员群众服务中心的三层楼共 1000 多平方米的地方打造成满足老年群体多元需求的居家养老服务中心，开设日间照料室、休息室、娱乐室、健身休闲室、心理咨询室、聊天交流室、养老驿站等多种服务设施，为服务的开展提供了平台支撑。从选址来说，它在党群服务中心、社区幸福食堂、老年人活动中心、老年大学、青少年活动中心等，与信息化、智能化紧急呼叫中心的交汇处。通过智慧养老平台能够将内部的各种养老服务资源整合起来，包括医疗服务、健康管理、康复护理、社交活动等，为老年人提供一站式的养老服务。

②社区外部资源

在供给端，政府制定购买智能养老各项服务，包括社区老年食堂的补贴对象、补贴标准、服务方式等，并向社会公布；同时对老人的养老服务需求进行调查和评估，结合政府的财政状况，形成智慧养老服务需求报告并据此建立智慧养老服务内容和相关指标，选择合适的养老服务机构，完成服务链的前期工作。社区需要通过各种渠道将政府的指导意见传递给社区的居民，并对照指标与入驻的智慧颐养中心一起共同提供服务，同时需要接受政府的监督和评估，D社区的信息化中心后台、幸福食堂的摄像头都与武昌区民政局直接联系，接受直接监管和指导。对于申请养老项目、养老机构评定的社区，政府都按照相关指标予以评定，然后提供经济支持或补助，从而社区能够支付社会工作服务中心的专业服务，获取专业的督导和服务内容策划。

D社区相关负责人在政府过去的"医养结合"政策下与梨园医院保持着密切的合作。梨园医院是湖北省老年病医院，现社区L智慧颐养中心已实现后台和梨园医院的独家对接。同时，武汉这座城市具有"大学城"特色，拥有众多高校资源，社区通过邀请研究养老或社区治理的专家，能够获得治理方面的指导和帮助，进一步促进智慧养老服务的发展。

通过整合社区内外部资源，智慧养老平台可以提供更加便捷、高效、个性化的养老服务，满足老年人的各种需求，提升养老质量和幸福感。

2. 传输侧——多方协同共创，激发内生动力

服务中期阶段即服务递送阶段，服务企业或社会组织与政府合作承接政府购买居家养老服务。作为服务主体的企业或社会组织根据老人的需要，将政府确定的服务项目输送给老人及其照料者。在这一阶段，智慧养老的产品质量和老年人的数字素养高低决定着传输是否有效。

（1）平台双向性

首先，部分入驻社区的养老中心不了解潜在客户的需求，缺乏对老年人需求的认知，会使得养老机构服务供给和老年人及其子女的期望服务之间差距较大，机构往往是出力不讨好。其次，由于社区养老中心是政府购买服务，大多数老年人是被动地接受服务，其内心的需求并没有得到尊重。基于这两点，建立一个能够收集并传播信息的双向平台就显得尤为重要，社区恰恰能够担负起这样的职责。

D社区对机构提供老年人需求报告和养老产品建议，对老年人进行深度沟通和宣讲，促使其表达诉求。入驻的L智慧颐养中心基于社区现状，围绕以智慧养老、居家养老为核心，为老人提供完善的"多助"服务，包括"助餐、助洁、助医、助行、助急、助浴、精神陪护、安全防护"，构建了一个从线上到线下，切实为老人提供智能健康服务的系统。中心在不断提升线上平台服务的基础上，实现与子女、服务中心、医护人员的信息交互，解决老人在不同的环境中随时可能发生的防病、防急、防遗忘、防走失这些危险，且目前仍然在持续更新产品中。老人不必住在养老院，在家就可以享受专业化的养老服务。

（2）服务渐进性

老年人的数字素养是指在智慧养老服务中对于智慧养老产品的接受和使用能力。根据服务链理论，在养老服务中，信息是否能有效地从供给方传输到需求方决定着最终的效果，即智慧养老服务是否能获得老年人的接受和使用。这一传输过程中需要关注的问题是信息以什么样的服务路径进行递送，是否为老年人所接受。

D社区相关人员充分利用社区现有的传统平台、养老服务信息平台和新媒体，以老年人喜闻乐见的方式，采取渐进式嵌入、文娱破冰和公开承诺方式等多元化柔性策略把智慧养老的利好信息和发展趋势及时、有效地传递出去，建立了良好的服务路径，逐步消解老人及其家人的偏见，优化社会对老年服务的认知，营造养老服务链发展的良好社会环境。

①渐进式嵌入——关键人物来辐射，惠民阵地增信任

D社区利用社区老年大学以及在这基础上孵化的"班长议事会"协商平台，由老年大学各班班长率先参与的议事会，在社区召开了交流会议和

入户走访，倾听居民特别是一些具有影响力的老年人的诉求，如退休党员和班长们。这不仅仅是了解社区居民想法与诉求的过程，更是宣传智慧养老与动员居民的过程。此外，在老年大学内，社区也定期组织了学习使用电子设备基础应用的课堂，使众多老年人学会基础技能，逐渐适应智能化设备。

由政府出资建造的社区幸福食堂好评如潮，在此基础上，社区建立了幸福食堂专用微信群，在里面公布菜单，不断鼓励老年人自己登录微信查看，进行线上交流，或是线上表达自身诉求。

②文娱破冰——多种服务促交流，参加活动提自信

D社区是老旧小区，社区服务不足、活动单一，为打破僵局，解决长期以来存在的居民参与社区治理的积极性低、社区参与意识淡薄的问题，D社区以文娱活动作为消解社区冲突的"破冰点"，设计了众多针对老年人的文娱服务项目。以L智慧颐养中心的老年人活动中心为阵地，建设书画室、舞蹈室、音乐室、电脑房等，设备齐全、专业。同时成立各类服务团队，吸引老年人从家里走出来，助他们增强人际交流以及与社区的联系。

③公开承诺——服务技术要过硬，承诺表态显诚信

L智慧颐养中心在智慧养老服务的提供上在全国位于前列，具有先进的设备和完善的工作流程，但是该机构要进入基层社区，真正融入社区生活，还需要和居民有更多的交流，获得大家的信任。除了政府和社区做出的众多宣传和努力，L智慧颐养中心自身也向社区和居民承诺以广大老年人的需求为导向，实事求是，以解决老年人现实存在的不便为主要任务，其承诺内容包括制度政策、常规服务、特殊服务、受理诉求多个方面。L智慧颐养中心还将承诺书、各项服务内容等开门见山地公布出来，让老年人和子女看到了其诚意，同时也让其有了监督智慧养老服务的标准和依据，使老年人及其家人放心使用服务。

3. 需求侧——培育动态机制，持续高效发展

需求侧的表达作用和运行过程需求侧是服务链的终端，也是整个服务链的接受方和反馈方。在这一部分，要着重剖析老年人的需求表达状况，包括需求表达的内容和需求表达的特点。除了政府调研，在一线更需要社区和机构对老年人的关注和沟通，搭建起合适的沟通机制和反馈机制，对服务产品供给、投递过程中的服务质量、服务速度、服务水平等满意度进

行反馈，促进老年人需求表达。

（1）需求特点——多样化与线性变化并存

①针对多样化需求

马斯洛需求理论包括生理需求、安全需求、社交需求、爱和归属的需求、自我实现的需求，而受老年人年龄层次、身体健康、家庭状况等因素影响，老年人在各个层面也呈现多样化需求，需要匹配多层次的服务以供老年人选择。

D社区L智慧颐养中心在产品设计上提供给老年人较多的选择权。腕表等智能技术在安全监护和健康监管方面具有多种模式供选择，日间理疗室和康养室等通过充卡提供多类服务，老年人可以灵活选择护理时间、护理方式，也可以选择自行前往机构或是上门服务。在社交和尊重方面，社区老年服务中心提供40种文娱项目，包括乐器、书法、手工等多种类型，各个年龄段的老人都可以找到适合自己的活动，可自行前往，或是由社工进行组织、引导和照护。

②针对线性变化需求

老年人的需求并不是一成不变的，政府等供给端通常在某一个时间点上收集老年人的具体信息，这就忽视了老年人身体的变化及其需求的转变。老年人的生理机能衰退及疾病的发展是一个不断深化及反复的过程，只针对一个时间节点的老年人状况来提供服务具有一定的片面性。基于此，反馈和调整尤为重要。

（2）供需对接——动态化反馈机制提质增效

在正向的信息传输过程中，供给侧承载着整体服务规划、设计、实施的主要责任，智慧养老服务依托于智慧养老产品、老年人的数字素养传输至需求侧，需求侧的老年人是接受服务的终端客户。

在客体流向主体的反向的需求反馈过程中，需求侧的老年人则提供信息。在接受服务之后，数字素养和主动性较高的老年人可通过智慧养老服务平台等形式对产品质量进行反馈和建议，供给侧根据反馈信息及时调整产品功能、服务策略和内容。实现服务链的反向刺激，从而倒逼供给侧方面的服务逐渐提升，开启新一轮的服务循环过程。

服务链的关键在于正确处理政府、服务供给组织与老人三者之间的关系。在实践中，落实服务链的主体主要是社区。D社区在党建引领下，集中社区社会组织、志愿者、协商议事平台力量，构建起了较为完善的信息传输流和反馈流。社区"七宝巡逻队"这一民间社会组织以其在民众中的影响力和信任度，深入民众和社区，把握着老年人的真实需求。"班长议事会"作为协商平台，以老人作为议事会成员构成，将发现的问题摊开来协商，促进老年人参与解决社区养老问题，是机构和社区决策的重要依据。

三 结语

随着中国老龄化程度的不断加剧，养老服务需求日益增长。我国老年人口规模大，老龄化速度快，老年人需求结构正在从生存型向发展型转变。而由于家庭结构变化和社会经济发展，传统的家庭养老模式面临挑战，对社区养老、机构养老提出了更高的要求，智慧养老应运而生。智慧养老的发展以供需的匹配和平衡作为必要条件，但在现实实践中"智慧养老服务供需错位"仍是一大障碍和阻力。据此，本案例走访、调研了武汉市多个社区，并对武昌区D社区进行了重点调研，基于服务链模型对该社区智慧养老的构建过程进行了深度还原，描绘了D社区智慧养老从初期遇冷、渐进嵌入到最终提质增效、行稳致远的发展历程。在调研过程中，我们发现，社区智慧养老的建设存在智慧设备闲置高、空有技术难利用等"技术负能"问题。但是D社区积极探索，通过集约内外部资源、多方协同共创，最终建成了供需匹配、合作共赢的社区智慧养老模式，实现了向"技术赋能"的转变。武汉市的众多社区也在积极借鉴其智慧养老发展路径，但实践效果、实施进度参差不齐，未来团队也将选择不同社区的养老中心进行调研，持续丰富样本的多样性，进一步深化对供需错位问题的研究，不断完善"智慧养老服务链"理论模型并推广。

参考文献

陈友华、邵文君，2021，《智慧养老：内涵、困境与建议》，《江淮论坛》第2期。

郝涛、徐宏、岳乾月，2017，《PPP 模式下养老服务有效供给与实现路径研究》，《经济与管理评论》第 1 期。

金昱希、林闽钢，2021，《智慧化养老服务的革新路径与中国选择》，《兰州大学学报》（社会科学版）第 5 期。

廖喜生、李扬萩、李彦章，2019，《基于产业链整合理论的智慧养老产业优化路径研究》，《中国软科学》第 4 期。

刘婵君、李爽、郭锦言，2023，《国内外智慧养老研究比较分析：议题选择、理论分野与方法取向》，《电子政务》第 9 期。

马跃如、刘旖旎、易丹，2020，《基于扎根理论的养老服务供应链风险识别分析》，《财经理论与实践》第 1 期。

青连斌，2021，《"互联网+"养老服务：主要模式、核心优势与发展思路》，《社会保障评论》第 1 期。

睢党臣、吕心妍，2023，《数字赋能驱动养老服务高质量发展的机理阐释与变革方向》，《当代经济》第 2 期。

吴玉霞、沃宁璐，2016，《我国智慧养老的服务模式解析——以长三角城市为例》，《宁波工程学院学报》第 3 期。

杨晶晶、姜旭、黄卫东，2022，《疫情常态化背景下"互联网+社区+医疗"居家智慧养老新模式的构建及策略》，《中国老年学杂志》第 10 期。

易艳阳、周沛，2021，《PPP 模式下社区康养结合服务链的风险及其治理》，《云南社会科学》第 3 期。

于潇、孙悦，2017，《"互联网+养老"：新时期养老服务模式创新发展研究》，《人口学刊》第 1 期。

张博，2021，《政府购买智慧社区养老服务的风险及治理——基于智慧社区养老服务链的视角》，《中国矿业大学学报》（社会科学版）第 6 期。

朱礼华、杨晴，2021，《智慧养老服务的供给、需求及媒介分析——基于"服务链"理论》，《中国老年学杂志》第 18 期。

左美云、于越，2023，《智慧养老的现状、问题与趋势》，《科技与金融》第 7 期。

Gorsky, M. & Sheard, S. 2015. *A Preliminary Study on the Mode of "Combining Care and Support" in the Urban Community*. London University Press.

Ruggles, K. 2005. "Technology and the Service Supply Chain". *Supply Chain Management Review*.

图书在版编目(CIP)数据

基层社会治理创新的中国案例 / 赵万林, 陈安娜主
编 . --北京: 社会科学文献出版社, 2025.2.
ISBN 978-7-5228-4677-4

Ⅰ. D63

中国国家版本馆 CIP 数据核字第 202588EV52 号

基层社会治理创新的中国案例

主　　编／赵万林　陈安娜

出 版 人／冀祥德
责任编辑／孙　瑜
责任印制／岳　阳

出　　版／社会科学文献出版社·群学分社（010）59367002
　　　　　地址：北京市北三环中路甲 29 号院华龙大厦　邮编：100029
　　　　　网址：www.ssap.com.cn
发　　行／社会科学文献出版社（010）59367028
印　　装／北京联兴盛业印刷股份有限公司

规　　格／开　本：787mm×1092mm　1/16
　　　　　印　张：16.75　字　数：255 千字
版　　次／2025 年 2 月第 1 版　2025 年 2 月第 1 次印刷
书　　号／ISBN 978-7-5228-4677-4
定　　价／128.00 元